도서출판 국자감
www.kukjagam.co.kr

최신 개정판

개념4주 다이어트

합격길라잡이

고등학교 졸업자격 검정고시

합격길라잡이

고등학교 졸업자격 검정고시

C·O·N·T·E·N·T·S

01 국어

문학

1 현대시

1. **시** : 마음 속에 떠오르는 생각이나 감정을 운율이 있는 언어로 압축하여 표현한 운문 문학

2. 시의 이미지 (심상)

시각적 심상(눈)	빛깔, 모양
청각적 심상(귀)	소리
후각적 심상(코)	냄새
미각적 심상(혀)	맛
촉각적 심상(피부)	촉감
공감각적 심상	감각의 전이

(1) 진달래 꽃

김소월

나 보기가 역겨워
가실 때에는
말 없이 고이 보내 드리우리다

영변(寧邊)에 약산(藥產)
진달래꽃
아름 따다 가실 길에 뿌리우리다

가시는 걸음걸음
놓인 그 꽃을
사뿐히 즈려 밟고 가시옵소서

나보기가 역겨워
가실 때에는
죽어도 아니 눈물 흘리우리다

(2) 광야

이육사

까마득한 날에
하늘이 처음 열리고
어데 닭 우는 소리 들렸으랴

모든 산맥들이
바다를 연모해 휘달릴 때도
차마 이곳을 범하던 못하였으리라

끊임없는 광음을
부지런한 계절이 피여선 지고
큰 강물이 비로소 길을 열었다

지금 눈 나리고
매화향기 홀로 아득하니
내 여기 가난한 노래의 씨를 뿌려라

다시 천고의 뒤에
백마 타고 오는 초인이 있어
이 광야에서 목놓아 부르게 하리라

(3) 서시

윤동주

죽는 날까지 하늘을 우러러
한 점 부끄럼이 없기를,
잎새에 이는 바람에도
나는 괴로워했다.
별을 노래하는 마음으로
모든 죽어 가는 것을 사랑해야지
그리고 나한테 주어진 길을
걸어가야겠다.

오늘 밤에도 별이 바람에 스치운다.

(4) 슬픔이 기쁨에게

정호승

나는 이제 너에게도 슬픔을 주겠다.
사랑보다 소중한 슬픔을 주겠다.
겨울밤 거리에서 귤 몇 개 놓고
살아온 추위와 떨고 있는 할머니에게
귤값을 깎으면서 기뻐하던 너를 위하여
나는 슬픔의 평등한 얼굴을 보여 주겠다.
내가 어둠 속에서 너를 부를 때
단 한 번도 평등하게 웃어 주질 않은
가마니에 덮인 동사자가 다시 얼어 죽을 때
가마니 한 장조차 덮어 주지 않은
무관심한 너의 사랑을 위해
흘릴 줄 모르는 너의 눈물을 위해
나는 이제 너에게도 기다림을 주겠다.
이 세상에 내리던 함박눈을 멈추겠다.
보리밭에 내리던 봄눈들을 데리고
추워 떠는 사람들의 슬픔에게 다녀와서
눈 그친 눈길을 너와 함께 걷겠다.
슬픔의 힘에 대한 이야기를 하며
기다림의 슬픔까지 걸어가겠다.

2 고전 시가

고전 시가의 주요 갈래

1. 향가 : 향찰로 기록된 신라의 노래로, 우리 고유의 표기 수단으로 기록된 최초의 시가

형식	4구체, 8구체, 10구체로 나뉘며, '아으'와 같은 낙구가 쓰인 10구체가 가장 정제된 형태임
특성	주로 학식과 덕망을 겸비한 승려나 화랑이 지어 '불교적 세계관, 신성한 것에 대한 경외심, 나라에 대한 걱정'등의 정서를 주로 드러냄

(1) 제망매가

월명사

생사(生死) 길은
예 있으매 머뭇거리고,
나는 간다는 말도
못 다 이르고 어찌 갑니까.
어느 가을 이른 바람에
이에 저에 떨어질 잎처럼,
한 가지에 나고
가는 곳 모르온저.
아아, 미타찰(彌陀刹)에서 만날 나
도(道) 닦아 기다리겠노라.

2. 고려 가요 : 고려 시대 평민들의 노래 전반을 가리킴

형식	몇 개의 연이 연속되는 분연체가 대부분이며, 후렴구를 사용하여 음악적 경쾌감을 살림
특성	· 주로 평민들이 지어 일상적인 삶에 대한 정서를 주로 드러냄 · 구전되다가 훈민정음 창제 이후 문자로 정착됨 · 3음보의 율격을 가짐

(1) 청산별곡

작자 미상

살어리 살어리랏다 靑山(청산)에 살어리랏다.
멀위랑 ᄃᆞ래랑 먹고 靑山(청산)에 살어리랏다.
얄리얄리 얄랑셩 얄라리 얄라.

우러라 우러라 새여 자고 니러 우러라 새여,
널라와 시름 한 나도 자고 니러 우니노라.
얄리얄리 얄라셩 얄라리 얄라.

가던 새 가던 새 본다 믈 아래 가던 새 본다.
잉무든 장글란 가지고 믈 아래 가던 새 본다.
얄리얄리 얄라셩 얄라리 얄라.

이링공 뎌링공 ᄒᆞ야 나즈란 디내와손뎌,
오리도 가리도 업슨 바므란 ᄯᅩ 엇디 호리라.
얄리얄리 얄라셩 얄라리 얄라.

어듸라 더디던 돌코 누리라 마치던 돌코,
믜리도 괴리도 업시 마자셔 우니노라.
얄리얄리 얄라셩 얄라리 얄라.

살어리 살어리랏다 바ᄅᆞ래 살어리랏다.
ᄂᆞᄆᆞ자기 구조개랑 먹고 바ᄅᆞ래 살어리랏다.
얄리얄리 얄라셩 얄라리 얄라.

가다가 가다가 드로라, 에졍지 가다가 드로라.
사ᄉᆞ미 짐ㅅ대예 올아셔 ᄒᆡ금을 혀거를 드로라.
얄리얄리 얄라셩 얄라리 얄라.

가다니 ᄇᆡ브른 도긔 설진 강수를 비조라.
조롱곳 누로기 ᄆᆡ와 잡ᄉᆞ와니 내 엇디 ᄒᆞ리잇고.
얄리얄리 얄라셩 얄라리 얄라.

3. 시조 : 고려 후기에 형성되어 현재까지도 창작되고 있는 우리 민족 고유의 정형시

형식	· 형태에 따라 평시조, 연시조, 사설시조 등으로 분류됨 · 3장 6구 45자 내외, 4음보의 율격을 기본형으로 하며, 종장의 첫 어절은 반드시 3음절임
특성	· 고려부터 조선 전기까지는 귀족, 양반 계층이 주로 창작하였으나, 조선 중기 이후부터는 작자층이 중인, 평민 등으로 확대되어 국민 문학으로 자리 잡음 · 양반들은 주로 '강호한정, 연군과 우국, 유교적 이념' 등의 내용을, 평민들은 '사랑, 풍자와 해학, 현실 비판' 등의 내용을 주제로 다룸

(1) 동지ㅅ달 기나긴 ~

황진이

동지(冬至)ㅅ달 기나긴 밤을 한 허리를 버혀 내여
춘풍(春風) 니불 아레 서리서리 너헛다가
어론 님 오신 날 밤이여든 구뷔구뷔 펴리라

(2) 십 년을 경영하여

송순

십 년을 경영ᄒᆞ여 초려 삼간 지여 내니
나 ᄒᆞᆫ 간 ᄃᆞᆯ ᄒᆞᆫ 간에 청풍 ᄒᆞᆫ 간 맛져 두고
강산은 들일 ᄃᆡ 업스니 둘러 두고 보리라

(3) 한숨아 세 한숨아~

작자미상

한숨아 세(細) 한숨아, 네 어느 틈으로 들어오느냐.
고모장지 세살장지 들장지 열장지에 암돌쩌귀 수돌쩌귀 배목 걸쇠 뚝딱 박고 크나큰 자물쇠로 깊숙이 채웠는데 병풍이라 덜컥 접고 족자라 대그르르 말고 네 어느 틈으로 들어 오느냐.
아마도 너 온 날 밤이면 잠 못 들어 하노라.

4. 가사 : 시조와 더불어 조선 시대 시가 문학의 한 흐름을 이룬 갈래

형식	· 3 · 4조와 4 · 4조, 4음보의 연속체 형태임 · 마지막 행은 글자 수가 시조의 종장(3.5.4.3)과 일치하는 경우(정격 가사)가 많으나, 일치하지 않는 경우(변격 가사)도 있음
특성	조선 전기에는 사대부들에 의해 불렸는데, 주로 '강호가도, 연군의 정'을 주제로 삼았고, 후기에는 양반 부녀자, 평민 계층도 창작에 참여함으로써 '궁핍한 생활상, 며느리의 한'과 같은 현실적인 내용의 가사도 창작됨

(1) 속미인곡

정철

님 다히 쇼식(消息)을 아므려나 아쟈 ᄒᆞ니
오ᄂᆞᆯ도 거의로다 ᄂᆡ일이나 사ᄅᆞᆷ 올가

내 ᄆᆞ음 둘 ᄃᆡ 업다 어드러로 가쟛 말고
잡거니 밀거니 놉픈 뫼ᄒᆡ 올라가니
구롬은 ᄏᆞ니와 안개ᄂᆞᆫ 므ᄉᆞ 일고
산쳔(山川)이 어둡거니 일월(日月)을 엇디 보며
지쳑(咫尺)을 모ᄅᆞ거든 쳔 리(千里)ᄅᆞᆯ ᄇᆞ라보랴
ᄎᆞᆯ하리 믈ᄀᆞ의 가 ᄇᆡ길히나 보랴 ᄒᆞ니
ᄇᆞ람이야 믈결이야 어둥졍 된뎌이고
샤공은 어ᄃᆡ 가고 빈 ᄇᆡ만 걸렷ᄂᆞᆫ고
강텬(江天)의 혼자 셔셔 디ᄂᆞᆫ ᄒᆡᄅᆞᆯ 구버보니
님 다히 쇼식(消息)이 더옥 아득ᄒᆞᆫ뎌이고
모쳠(茅簷) ᄎᆞᆫ 자리의 밤듕만 도라오니
반벽쳥등(半壁青燈)은 눌 위ᄒᆞ야 ᄇᆞᆯ갓ᄂᆞᆫ고
오ᄅᆞ며 ᄂᆞ리며 헤ᄯᅳ며 바자니니
져근덧 녁진(力盡)ᄒᆞ야 픗ᄌᆞᆷ을 잠간 드니
졍셩(精誠)이 지극ᄒᆞ야 ᄭᅮᆷ의 님을 보니
옥(玉) ᄀᆞᄐᆞᆫ 얼구리 반(半)이 나마 늘거셰라
ᄆᆞ음의 머근 말ᄉᆞᆷ 슬ᄏᆞ장 ᄉᆞᆲ쟈 ᄒᆞ니
눈믈이 바라나니 말ᄉᆞᆷ인들 어이 ᄒᆞ며
졍(情)을 못다 ᄒᆞ야 목이조차 몌여 ᄒᆞ니
오뎐된 계셩(鷄聲)의 ᄌᆞᆷ은 엇디 ᄭᆡ돗던고

3 현대소설

1. 소설 : 현실에서 있음직한 일을 작가가 상상하여 꾸며 쓴 산문 문학

2. 소설의 성격 : 허구성, 진실성, 산문성, 개연성, 서사성

3. 소설의 구성 요소 : 인물, 사건, 배경

4. 소설의 구성 단계

1) **발단** : 인물과 배경이 소개되고, 사건의 실마리가 드러난다.
2) **전개** : 인물 간의 갈등과 대립이 시작된다.
3) **위기** : 갈등이 깊어지며, 새로운 사건이 발생한다.
4) **절정** : 갈등이 최고조에 이르고, 주제가 드러난다.
5) **결말** : 갈등이 해결되고, 주인공의 운명이 결정된다.

5. 서사 구조

1) **평면적 구성** : 순차적인 시간의 흐름에 따라 이야기를 전개함
2) **역행적 구성** : 시간의 흐름을 바꾸어 이야기를 전개함
3) **액자식 구성** : 이야기 속에 또 다른 이야기가 존재함

6. 소설의 시점

1인칭 시점	주인공 시점	· 나=주인공=서술자 · 주인공인 '나'가 자신의 이야기를 하는 방식
	관찰자 시점	· 나=관찰자=서술자 · 보조 인물인 '나'가 주인공을 관찰하는 입장에서 이야기를 하는 방식
3인칭 시점	관찰자 시점	· 서술자=관찰자 · 작가가 관찰자의 입장에서 인물의 말과 행동을 관찰하여 이야기하는 방식
	전지적 작가 시점	· 서술자=신적인 존재 · 작가가 신의 입장에서 인물의 말과 행동은 물론 심리 변화까지도 파악하는 방식

(1) 봄 · 봄

김유정

아픈 것을 눈을 꽉 감고 넌 해라 난 재미난 듯이 있었으나, 볼기짝을 후려갈길 적에는 나도 모르는 결에 벌떡 일어나서 그 수염을 잡아챘다마는, 내 골이 난 것이 아니라 정말은 아까부터 벽 뒤 울타리 구멍으로 점순이가 우리들의 꼴을 몰래 엿보고 있었기 때문이다. 가뜩이나 말 한마디 톡톡히 못 한다고 바보라는데 매까지 잠자코 맞는 걸 보면 짜정 바보로 알 게 아닌가. 또, 점순이도 미워하는 이까진 놈의 장인님 하곤 아무것도 안 되니까 막 때려도 좋지만 사정 보아서 수염만 채고(제 원대로 했으니까 이때 점순이는 퍽 기뻤겠지.) 저기까지 잘 들리도록

"이걸 까셀라부다!" 하고 소리를 쳤다.

장인님은 더 약이 바짝 올라서 잡은 참 지게막대기로 내 어깨를 그냥 나려갈겼다. 정신이 다 아찔하다. 다시 고개를 들었을 때 그때엔 나도 온몸에 약이 올랐다. 이 녀석의 장인님을 하고 눈에서 불이 퍽 나서 그 아래 밭 있는 넝 알로 그대로 떼밀어 굴려 버렸다.

기어오르면 굴리고 굴리면 기어오르고 이러길 한 너덧 번을 하며, 그럴 적마다

"부려만 먹구 왜 성례 안 하지유!"

나는 이렇게 호령했다. 허지만, 장인님이 선뜻 오냐 낼이라두 성례시켜 주마 했으면 나도 성가신 걸 그만두었을지 모른다. 나야 이러면 때린 건 아니니까 나종에 장인 쳤다는 누명도 안 들을 터이고 얼마든지 해도 좋다.

한번은 장인님이 헐떡헐떡 기어서 올라오드니 내 바지가랭이를 요렇게 노리고서 담박 웅켜잡고 매달렸다. 악, 소리를 치고 나는 그만 세상이 다 팽그르 도는 것이

"빙장님! 빙장님! 빙장님!"

"이 자식! 잡아먹어라, 잡아먹어!"

"아! 아! 할아버지! 살려 줍쇼, 할아버지!"

하고 두 팔을 허둥지둥 내절 적에는 이마에 진땀이 쭉 내솟고 인젠 참으로 죽나 보다 했다. 그래두 장인님은 놓질 않드니 내가 기어히 땅바닥에 쓰러져서 거진 까무러치게 되니까 놓는다. 더럽다, 더럽다. 이게 장인님인가? 나는 한참을 못 일어나고 쩔쩔맸다. 그러다 얼굴을 드니(눈에 참 아무것도 보이지 않었다.) 사지가 부르르 떨리면서 나도 엉금엉금 기어가 장인님의 바지가랭이를 꽉 웅키고 잡아나꿨다.

내가 머리가 터지도록 매를 얻어맞은 것이 이 때문이다. 그러나 여기가 또한 우리 장인님이 유달리 착한 곳이다. 여느 사람이면 사경을 주어서라도 당장 내쫓았지, 터진 머리를 불솜으로 손수 지져 주고, 호주머니에 히연 한 봉을 넣어 주고, 그리고

"올 갈엔 꼭 성례를 시켜 주마. 암말 말구 가서 뒷골의 콩밭이나 얼른 갈아라."
하고 등을 뚜덕여 줄 사람이 누구냐.
나는 장인님이 너무나 고마워서 어느덧 눈물까지 났다. 점순이를 남기고 인젠 내쫓기려니 하다 뜻밖의 말을 듣고,
"빙장님! 인제 다시는 안 그러겠어유……."
이렇게 맹서를 하며 불랴살야 지게를 지고 일터로 갔다. 그러나 이때는 그걸 모르고 장인님을 원수로만 여겨서 잔뜩 잡아다렸다.
"아! 아! 이놈아! 놔라, 놔, 놔……."
장인님은 헷손질을 하며 솔개미에 챈 닭의 소리를 연해 질렀다. 놓긴 왜, 이왕이면 호되게 혼을 내 주리라 생각하고 짓궂이 더 댕겼다마는, 장인님이 땅에 쓰러져서 눈에 눈물이 피잉 도는 것을 알고 좀 겁도 났다.
"할아버지! 놔라, 놔, 놔, 놔, 놔놔."
그래도 안 되니까,
"얘, 점순아! 점순아!"
이 악장에 안에 있었든 장모님과 점순이가 헐레벌떡하고 단숨에 뛰어나왔다.
나의 생각에 장모님은 제 남편이니까 역성을 할는지도 모른다. 그러나 점순이는 내 편을 들어서 속으로 고수해서 하겠지……. 대체 이게 웬 속인지(지금까지도 난 영문을 모른다.), 아버질 혼내 주기는 제가 내래 놓고 이제 와서는 달겨들며
"에그머니! 이 망할 게 아버지 죽이네!" 하고 내 귀를 뒤로 잡어댕기며 마냥 우는 것이 아니냐. 그만 여기에 기운이 탁 꺾이어 나는 얼빠진 등신이 되고 말었다. 장모님도 덤벼들어 한쪽 귀마저 뒤로 잡아채면서 또 우는 것이다.
이렇게 꼼짝 못하게 해 놓고 장인님은 지게막대기를 들어서 사뭇 나려조겼다.
그러나 나는 구태여 피할랴지도 않고 암만해도 그 속 알 수 없는 점순이의 얼굴만 멀거니 들여다보았다.
"이 자식! 장인 입에서 할아버지 소리가 나오도록 해?"

(2) 레디메이드 인생

채만식

9

일천 구백 삼십 사년의 이 세상에도 기적이 있다.

그것은 P가 굶어 죽지 아니한 것이다. 그는 최근 일주일 동안 돈이 생긴 데가 없다. 잡힐 것도 없었고 어디서 벌이한 적도 없다.

그렇다고 남의 집 문 앞에 가서 밥 한술 주시오 하고 구걸한 일도 없고 남의 것을 훔치지도 아니하였다.

그러나 그 동안 굶어 죽지 아니하였다. 야위기는 하였지만 그래도 멀쩡하게 살아 있다. P와 같은 인생이 이 세상에 하나도 없이 싹 치워진다면 근로하는 사람이 조금은 편해질는지도 모른다.

P가 소부르주아 축에 끼이는 인테리가 아니요 노동자였더라면 그 동안 거지가 되었거나 비상 수단을 썼을 것이다. 그러나 그에게는 그러한 용기도 없다. 그러면서도 죽지 아니하고 살아 있다.

그렇지만 죽기보다도 더 귀찮은 일은 그를 잠시도 해방시켜 주지 아니한다.

그의 아들 창선이를 올려 보낸다고 어제 편지가 왔고 오늘은 내일 아침에 경성역에 당도한다는 전보까지 왔다.

오정 때 전보를 받은 P는 갑자기 정신이 난 듯이 쩔쩔매고 돌아다니며 돈 마련을 하였다. 최소한도 이십 원은……하고 돌아다닌 것이 석양 때 겨우 십오원이 변통되었다.

종로에서 풍로니 남비니 양재기니 숟갈이니 무어니 해서 살림 나부랑이를 간단하게 장만하여 가지고 올라오는 길에 전에 잡지사에 있을 때 알은 ××인쇄소의 문선과장을 찾아갔다.

월급도 일없고 다만 일만 가르쳐 주면 그만이니 어린아이 하나를 써 달라고 졸라댔다.

A라는 그 문선과장은 요리조리 칭탈을 하던 끝에— 그는 P가 누구 친한 사람의 집 어린애를 천거하는 줄 알았던 것이다.

"보통학교나 마쳤나요?"

하고 물었다.

"아—니요."

P는 솔직하게 대답하였다.

"나이 몇인데?"

"아홉 살."

"아홉 살?"

A는 놀래어 반문을 하는 것이다.

“기왕 일을 배울 테면 아주 어려서부터 배워야지요.”

“그래도 너무 어려서 원, 뉘집 애요?"

“내 자식놈이랍니다.”

P는 그래도 약간 얼굴이 붉어짐을 깨달았다. A는 이 말에 가장 놀라운 듯이 입만 벌리고 한참이나 P를 물끄러미 바라다본다.

“왜? 내 자식이라고 공장에 못 보내란 법 있답디까?”

“아니 정말 그래요?”

“정말 아니고?”

“괴一니 실없는 소리…… 자제라고 해야 들어줄 테니까 그러시지?”

“아니 그건 그렇잖어요. 내 자식놈야요.”

“그럼 왜 공부를 시키잖구?”

“인쇄소 일 배우는 것도 공부지.”

“그건 그렇지만 학교에 보내야지.”

“학교에 보낼 처지가 못되고 또 보낸댔자 사람 구실도 못할 테니까…….”

“거 참 모를 일이요. 우리 같은 놈은 이 짓을 해 가면서도 자식을 공부시키느라고 애를 쓰는데 되려 공부시킬 줄 아는 양반이 보통학교도 아니 마친 자제를 공장엘 보내요?”

“내가 학교 공부를 해본 나머지 그게 못쓰겠으니까 자식은 딴 공부시키겠다는 것이지요.”

“글쎄 정 그러시다면 내가 내 자식 진배없이 잘 데리고 있으면서 일이나 착실히 가르쳐 드리리다마는 …… 원 너무 어린데 애처럽잖아요?”

“애처러운 거야 애비된 내가 더 하지요만 그것이 제게는 약이니까…….”

P는 당부와 치하를 하고 인쇄소를 나왔다. 한짐 벗어 놓은 것같이 몸이 거뜬하고 마음이 느긋하였다.

11

이튿날 아침 일찍 창선이를 데리고 ××인쇄소에 가서 A에게 맡기고 안 내키는 발길을 돌이켜 나오는 P는 혼자 중얼거렸다.

“레디메이드 인생이 비로소 겨우 임자를 만나 팔리었구나.”

4 고전 소설

1. 고전 소설 : 일반적으로 현대 소설과 구분하여 갑오개혁(1894년) 이전까지 지어진 소설

2. 고전 소설의 특징

1) **인물** : 전형적, 평면적

2) **사건** : 우연적, 비현실적, 행복한 결말

3) **배경** : 막연함, 비현실적

4) **구성** : 일대기적, 순행적

5) **서술** : 서술자의 개입, 해학적 표현

(1) 춘향전

작자 미상

좌수(座首), 별감(別監) 넋을 잃고 이방, 호방 혼을 잃고 나졸들이 분주하네. 모든 수령 도망갈 제 거동 보소. 인궤 잃고 강정 들고, 병부(兵符) 잃고 송편 들고, 탕건 잃고 용수 쓰고, 갓 잃고 소반 쓰고. 칼집 쥐고 오줌 누기. 부서지는 것은 거문고요 깨지는 것은 북과 장고라. 본관 사또가 똥을 싸고 멍석 구멍 새앙쥐 눈 뜨듯하고, 안으로 들어가서,

"어 추워라. 문 들어온다 바람 닫아라. 물 마르다 목 들여라."

관청색은 상을 잃고 문짝을 이고 내달으니, 서리, 역졸 달려들어 후닥딱.

"애고 나 죽네."

이때 어사또 분부하되,

"이 골은 대감이 좌정하시던 골이라. 잡소리를 금하고 객사(客舍)로 옮겨라."

자리에 앉은 후에,

"본관 사또는 봉고파직 하라."

분부하니,

"본관 사또는 봉고파직이오."

사대문(四大門)에 방을 붙이고 옥형리 불러 분부하되,

"네 골 옥에 갇힌 죄수를 다 올리라."

호령하니 죄인을 올린다. 다 각각 죄를 물은 후에 죄가 없는 자는 풀어 줄새,

"저 계집은 무엇인고?"

형리 여쭈오되,

"기생 월매의 딸이온데 관청에서 포악한 죄로 옥중에 있삽내다."

"무슨 죄인고?"

형리 아뢰되,

"본관 사또 수청 들라고 불렀더니 수절이 정절이라. 수청 아니 들려 하고 사또에게 악을 쓰며 달려든 춘향이로소이다."

어사또 분부하되,

"너 같은 년이 수절한다고 관장(官長)에게 포악하였으니 살기를 바랄쏘냐. 죽어 마땅하되 내 수청도 거역할까?"

춘향이 기가 막혀,

"내려오는 관장마다 모두 명관(名官)이로구나. 어사또 들으시오. 층암절벽 높은 바위가 바람 분들 무너지며, 청송녹죽 푸른 나무가 눈이 온들 변하리까. 그런 분부 마옵시고 어서 바삐 죽여 주오."
하며,

"향단아, 서방님 어디 계신가 보아라. 어젯밤에 옥 문간에 와 계실 제 천만당부 하였더니 어디를 가셨는지 나 죽는 줄 모르는가."

어사또 분부하되,

"얼굴 들어 나를 보라."
하시니 춘향이 고개 들어 위를 살펴보니, 걸인으로 왔던 낭군이 분명히 어사또가 되어 앉았구나. 반 웃음 반 울음에,

"얼씨구나 좋을시고 어사 낭군 좋을시고. 남원 읍내 가을이 들어 떨어지게 되었더니, 객사에 봄이 들어 이화춘풍(李花春風) 날 살린다. 꿈이냐 생시냐? 꿈을 깰까 염려로다."

(2) 홍계월전

작자 미상

각설. 이때 남관(南關)의 수장이 장계를 올렸다. 천자께서 급히 뜯어보시니 다음과 같은 내용이었다.

오왕과 초왕이 반란을 일으켜 지금 황성을 범하고자 하옵니다. 오왕은 구덕지를 얻어 대원수로 삼고 초왕은 장맹길을 얻어 선봉으로 삼았사온데, 이들이 장수 천여 명과 군사 십만을 거느려 호주 북쪽 고을 칠십여 성을 무너뜨려 항복을 받고 형주 자사 이왕태를 베고 짓쳐 왔사옵니다. 소장의 힘으로는 능히 방비할 길이 없어 감히 아뢰오니 엎드려 바라건대, 황상께서는 어진 명장을 보내셔서 적을 방비하옵소서.

천자께서 보시고 크게 놀라 조정의 관리들과 의논하니 우승상 정영태가 아뢰었다.

"이 도적은 좌승상 평국을 보내야 막을 수 있을 것이오니 급히 평국을 부르소서."

천자께서 들으시고 오래 있다가 말씀하셨다.

"평국이 전날에는 세상에 나왔으므로 불렀지만 지금은 규중에 있는 여자니 차마 어찌 불러서 전장에 보내겠는가?"

이에 신하들이 아뢰었다.

"평국이 지금 규중에 있으나 이름이 조야에 있고 또한 작록을 거두지 않았사오니 어찌 규중에 있다 하여 꺼리겠나이까?"

천자께서 마지못하여 급히 평국을 부르셨다.

이때 평국은 규중에 홀로 있으며 매일 시녀를 데리고 장기와 바둑으로 세월을 보내고 있었다. 그런데 사관(使官)이 와서 천자께서 부르신다는 명령을 전했다. 평국이 크게 놀라 급히 여자 옷을 조복(朝服)으로 갈아입고 사관을 따라가 임금 앞에 엎드리니 천자께서 크게 기뻐하며 말씀하셨다.

"경이 규중에 처한 후로 오랫동안 보지 못해 밤낮으로 사모하더니 이제 경을 보니 기쁨이 한량없도다. 그런데 짐이 덕이 없어 지금 오와 초 두 나라가 반란을 일으켜 호주의 북쪽 땅을 쳐 항복을 받고, 남관을 헤쳐 황성을 범하고자 한다고 하는도다. 그러니 경은 스스로 마땅히 일을 잘 처리하여 사직을 보호하도록 하라."

이렇게 말씀하시니 평국이 엎드려 아뢰었다.

"신첩이 외람되게 폐하를 속이고 공후의 작록을 받아 영화로이 지낸 것도 황공했사온데 폐하께서는 죄를 용서해 주시고 신첩을 매우 사랑하셨사옵니다. 신첩이 비록 어리석으나 힘을 다해 성은을 만분의 일이나 갚으려 하오니 폐하께서는 근심하지 마옵소서."

천자께서 이에 크게 기뻐하시고 즉시 수많은 군사와 말을 징발해 주셨다. 그리고 벼슬을 높여 평국을 대원수로 삼으시니 원수가 사은숙배하고 위의를 갖추어 친히 붓을 잡아 보국에게 전령(傳令)을 내렸다.

적병의 형세가 급하니 중군장은 급히 대령하여 군령을 어기지 마라.

보국이 전령을 보고 분함을 이기지 못해 부모에게 말했다.
"계월이 또 소자를 중군장으로 부리려 하오니 이런 일이 어디에 있사옵니까?"
여공이 말했다.
"전날 내가 너에게 무엇이라 일렀더냐? 계월이를 괄시하다가 이런 일을 당했으니 어찌 계월이가 그르다고 하겠느냐? 나랏일이 더할 수 없이 중요하니 어찌할 수 없구나."
이렇게 말하고 어서 가기를 재촉했다. 보국이 할 수 없이 갑옷과 투구를 갖추고 진중(陳中)에 나아가 원수 앞에 엎드리니 원수가 분부했다.
"만일 명령을 거역하는 자가 있다면 군법으로 시행할 것이다."
보국이 겁을 내어 중군장 처소로 돌아와 명령이 내려지기를 기다렸다.

5 수필

1. 수필 : 일상 생활 속에서 얻은 생각과 느낌을 일정한 형식에 얽매이지 않고 자유롭게 쓴 산문 문학

2. 수필의 특성

1) 개성의 문학
2) 비전문적인 글
3) 형식이 자유로운 글
4) 소재가 다양한 글
5) 자기 고백적인 문학

(1) 수오재기(守吾齋記)

정약용

수오재(守吾齋), 즉 '나를 지키는 집'은 큰형님이 자신의 서재에 붙인 이름이다. 나는 처음 그 이름을 보고 의아하게 여기며, "나와 단단히 맺어져 서로 떠날 수 없기로는 '나'보다 더한 게 없다. 비록 지키지 않는다 한들 '나'가 어디로 갈 것인가. 이상한 이름이다."라고 생각했다.

장기로 귀양 온 이후 나는 홀로 지내며 생각이 깊어졌는데, 어느 날 갑자기 이러한 의문점에 대해 환히 깨달을 수 있었다. 나는 벌떡 일어나 다음과 같이 말했다.

천하 만물 중에 지켜야 할 것은 오직 '나'뿐이다. 내 밭을 지고 도망갈 사람이 있겠는가? 그러니 밭은 지킬 필요가 없다. 내 집을 지고 달아날 사람이 있겠는가? 그러니 집은 지킬 필요가 없다. 내 동산의 꽃나무와 과실나무들을 뽑아 갈 수 있겠는가? 나무뿌리는 땅속 깊이 박혀 있다. 내 책을 훔쳐 가서 없애 버릴 수 있겠는가? 성현(聖賢)의 경전은 세상에 널리 퍼져 물과 불처럼 흔한데 누가 능히 없앨 수 있겠는가. 내 옷과 양식을 도둑질하여 나를 궁색하게 만들 수 있겠는가? 천하의 실이 모두 내 옷이 될 수 있고, 천하의 곡식이 모두 내 양식이 될 수 있다. 도둑이 비록 훔쳐 간다 한들 하나둘에 불과할 터, 천하의 모든 옷과 곡식을 다 없앨 수는 없다. 따라서 천하 만물 중에 꼭 지켜야만 하는 것은 없다.

그러나 유독 이 '나'라는 것은 그 성품이 달아나기를 잘하며 출입이 무상하다. 아주 친밀하게 붙어 있어 서로 배반하지 못할 것 같지만 잠시라도 살피지 않으면 어느 곳이든 가지 않는 곳이 없다. 이익으로 유혹하면 떠나가고, 위험과 재앙으로 겁을 주면 떠나가며, 질탕한 음악 소리만 들어도 떠나가고, 미인의 예쁜 얼굴과 요염한 자태만 보아도 떠나간다. 그런데 한번 떠나가면 돌아올 줄 몰라 붙잡아 만류할 수 없다. 그러므로 천하 만물 중에 잃어버리기 쉬운 것으로는 '나'보다 더한 것이 없다. 그러니 꽁꽁 묶고 자물쇠로 잠가 '나'를 굳게 지켜야 하지 않겠는가?

(2) 한 그루 나무처럼

윤대녕

우리의 옛 신화를 보면 '우주 나무'라는 게 있다. 지상과 천상을 이어 주는 나무로 아직도 시골에 가면 커다란 느티나무에 천들이 감겨 있는 것을 흔히 볼 수 있다. 우리네 민간 신앙으로 우주 나무는 사람의 염원을 하늘에 전달해 주는 역할을 한다. 이를테면 나는 평범하기 짝이 없는 참나무를 나의 우주 나무로 삼게 된 셈이었다.

가을이 시작될 무렵 지방에 살고 계신 어머니가 몸이 편찮으시다는 연락을 받았다. 곧장 내려가 볼 수 없었던 나는 마음을 달래려 저녁 무렵 산으로 올라갔다. 그리고 나무를 올려다보며 어머님의 건강을 빌었다. 모든 사물에 영혼이 깃들어 있다는 말을 이제 나는 믿는다. 내가 지방에 다녀오고 나서 얼마 후에 어머님은 가까스로 건강을 되찾았다.

지난 주말에도 나는 산에 다녀왔다. 눈이 내린 날이었다. 불과 일주일 만에 약수터의 참나무는 제 스스로 모든 잎을 떨군 채 찬바람 속에 무연히 서 있었다. 그리고 침묵의 시간으로 돌아간 듯 더 이상 말이 없었다. 나는 내가 못을 빼냈던 자리를 찾아보았다. 상처는 아직도 완전히 아물지 않은 상태였다.

그 헐벗은 나무를 보며 나는 생각했다. 그동안 나는 사소한 일에도 얼마나 자주 마음이 흔들렸던가. 또 어쩌다 상처를 받게 되면 얼마나 많은 원망의 시간을 보냈던가. 그리고 나는 길을 잃은 사람이 다시 찾아올 수 있도록 변함없이 그 자리에 서 있었던 적이 있었던가. 그렇게 말없이 기다림을 실천한 적이 있었던가.

이제부터는 한 그루 나무처럼 살고 싶다. 자기 자리에 굳건히 뿌리를 내리고 세월이 가져다주는 변화를 조용히 받아들이며 가끔은 누군가 찾아와 기대고 쉴 수 있는 사람이 되었으면 싶다. 겉모습은 어쩔 수 없이 변하더라도 속마음은 변하지 않는 사람이 되고 싶다. 한 그루 나무처럼 말이다.

6 극

1. 희곡 : 무대 상연을 전제로 꾸며 낸 연극의 대본

2. 희곡의 특성

1) 무대 상연을 전제로 함
2) 막과 장을 기본 단위로 함
3) 시간과 공간, 등장인물의 수에 제약을 받음
4) 등장인물의 대사와 행동을 통해 사건이 전개됨
5) 대립과 갈등을 중심으로 이야기가 전개되는 산문 문학임
6) 모든 사건이 배우의 행동을 통해 관객의 눈앞에서 지금 일어나고 있는 현재형으로 표현됨

3. 희곡의 형식적 요소

1) 해설
2) 대사(대화, 독백, 방백)
3) 지시문(무대 지시문, 동작 지시문)

(1) 결혼

이강백

등장인물 : 남자, 여자, 하인

여자, 작별 인사를 하고 문전까지 걸어 나간다.

남자 잠깐만요, 덤…….
여자 (멈칫 선다. 그러나 얼굴은 남자를 외면한다.)
남자 가시는 겁니까, 나를 두고서?
여자 (침묵)

남자 덤으로 내 말을 조금 더 들어 봐요.

여자 (악의적인 느낌이 없이) 당신은 사기꾼이에요.

남자 그래요, 난 사기꾼입니다. 이 세상 것을 잠시 빌렸었죠. 그리고 시간이 되니까 하나둘씩 되돌려 줘야 했습니다. 이제 난 본색이 드러나 이렇게 빈털터리입니다. 그러나 덤, 여기 있는 사람들에게 물어봐요. 누구 하나 자신 있게 이건 내 것이다, 말할 수 있는가를. 아무도 없을 겁니다. 없다니까요. 모두들 덤으로 빌렸지요. 언제까지나 영원한 것이 아닌, 잠시 빌려 가진 거예요. (누구든 관객석의 사람을 붙들고 그가 가지고 있는 물건을 가리키며) 이게 당신 겁니까? 정해진 시간이 얼마지요? 잘 아꼈다가 그 시간이 되면 꼭 돌려주십시오. 덤, 이젠 알겠어요?

여자, 얼굴을 외면한 채 걸어 나간다.
하인, 서서히 그 무거운 구둣발을 이끌고 남자에게 다가온다.
남자는 뒷걸음질을 친다. 그는 마지막으로 절규하듯이 여자에게 말한다.

남자 덤, 난 가진 것 하나 없습니다. 모두 빌렸던 겁니다. 그런데 덤, 당신은 어떻습니까? 당신이 가진 건 뭡니까? 무엇이 정말 당신 겁니까? (넥타이를 빌렸었던 남성 관객에게) 내 말을 들어 보시오. 그럼 당신은 나를 이해할 거요. 내가 당신에게서 넥타이를 빌렸을 때, 그때 내가 당신 물건을 어떻게 다뤘었소? 마구 험하게 했었소? 어딜 망가뜨렸소? 아니오, 그렇진 않았습니다. 오히려 빌렸던 것이니까 소중하게 아꼈다간 되돌려 드렸지요. 덤, 당신은 내 말을 듣고 있어요? 여기 증인이 있습니다. 이 증인 앞에서 약속하지만, 내가 이 세상에서 덤 당신을 빌리는 동안에, 아끼고, 사랑하고, 그랬다가 언젠가 끝나는 그 시간이 되면 공손하게 되돌려 줄 테요. 덤! 내 인생에서 당신은 나의 소중한 덤입니다. 덤! 덤! 덤!

남자, 하인의 구둣발에 걷어차인다.
여자, 더 이상 참을 수 없다는 듯 다급하게 되돌아와서 남자를 부축해 일으키고 포옹한다.

— 막 —

4. 시나리오 : 영화나 드라마의 제작을 전제로 쓴 대본

5. 시나리오의 특성

1) 영화나 드라마 상영을 전제로 함

2) 장면(Scene)을 기본 단위로 함

3) 시간과 공간, 등장인물의 수에 제약이 거의 없음

4) 촬영을 고려한 특수 용어가 사용됨 예 S#, E., NAR.

(2) 두근두근 내 인생

원작 김애란

S# 16. 병원 앞 거리/오후

모자와 커다란 선글라스로 가렸어도 드러나는 아름이의 병색.

사람들, 미라와 아름이를 호기심 어린 눈빛으로 혹은 동정 어린 눈길로 힐끗댄다.

미라의 눈치를 보며 손을 잡아끄는 아름이.

하지만 생각에 잠긴 미라는 빨리 걸을 생각이 전혀 없어 보인다.

아름 빨리 좀 가. 사람들이 쳐다보잖아.

미라 (대수롭지 않은 듯이) 내가 너무 예쁜가 보지, 뭐!

아름 (미라의 손을 잡아끄는데 따라오지 않자 짜증을 내며) 엄만 안 창피해?

태연한 미라의 태도에 짜증이 나서 손을 놔 버리는 아름이.

미라, 앞장서 가는 아름이의 배낭을 잡아챈다.

미라 뭐가 창피한데, 뭐가?

아름 (주위를 의식하며) 왜 그래, 진짜.

미라 너 아픈 애야. 아픈 애가 왜 자꾸 딴 데 신경 써? 사람들이 보건 말건, 병원비가 있건 없건, 애처럼 굴어. 아프면 울고 떼를 쓰란 말이야. 그냥 애처럼!

아름 ……. 애처럼 안 보이니까 그렇지.

미라 (선글라스를 벗기면서) 연예인도 아니면서 이런 걸 쓰고 다니니까 사람들이 쳐다보지!

가슴이 답답한 미라, 고개를 돌려 한숨을 내쉰다.
괜한 말 꺼내서 오도 가도 못하는 아름이는 땅만 발로 찬다.

미라 한아름! 엄마 봐. 내가 누구야. 나…….
미라/아름 (아름이가 미라를 따라하며) 나, 열일곱 살에 애 낳은 여자야.

두 사람, 마주 보고 피식 웃는다.

아름이의 손을 잡는 미라, 사람들 시선쯤은 아랑곳하지 않고 걷는다. 당당하게.

S# 44. 병원 복도/오후
복도의 의자에 나란히 앉은 장 씨와 아름이. 장 씨가 아름이에게 따뜻한 물을 건넨다.

장씨 방송 그거 쉬운 거 아니드만?
아름 (웃으며) 그렇죠. (물 받으며) 감사합니다.
장씨 좀 괜찮아?
아름 네. (알약을 삼키는 장 씨를 보며) 짱가, 어디 아파요?
장씨 아, 이 나이에 안 아픈 게 이상한 거지.
아름 (피식 웃으며) 그건 제가 좀 알죠. 그래도 짱가는 꽤 동안이에요.
장씨 그치? 흐흐. (우당탕, 시끄럽게 지나가는 젊은이들을 보며) 저것들은 몰라. 젊은 게 얼마나 좋은 건지.
아름 너무 건강해서 자기들이 건강한지도 모를 거예요.
장씨 (음흉한 미소를 지으며) 그리고 쟤들이 모르는 게 또 있어.
아름 뭔데요?
장씨 흐흐흐, 앞으로 늙을 일만 남은 거.
아름 아!

장 씨를 보며 말갛게 웃는 아름이. 마주 보며 씩 웃어 주는 장 씨.

6. 전통극의 뜻 : 오랜 세월 전승되어 온 우리 고유의 극으로, 음악 · 무용 · 연기 · 언어 등이 조화된 종합 예술

7. 전통극의 특성

1) **내용** : 서민들의 생활과 의식을 통해 당대 사회의 불합리한 현실을 폭로하고 풍자함

2) **대사** : 서민들의 일상적인 구어체, 관용적인 한문투, 비어, 재담 등이 활용됨

3) 무대

① 무대 장치가 따로 없어 극 중 공간을 자유롭게 선택하고 변화시킴

② 관객이나 악사들이 공연 도중에 등장인물과 호응함

4) **종류** : 가면극, 인형극

(3) 봉산탈춤

제 6 과장 양반춤

말뚝이 (벙거지를 쓰고 채찍을 들었다. 굿거리장단에 맞추어 양반 삼 형제를 인도하여 등장.)

양반 삼 형제 (말뚝이 뒤를 따라 굿거리장단에 맞추어 점잔을 피우나, 어색하게 춤을 추며 등장. 양반 삼 형제 맏이는 샌님〔生員〕, 둘째는 서방님〔書房〕, 끝은 도련님〔道令〕이다. 샌님과 서방님은 흰 창옷에 관을 썼다. 도련님은 남색 쾌자에 복건을 썼다. 샌님과 서방님은 언청이이며(샌님은 언청이 두 줄, 서방님은 한 줄이다.) 부채와 장죽을 가지고 있고, 도련님은 입이 삐뚤어졌고 부채만 가졌다. 도련님은 일절 대사는 없으며, 형들과 동작을 같이 하면서 형들의 면상을 부채로 때리며 방정맞게 군다.)

말뚝이 (가운데쯤에 나와서) 쉬이. (음악과 춤 멈춘다.) 양반 나오신다아! 양반이라고 하니까 노론(老論), 소론(少論), 호조(戶曹), 병조(兵曹), 옥당(玉堂)을 다 지내고 삼정승(三政丞), 육판서(六判書)를 다 지낸 퇴로 재상(退老宰相)으로 계신 양반인 줄 아지 마시오. 개잘량이라는 '양' 자에 개다리소반이라는 '반' 자 쓰는 양반이 나오신단 말이오.

양반들 야아, 이놈, 뭐야아!

말뚝이 아, 이 양반들, 어찌 듣는지 모르갔소. 노론, 소론, 호조, 병조, 옥당을 다 지내고 삼정승, 육판서 다 지내고 퇴로 재상으로 계신 이 생원네 삼 형제분이 나오신다고 그리하였소.

양반들 (합창) 이 생원이라네. (굿거리장단으로 모두 춤을 춘다. 도령은 때때로 형들의 면상을 치며 논다. 끝까지 그런 행동을 한다.)

말뚝이 쉬이. (반주 그친다.) 여보, 구경하시는 양반들, 말씀 좀 들어 보시오. 짤따란 곰방대로 잡숫지 말고 저 연죽전(煙竹廛)으로 가서 돈이 없으면 내게 기별이래도 해서 양칠간죽(洋漆竿竹), 자문죽(自紋竹)을 한 발가웃씩 되는 것을 사다가 육모깍지 희자죽(喜子竹), 오동수복(烏銅壽福) 연변죽을 이리저리 맞추어 가지고 저 재령(載寧) 나무리 거이 낚시 걸듯 죽 걸어 놓고 잡수시오.

양반들 뭐야아!

말뚝이 아, 이 양반들, 어찌 듣소. 양반 나오시는데 담배와 훤화(喧譁)를 금하라 그리하였소.

양반들 (합창) 훤화를 금하였다네. (굿거리장단으로 모두 춤을 춘다.)

말뚝이 쉬이. (춤과 반주 그친다.) 여보, 악공들 말씀 들으시오. 오음 육률(五音六律) 다 버리고 저 버드나무 홀뚜기 뽑아다 불고 바가지장단 좀 쳐 주오.

양반들 야아, 이놈, 뭐야!

말뚝이 아, 이 양반들, 어찌 듣소. 용두 해금(龍頭奚琴), 북, 장고, 피리, 젓대 한 가락도 뽑지 말고 건건드러지게 치라고 그리하였소.

양반들 (합창) 건건드러지게 치라네. (굿거리장단으로 춤을 춘다.)

읽기

1 설득을 위한 글

1. **논설문** : 독자를 설득할 목적으로 자신의 주장이나 의견을 이치에 맞게 논리적으로 쓴 글

2. **논설문의 성격** : 주관성, 독창성, 타당성, 명료성

3. **논설문 읽는 방법**

1) 글쓴이의 주장, 관점, 의도를 파악하며 읽는다.

2) 객관적인 사실과 주관적인 의견을 구분하며 읽는다.

3) 글쓴이가 제시한 근거의 타당성을 검토하며 읽는다.

(1) 로봇 시대, 인간의 일

구본권

인공지능은 컴퓨터 프로그램을 활용해 인간과 비슷한 인지적 능력을 구현한 기술을 말한다. 인공지능은 기본적으로 보고 듣고 읽고 말하는 능력을 갖춤으로써 인간과 대화할 수 있을 뿐만 아니라 지적 판단이 필요한 상황에서 합리적 결정을 내릴 수 있다.

'생각하는 기계'가 축복이 될지 재앙이 될지는 미지의 영역이며 미래 사회가 어디로 향할 것인지는 격렬한 공방을 가져올 주제이다. 하지만 분명한 것은 인류가 이제껏 고민해 본 적이 없는 문제와 마주했다는 점이다. 거대한 영향력을 지닌 신기술의 도입으로 예상치 못한 심각한 부작용이 생기면, 기술과 인간의 관계는 밑바닥에서부터 재검토되어야 한다.

인공지능 발달이 우리에게 던지는 새로운 과제는 두 갈래다. 로봇을 향한 길과 인간을 향한 길이다.

첫째는, 인류를 위협할지도 모를 강력한 인공지능을 우리가 어떻게 통제할 것인가의 문제이다. 로봇에 대응하는 차원에서 로봇이 지켜야 할 도덕적 기준을 만들어 준수하게 하는 방법이나, 살인 로봇을 막는 국제 규약을 제정하는 것이 접근방법이 될 수 있다. 또한, 다양한 상황에 관한 사회적 합의를 담은 알고리즘을 만들어 사회적 규약을 벗어나지 않는 범위에서 로봇이 작동하게 하는 방법도 모색할 수 있다. 설계자의 의도를 배반하지 못하도록 로봇이 스스로 무력화(武力化)할 수 없는 원격

자폭 스위치를 넣는 것도 가능하다. 인공지능 로봇이 인간의 통제를 벗어나지 못하게 과학자들은 다양한 기술적 방법을 만들어 내고, 입법자들은 강력한 법률과 사회적 합의를 적용할 것이다.

둘째는, 생각하는 기계가 모방할 수 없는 인간의 특징을 찾아 인간의 가치를 높이는 것이다. 즉, 로봇이 아니라 인간을 깊이 생각하고 인간 고유의 특징을 활용하는 것이다. 인공지능이 마침내 인간의 의식 현상을 구현해 낸다고 하더라도 인간과 인공지능은 여전히 구분될 것이다. 인간에게는 감정과 의지가 있기 때문이다.

감정은 비이성적이고 비효율적이지만 인간됨을 규정하는 본능으로, 감정에 따라 판단하고 의지적으로 행동하는 인간에게 감정은 강점이면서 동시에 결함이 된다. 논리적으로 설명할 수 없는 인간의 행동은 대부분 감정과 의지에서 비롯한 것이다. 인류는 진화의 세월을 거쳐 공감과 두려움, 만족 등 다양한 감정을 발달시켜 왔다. 인간의 감정과 의지는 수백만 년의 진화 과정에서 인류가 살아남으려고 선택한 전략의 결과이다.

인공지능을 통제하는 것이 과학자들과 입법자들의 과제라면, '인간이란 무엇인가?', '인공지능이 대체할 수 없는 나만의 특징과 존재 이유는 무엇일까?'라는 철학적인 질문은 각 개인에게 던져진 과제이다.

(2) 스마트폰 중독, 어떻게 해결할까?

고영삼

스마트폰 중독 위험에 노출된 청소년들

스마트폰을 많이 사용한다고 해서 반드시 과도한 의존 현상에 빠져 있다고 할 수는 없다. 그러나 분명한 목적이나 계획 없이 스마트폰을 자주 사용하는 습관은 스마트폰에 과도하게 의존하는 현상, 이른바 스마트폰 중독으로 이어질 위험이 있다. 특히 자기 조절 능력이 부족한 청소년들은 스마트폰에 중독될 위험이 더 크다. 실제로 한국 정보화 진흥원의 2015년 조사 자료를 보면, 청소년의 스마트폰 중독 정도는 성인보다 더 높은 것으로 나타났다.

또한 스마트폰에 중독된 청소년들이 해가 갈수록 늘어나는 추세이다. 2015년 청소년 스마트폰 이용자 중 스마트폰 중독 위험군은 31.6퍼센트로 전년 대비 2.4퍼센트포인트 상승하였으며, 2011년 이후 매년 꾸준히 증가하고 있다.

스마트폰 중독, 왜 위험한가?

먼저, 스마트폰에 중독되면 공부나 일에 집중할 수 없어 일상생활에 어려움을 겪는다. 내가 보낸 문자 메시지를 친구가 읽었는지, 무엇이라고 답했는지가 궁금해서 공부나 일에 집중하지 못했던 경험이 있을 것이다. 우리가 어떤 일에 몰두하면 두뇌의 '작업 기억'은 가득 차 버린다. 그래서 여러 가지 일을 동시에 하면 기억 공간이 부족해져서 공부나 일에 대한 주의가 분산되고 능률도 떨어진다. 스마트폰에 중독된 학생들의 학업 성적이 떨어지는 이유도 이 때문이다.

둘째, 스마트폰 중독은 금단 현상이나 강박 증세, 충동 조절 능력 저하, 우울 등과 같은 신경 정신과적 증상을 동반할 수 있다. 일반적으로 중독 물질에 반복적으로 노출되면, 두뇌에서 쾌락을 느끼게 하는 신경 전달 물질인 도파민이 과도하게 분비되어 이후에 같은 자극을 받더라도 처음과 같은 쾌락을 느끼지 못하는 내성이 생긴다. 또한 자극이 없을 때에는 극도의 불안을 느끼는 금단 현상이 나타난다. 마찬가지로 스마트폰에 중독되면 스마트폰을 이전보다 더 많이 사용하지 않는 이상 만족감이나 즐거움을 느낄 수 없게 되며, 스마트폰을 가지고 있지 않을 때에는 극도의 불안감이나 초조감을 느끼게 된다. 또한 스마트폰에 중독되면 기분과 사고 기능 등을 조절하게 하는 신경 전달 물질인 세로토닌의 분비가 줄어드는데, 이것이 줄어들면 감정 조절이 어려워 충동적으로 변하거나 우울증이 생기기도 한다.

셋째, 스마트폰 중독은 신체 건강에 악영향을 끼친다. 작은 화면을 오래 보면 눈이 피로해지고 목이나 손목, 척추 등에 이상이 온다는 것은 너무나 많이 알려진 상식이라 더 설명할 필요도 없다. 이 외에도 스마트폰 중독은 두통, 두뇌 기능 저하, 수면 장애 및 만성 피로 등의 원인이 될 수 있다. 또한, 세계 보건 기구에서는 2011년부터 스마트폰에서 나오는 전자파를 '발암 가능 물질'로 분류하였다. 전자파가 열작용을 일으켜 체온이 상승해 세포나 조직 기능에 영향을 줄 수 있기 때문이다. 따라서 스마트폰 중독이 신체 건강에 끼치는 피해는 심각하다고 할 수 있다.

마지막으로, 스마트폰 중독은 사회적으로 건강한 생활을 할 수 없게 만든다. 스마트폰에 중독된 사람은 가상 세계를 지향하려는 경향이 있는데, 가상 세계에 몰입하다 보면 현실 세계에서 원만한 대인 관계를 형성하거나 유지하는 데에 어려움을 겪을 수 있다. 또한, 스마트폰 중독이 심각한 경우에는 현실 세계와 가상 세계를 혼동하여 일탈 행동을 보이거나 범죄를 저지르는 등 사회적 물의를 일으킬 수 있다. 실제로 가상 세계에서의 비방이나 험담으로 시작된 다툼이 현실 세계에서의 폭력으로 이어진 사례가 있으며, 심지어 누리소통망(SNS)에서 익명의 다수에게 호응을 얻기 위해 일탈 행동을 저지르고는 이를 자기의 계정에 올려 충격을 준 사례도 있다.

2 정보 전달을 위한 글

1. 설명문 : 어떤 사물의 이치나 현상, 지식 등에 대하여 글쓴이가 알고 있는 바를 쉽게 풀이하여 읽는 이를 이해시키고자 하는 글

2. 설명문의 성격 : 객관성, 사실성, 평이성, 명료성

3. 설명문 읽는 방법

1) 정확한 정보의 파악과 해석에 유의함

2) 문단의 연결 관계에 유의하면서 문단의 중심 내용을 파악함

3) 전체 내용을 요약하고 주제를 파악함

(1) 시각 상과 촉각 상
- 보이는 것을 그릴 것이냐, 아는 것을 그릴 것이냐

이주헌

고대 이집트인들에게 인체의 일부를 작게 그려 넣는 것은 이처럼 원근에 따른 불가피한 시각적 표현이 아니라 실제의 크기를 줄여 버리는 것으로 느껴졌다. 그것은 불균형이요, 파괴였다. 그들의 그림은 기본적으로 시각 상이 아니라 촉각 상에 토대를 둔 것이었기 때문이다.

촉각 상이란 촉각적 경험이 가져다주는 이미지이다. 이를테면 동일한 종류의 사물이 앞뒤로 떨어져 있어서 한 지점에서 볼 때 크기가 달라 보여도 만져 보면 같듯, 사물의 객관적 형태나 모양에 대한 인식을 상으로 나타낸 것이다. 시각 상이란 시각적 경험이 가져다주는 이미지이다. 같은 사물도 보는 위치에 따라 더 크거나 작아 보이듯, 주체가 본 그대로 상을 나타낸 것이다. 그런 까닭에 시각적으로 어떻게 보이느냐보다 실제 그 형태나 모양이 어떤가에 더 관심을 둔 이집트 벽화는 시각 상보다 촉각 상을 더 중시한 그림이라고 할 수 있다.

원근법적 표현에 익숙한 오늘의 시각에서 보자면 이처럼 시각 상보다 촉각 상에 더 치중하여 그린 이집트인들의 표현이 어색하게 느껴질 수 있다. 하지만 일반적으로 사람들은 이미지를 표현할 때 촉각 상에 기초한 형태 이해를 강하게 드러낸다. 원근법적으로 표현하는 훈련을 따로 받지 않았다면 말이다.

일례로 우리나라 민화의 책거리 그림을 보면 책장이나 탁자의 앞부분과 뒷부분의 길이가 같은 경우가 많다. 건물을 그린 그림도 마찬가지이다. 보이는 대로 그린다면 뒷부분의 길이가 짧게 그려져야 한다. 하지만 그렇게 그리지 않은 경우가 더 많았다. 이런 사례는 사람이 사는 곳이면 어디든 쉽게 볼 수 있는 현상이다. 그러나 고대 그리스와 르네상스 시대의 유럽에서 철저히 시각적 경험에만 의존하여 대상을 묘사하는 특수한 현상이 나타났다. 그리고 이런 시각적 사실성이 서양 미술의 고유한 표현 특성이 되었다.

이로부터 우리는 보이는 것을 재현하는 것 이전에 아는 것을 전달하는 데에 미술의 일차적인 기능이 있음을 알 수 있다. 말이나 글처럼 말이다. 이는 왜 완벽한 시각적 사실성을 표현하는 것이 오직 유럽에서, 그것도 특정한 시기에만 발달했으며, 나아가 현대에 들어서는 추상화 등이 나타나 그 전통마저 무너져 내렸는가에 대한 답이 된다.

미술의 보다 보편적인 기능은 시각적 사실의 재현이 아니라 세계에 대한 앎과 이해, 느낌을 전달하는 데 있다. 이를 시각적 사실성에 의지해 표현하는 것은 그 전달을 위한 수많은 방법 중 하나에 불과한 것이다.

고대 이집트 벽화로 다시 눈길을 돌려 보자. 사람을 그린 것임에도 정면과 측면의 봉합이 아니라 정면이나 측면 어느 한쪽에서 본, 보다 사실적인 묘사를 한 그림들이 있다. 농부나 무희를 그린 그림들이다. 이처럼 신분이 낮은 존재를 그릴 때는 시각 상에 가깝게 그리고, 파라오나 귀족처럼 신분이 높은 존재를 그릴 때는 촉각 상에 가깝게 그리는 형식으로부터 우리는 이 벽화에 '세계의 질서'에 대한 이집트인들의 고유 인식이 담겨 있음을 확인할 수 있다.

곧 보이는 대로 그려진다는 것은 찰나의 대상이 된다는 것이요, 그것은 필멸의 운명을 드러내는 것이다. 하지만 아는 대로 그려진다는 것은 영원한 질서의 대변자가 되는 것이요, 영생을 약속받는 것이다. 촉각 상은 시각 상에 비해 이런 '진리의 전달'에 보다 유리한 이미지다.

(2) 고릴라를 못 본 이유

이은희

사실 실험의 목적은 따로 있었다. 실험 참가자들에게 보여 준 동영상 중간에는 고릴라 의상을 입은 한 학생이 걸어 나와 가슴을 치고 퇴장하는 장면이 무려 9초에 걸쳐 등장한다. 재미있는 사실은 동영상을 본 사람들 중 절반은 자신이 고릴라를 보았다는 사실을 전혀 인지하지 못했다는 것이다. 나머지 절반은 고릴라를 알아보고 황당하다는 반응을 보였다. 심지어 고릴라를 인지하지 못한 이들에게 고릴라의 등장 사실을 알려 주고 동영상을 다시 보여 주자, 분명 먼젓번 동영상에서는 고릴라가 등장하지 않았다고 말하는 사람도 있었다. 그러면서 실험자가 자신을 놀리려고 다른 동영상을 보여 준 것이 아니냐는 의심을 하기도 하였다. 도대체 왜 이들은 고릴라를 보지 못한 것일까?

대니얼 사이먼스와 크리스토퍼 차브리스는 이를 '무주의 맹시'라고 칭했다. 이는 시각이 손상되어 물체를 보지 못하는 것과는 달리, 물체를 보면서도 인지하지 못하는 경우를 말한다. 두 눈을 멀쩡히 뜨고 있는데 보지 못한다고? 정말 황당한 소리이다. 하지만 우리는 늘 이런 경험을 한다. 실연한 뒤에는 유난히 행복한 연인들의 모습이 눈에 자주 띄고, 오랜만에 만난 아버지의 늙은 모습에 마음이 짠했던 날에는 유독 나이 든 어른들의 모습이 눈에 들어온다. 그런 장면들은 어찌나 그렇게 내 마음이 요동칠 때에 잘 맞춰 나타나는지. 하지만 당연하게도 세상이 내 맘에 맞게 움직여 줄 리는 없다.

뇌의 많은 영역이 오로지 시각이라는 감각 하나에 배정되어 있음에도, 세상은 워낙 변화무쌍하기 때문에 눈으로 받아들이는 모든 정보를 뇌가 빠짐없이 처리하기는 어렵다. 그래서 뇌가 선택한 전략은 선택과 집중, 적당한 무시와 엄청난 융통성이다. 우리는 쥐의 꼬리만 봐도 벽 뒤에 숨은 쥐 전체의 모습을 그릴 수 있으며, 빨간색과 파란색의 스펙트럼만 봐도 그 색이 주는 이미지와 의미까지 읽어 낼 수 있다. 하지만 이것은 때와 장소, 현재의 관심 대상과 그 수준에 따라 달라진다. 앞에서 보았듯이 우리는 하나에 집중하면 다른 것은 눈에 뻔히 보여도 인식하지 못하고 지나칠 수 있다. 즉, 우리는 정말로 보고 싶은 것만 보고 보기 싫은 것에는 눈을 질끈 감는 것이다.

감각 기관으로 들어오는 정보를 고스란히 받아들이지 않고 제 입맛에 맞는 부분만 편식하는 것은 뇌의 보편적인 특성으로, 다른 감각도 마찬가지이다. 그러니까 엄마의 잔소리를 흘려듣는 십 대 아이의 귀에 달린 엄청난 여과 능력은 일부러 그러는 것이 아니라, 무의식적으로 일어나는 자연스러운 결과일 수 있다. 따라서 눈앞에서 딴전을 피우는 아이의 귀에, 아니 뇌에 소리를 흘려 넣고 싶다면, 일단은 달콤한 말로 시작해서 집중시키는 것이 그나마 효과적이다. 눈앞에 뻔히 보이는 고릴라를 보지 못했던 사람들은 눈이 잘못되거나 얼빠진 것이 아니라, 집중하지 않은 시각적 정보는 은근슬쩍 뭉개 버리는 지극히 자연스러운 뇌를 가지고 있기 때문이다.

우리의 뇌는 이런 식으로 세상을 본다. 있어도 보지 못하거나 잘못 보는 경우도 많다. 그러므로 우리가 모든 것을 다 볼 수 없다는 사실을 제대로만 인정한다면, 서로 시각이 다른 현실에서 내 눈으로 본 것만이 옳다며 핏대를 세우거나 서로를 헐뜯는 일은 줄어들 것이다.

바른 말, 바른 글

1 음운의 변동

1. 교체 : 음운변동의 결과 한 음운이 다른 음운으로 바뀌는 것

1) **음절의 끝소리 규칙** : 음절의 끝에 'ㄱ, ㄴ, ㄷ, ㄹ, ㅁ, ㅂ, ㅇ' 이외의 자음이 오면 이 일곱 자음 중의 하나로 발음됨 예 부엌[부억], 바깥[바깓]

2) 자음 동화

① 비음화 : 비음이 아닌 음운이 비음을 만나 비음 [ㅇ, ㄴ, ㅁ]으로 발음됨

예 국물[궁물], 닫는[단는], 밥물[밤물]

② 유음화 : 비음 'ㄴ'이 유음 'ㄹ'의 앞 또는 뒤에서 유음 [ㄹ]로 발음됨

예 산림[살림], 물놀이[물로리]

3) **구개음화** : 앞말의 끝소리가 'ㄷ, ㅌ'인 형태소가 주로 모음 'ㅣ'로 시작하는 형식 형태소와 만나 구개음 [ㅈ, ㅊ]으로 발음됨 예 굳이[구지], 같이[가치]

4) **된소리되기** : 안울림 예사소리인 'ㄱ, ㄷ, ㅂ, ㅅ, ㅈ'이 된소리 [ㄲ, ㄸ, ㅃ, ㅆ, ㅉ]으로 발음됨

예 독서[독써], 품고[품꼬], 발전[발쩐]

2. 탈락 : 음운 변동의 결과 두 음운 중 하나가 없어지는 현상

1) **자음군 단순화** : 음절 끝에 두 개의 자음이 올 때, 이 중에서 한 자음이 탈락하는 현상

예 흙[흑], 삶[삼], 닭[닥]

2) **'ㄹ' 탈락** : 동사나 어간 말 자음 'ㄹ'이 몇몇 어미 앞에서 탈락하는 현상 예 둥그니, 노는

3) **'ㅎ' 탈락** : 동사나 형용사의 어간 말 자음 'ㅎ'이 모음으로 시작하는 어미 앞에서 탈락하는 현상

예 좋 + -은 → [조은], 좋 + -으니 → [조으니]

3. 첨가 : 형태소가 합성될 때 그 사이에 음운이 덧붙는 현상

1) **'ㄴ' 첨가** : 앞 단어나 접두사의 끝이 자음이고, 뒤 단어나 접미사의 첫 음절이 '이, 야, 여, 요, 유'인 경우 'ㄴ'을 첨가하여 [니, 냐, 녀, 뇨, 뉴]로 발음하는 현상

예 나뭇잎[나문닙], 한여름[한녀름]

4. 축약 : 두 음운이 합쳐져서 하나의 음운으로 줄어 소리나는 현상

1) **자음 축약** : 'ㄱ, ㄷ, ㅂ, ㅈ'이 'ㅎ'과 만나면 'ㅋ, ㅌ, ㅍ, ㅊ'으로 바뀌어 발음되는 현상

예 놓고[노코], 좋던[조턴], 법학[버팍], 맞히고[마치고], 많다[만타]

2) **모음 축약** : 모음 'ㅣ'나 'ㅗ, ㅜ'가 다른 모음과 만나 이중모음으로 줄어드는 현상

예 뜨이 + 다 → 띄다, 되 + 어 → 돼, 보 + 아 → 봐

2 단어의 형성법

1. 단일어 : 하나의 형태소(뜻을 가진 가장 작은 말의 단위)로 이루어진 단어

예 산, 아지랑이, 매우, 손, 하늘

2. 복합어 : 둘 이상의 어근이 결합되거나, 어근과 접사가 결합하여 이루어진 단어

1) **합성어** : 어근 + 어근 예 밤나무, 책가방, 솜이불

2) **파생어** : 접사 + 어근, 어근 + 접사 예 햇과일, 엿보다, 사냥꾼, 지우개

3 품사

1. 품사 : 단어를 공통된 문법적 성질에 따라 나누어 놓은 갈래

2. 품사의 분류

1) 체언(體言)

① 명사 : 어떤 대상이나 사물의 이름을 나타내는 단어

② 대명사 : 사람, 사물, 장소의 이름을 대신하여 가리키는 단어

③ 수사 : 물건의 양이나 순서를 가리키는 단어

2) 용언(用言)

① 동사 : 사람이나 사물의 움직임을 나타내는 단어

② 형용사 : 사람이나 사물의 상태나 성질을 나타내는 단어

3) 수식언(修飾言)

① 관형사 : 문장 속에서 '어떠한(어떤)'의 방식으로 명사, 대명사, 수사를 꾸며 주는 단어

② 부사 : 문장 속에서 '어떻게'의 방식으로 주로 동사, 형용사를 꾸며 주는 단어

4) 관계언(關係言)

① 조사 : 체언 뒤에 붙어서 다른 말과의 문법적 관계를 나타내 주거나 특별한 뜻을 더해 주는 역할을 하는 말

5) 독립언(獨立言)

① 감탄사 : 감정을 넣어 말하는 사람의 놀람, 느낌, 부름이나 대답을 나타내는 단어

4 문장 성분

1. 문장 성분 : 문장을 형성하는 데 일정한 구실을 하는 요소

2. 문장 성분의 분류

1) **주성분** : 문장을 이루는 데 꼭 필요한 성분

① 주어 : 문장의 주체가 되는 성분 / '누가', '무엇이'

② 목적어 : 서술어의 동작이나 행위의 대상이 되는 성분 / '누구를', '무엇을'

③ 보어 : 서술어 '되다', '아니다'가 주어 이외에 꼭 필요로 하는 말 / '되다', '아니다' 앞에 오는 '누가', '무엇이'

④ 서술어 : 주어의 동작, 작용, 상태 등을 나타내는 성분 / '어찌하다','어떠하다', '무엇이다'

2) 부속 성분

① 관형어 : 주로 체언 앞에서 이를 꾸며 주는 역할을 하는 말 / '어떠한', '무엇의'

② 부사어

· 주로 용언을 꾸며 그 의미를 자세하게 설명해 주는 말

· 다른 부사어나 관형어를 꾸며 주기도 하고, 문장 전체를 꾸미기도 함 / '어떻게', '어찌'

3) 독립 성분

① 독립어

· 문장의 다른 성분과 직접 관련을 맺지 않고 홀로 쓰이는 성분

· 필수 성분이 아니므로 생략해도 완전한 문장이 됨 / 감탄, 부름, 응답

5 문장의 종류

1. 홑문장(주어 + 서술어)

주어와 서술어가 한 번 나타나는 문장

예 그는 노래를 잘 불렀다.
저는 과일 중에서 포도를 정말 좋아합니다.

2. 겹문장 : 주어와 서술어가 두 번 이상 나타나는 문장

1) **이어진 문장** : 두 개 이상의 홑문장이 연결 어미로 결합되어 이루어진 문장

예 영희는 노래를 부르고, 명수는 영화를 본다.
봄이 되면, 꽃이 핀다.

2) **안은 문장** : '주어 + 서술어'로 이루어진 홑문장을 하나의 문장 성분으로 포함하고 있는 문장

예 나는 <u>간밤에 비가 왔음</u>을 알았다.
어둠이 <u>소리 없이</u> 내린다.
토끼는 <u>앞발이 짧다</u>.

6 피동 표현

주어가 자신의 힘으로 행하는 동작을 능동이라고 한다면, 주어가 남의 행동에 의해 동작을 당하는 것을 피동이라고 한다.

피동문의 피동사는 능동사 어간에 '-이-, -히-, -리-, -기-'를 결합시키거나, '-되다', '-어지다', '-게 되다'를 결합해 만들 수 있다.

예 능동문 : 고양이가 쥐를 잡다.
피동문 : 쥐가 고양이에게 잡히다.

· 잘못된 피동 표현 고치기 : 이중 피동

예 · 쥐가 고양이에게 잡혀지다. (잡 + 히 + 어지다) → 쥐가 고양이에게 잡히다.
· 나는 굳게 잠겨진 문 앞에 서 있었다. → 나는 굳게 잠긴 문 앞에 서 있었다.

7 사동 표현

주어가 직접 동작을 하는 것을 주동이라고 하고, 남에게 동작을 하도록 시키는 것을 사동이라고 한다.

사동문에서 사동사는 주동사의 어간에 사동 접미사 '-이-, -히-, -리-, -기-, -우-, -구-, -추-' 등을 붙이거나, 접미사 '-시키다'를 결합시켜 만들 수 있고, 어미와 보조 용언을 결합해 '-게 하다'를 붙여서 만들 수 있다.

예 주동문 : 동생이 밥을 먹다.
사동문 : 엄마가 동생에게 밥을 먹이다.

· 잘못된 사동 표현 고치기 : 소개시키다, 금지시키다, 설득시키다 등

예 내가 친구 한 명 소개시켜 줄게. → 내가 친구 한 명 소개해 줄게.

8 부정 표현

1. **'안' 부정문** : 주어가 어떤 일을 할 수 있지만 일부러 하지 않는 것. (의지부정)

2. **'못' 부정문** : 주어가 어떤 일을 할 수 있는 능력이 없는 것. (능력 부정)

3. **'말다' 부정문** : 보조동사 '말다'를 이용하여 금지의 의미를 나타내는 것.

9 부정확한 문장 표현 바르게 고치기

1. 필요한 문장 성분 갖추기

1) 주어를 부당하게 생략한 경우

주민들 모두 그 계획을 찬성했으나 유독 반대했다.

→ 주민들 모두 그 계획을 찬성했으나 이장님이 유독 반대했다.

2) 목적어를 부당하게 생략한 경우

동생은 우체통에 넣었다. → 동생은 우체통에 편지를 넣었다.

3) 부사어를 부당하게 생략한 경우

사람은 운명을 개척하기도 하고, 순응하기도 한다.

→ 사람은 운명을 개척하기도 하고, 운명에 순응하기도 한다.

2. 문장 성분 간의 호응 이루기

1) 주어와 서술어의 호응

내가 운 이유는 이별을 했다. → 내가 운 이유는 이별을 했기 때문이다.

2) 목적어와 서술어의 호응

영희는 시간이 나면 음악이나 책을 읽는다. → 영희는 시간이 나면 음악을 듣거나 책을 읽는다.

3) 부사어와 서술어의 호응

나는 결코 시험에 합격할 것이다. → 나는 반드시 시험에 합격할 것이다.

3. 명료하게 표현하기

1) 높임법의 잘못된 쓰임 고치기

예 주례 선생님의 말씀이 계시겠습니다. → 주례 선생님의 말씀이 있겠습니다.
(있으시겠습니다.)

2) 정확한 단어 선택하기

예 그는 우리와 생각이 틀려. → 그는 우리와 생각이 달라.

3) 문장의 중의성 없애기

예 현정이는 나보다 영화를 더 좋아한다.

→ ① 현정이는 내가 영화를 좋아하는 것보다 영화를 더 좋아한다.

→ ② 현정이는 나를 좋아하는 것보다 영화를 더 좋아한다.

예 민호는 지금 옷을 입고 있다.

→ ① 민호는 지금 옷을 입는 중이다.

→ ② 민호는 지금 옷을 입은 상태이다.

10 한글 맞춤법의 원리

1. 한글 맞춤법 총칙

[제1항]

한글 맞춤법은 표준어를 소리대로 적되, 어법에 맞도록 함을 원칙으로 한다.

예 앞 : 앞에, 앞길, 앞날

[제2항]

문장의 각 단어는 띄어 씀을 원칙으로 한다.

2. 형태에 관한 것

우리말에는 단어의 본래 형태를 밝혀 적는 경우와 그렇지 않은 경우가 있음

1) 용언의 어간과 어미

한글 맞춤법 조항[제15항]

용언의 어간과 어미는 구별하여 적는다.

예 먹- + -어 → 먹어[머거], 먹- + -는 → 먹는[멍는]

2) 접사가 붙어 만들어진 말

한글 맞춤법 조항[제19항]

어간에 '-이'나 '- 음/-ㅁ'이 붙어서 명사로 된 것과 '-이'나 '-히'가 붙어서 부사로 된 것은 그 어간의 원형을 밝히어 적는다.

예 명사 '다듬이, 믿음', 부사 '많이, 익히'

한글 맞춤법 조항[제20항]

명사 뒤에 '-이'가 붙어서 된 말은 그 명사의 원형을 밝히어 적는다.

예 곳곳이, 낱낱이, 삼발이

3) 사이시옷

한글 맞춤법 조항[제30항]

사이시옷은 다음과 같은 경우에 받치어 적는다.

· 두 명사로 이루어진 합성어
· 하나 이상의 '고유어 명사'가 결합함
· 앞 단어는 모음으로 끝남

(1) 뒷말의 첫소리가 된소리로 나는 것 예 꼭짓점[꼭찌쩜/꼭찓쩜]
(2) 뒷말의 첫소리 'ㄴ, ㅁ' 앞에서 'ㄴ' 소리가 덧나는 것 예 빗물[빈물]
(3) 뒷말의 첫소리 모음 앞에서 'ㄴㄴ' 소리가 덧나는 것 예 뒷일[뒨닐]

※ 예외 - 두 음절로 된 한자어

곳간(庫間), 셋방(貰房), 숫자(數字), 찻간(車間), 툇간(退間), 횟수(回數)

3. 소리에 관한 것

우리말에는 발음을 표기에 적용하는 경우와 그렇지 않은 경우가 있음

1) 된소리 표기

한글 맞춤법 조항[제5항]

한 단어 안에서 뚜렷한 까닭 없이 나는 된소리는 다음 음절의 첫소리를 된소리로 적는다.

① 두 모음 사이에서 나는 된소리 예 어깨, 거꾸로

② 'ㄴ, ㄹ, ㅁ, ㅇ' 받침 뒤에서 나는 된소리 예 잔뜩, 몽땅, 훨씬

다만 'ㄱ, ㅂ'받침 뒤에서 나는 된소리는 같은 음절이나 비슷한 음절이 겹쳐 나는 경우가 아니면 된소리로 적지 아니한다. 예 딱지, 몹시, 국수

한글 맞춤법 조항[제13항]

한 단어 안에서 같거나 비슷한 음절이 겹쳐 나는 부분은 같은 글자로 적는다.

예 똑딱똑딱, 눅눅하다

4. 띄어쓰기에 관한 것

띄어쓰기를 하면 우리말의 의미를 파악하기 쉬움

한글 맞춤법 조항[제41항]

조사는 그 앞말에 붙여 쓴다. 예 꽃이, 꽃으로만, 꽃마저, 꽃밖에, 꽃이다.

한글 맞춤법 조항[제42항]

의존 명사는 띄어 쓴다. 예 아는 것이 힘이다, 나도 할 수 있다.

한글 맞춤법 조항[제43항]

단위를 나타내는 명사는 띄어 쓴다. 예 차 한 대, 소 한 마리, 옷 한 벌, 열 살

중세국어

음운	· 현대 국어에 쓰이지 않는 자모가 사용됨 예 ㆆ, ㅸ, ㅿ, ㆁ, ㆍ · 어두 자음군이 존재함 · 된소리가 발달하기 시작함 · 모음 조화가 현대 국어보다 잘 지켜짐. 후대로 갈수록 모음 조화는 잘 지켜지지 않게 됨
표기	· 방점을 찍어 성조를 나타냄 · 훈민정음 창제 당시의 받침 표기는 'ㄱ, ㄴ, ㄷ, ㄹ, ㅁ, ㅂ, ㅅ, ㆁ'의 여덟 자만 허용하는 8종성법을 사용함 · 띄어쓰기를 하지 않음 · 끊어적기보다 이어적기가 우세함
어휘	· 현대 국어와 의미나 형태가 다른 것이 있음 · 한자어와 고유어의 경쟁이 계속되고 한자어의 쓰임이 확대됨
문법	· 주격 조사로 '이'만 사용됨 · 명사형 어미로 '-움/-옴'을 모음조화에 따라 규칙적으로 사용함. 후기에는 '-기'가 대신 쓰임 · 중세 국어 특유의 주체 높임법, 객체 높임법, 상대 높임법 등이 있음

(1) 용비어천가 (龍飛御天歌)

海東(해동)六龍(육룡)·이ᄂᆞᄅᆞ·샤:일:마다天福(천복)·이시·니古聖(고성)·이同符(동부)·ᄒᆞ시·니

<제1장>

불·휘기·픈남·ᄀᆞᆫᄇᆞᄅᆞ·매아·니:뮐·씨곶:됴·코여 ·름·하ᄂᆞ·니

:ᄉᆡ·미기·픈·므·른·ᄀᆞᄆᆞ·래아·니그·츨·씨:내·히이·러바·ᄅᆞ·래·가ᄂᆞ·니

<제2장>

- '용비어천가', 세종 29년(1447)

(2) 세종 어제 훈민정음(世宗御製訓民正音)

世·솅宗·종 御엉·製·젱 訓·훈民·민正·정音·흠
(세종대왕님이 손수 훈민정음을 만드시다.)

나·랏:말ᄊᆞ·미中듕國·귁·에달·아 文문字·ᄍᆞᆼ·와·로 서르 ᄉᆞᄆᆞᆺ·디 아·니ᄒᆞᆯ·씨
(우리나라 말이 중국과 달라 한자와는 서로 통하지 아니하여서)

이런젼·ᄎᆞ·로 어·린百·ᄇᆡᆨ姓·셩·이
(이런 이유로 어리석은 백성이)

니르·고·져·ᄒᆞᇙ·배 이·셔·도 ᄆᆞ·ᄎᆞᆷ:내
(말하고자 하는 바가 있어도 마침내는)

제·ᄠᅳ·들 시·러 펴·디 :몯ᄒᆞᇙ·노·미 하·니·라
(제 뜻을 능히 펴지 못하는 사람이 많다.)

·내·이·ᄅᆞᆯ 爲·윙·ᄒᆞ·야 :어엿·비 너·겨
(내가 이를 위하여 백성을 가엾게 생각하여)

·새·로·스·믈여·듧字·ᄍᆞᆼ·ᄅᆞᆯ ᄆᆡᇰ·ᄀᆞ노·니
(새로 스물여덟 글자를 만드니)

:사ᄅᆞᆷ:마·다:ᄒᆡ·ᅇᅧ:수·ᄫᅵ니·겨
(모든 사람들로 하여금 쉽게 익혀서)

·날·로·ᄡᅮ·메便뼌安한·킈 ᄒᆞ·고·져 ᄒᆞᇙ ᄯᆞᄅᆞ·미니·라.
(날마다 쓰는 데 편하게 하고자 할 따름이다.)

– '훈민정음', 세조 5년(1459년)

(3) 소학언해(小學諺解)

孔·공字·ᄌᆞㅣ 曾증字·ᄌᆞ다·려 닐·러 ᄀᆞᆯᄋᆞ·샤·ᄃᆡ ·몸·이며 얼굴·이며 머·리털·이·며 ·ᄉᆞᆯ·ᄒᆞᆫ
(공자께서 증자에게 일러 말씀하시기를 몸과 형체와 머리털과 살은)

父·부母:모·씌 받ᄌᆞ·온 거·시·라 :감·히 헐·워 샹히 ·오·디 아·니:홈·이 :효·도·의 비·르·소미·오,
(부모께 받은 것이라 감히 헐게 하여 상하게 하지 아니함이 효도의 시작이요)

·몸·을 셰·워 道:도·를 行힝·하·야 일:홈·을 後:후世:셰·예 :베퍼
(출세하여 이름을 후세에 베풀어 널리 퍼지게 하여)

·ᄡᅧ父 ·부母:모ᄅᆞᆯ :현·뎌케 :홈·이 :효·도·의 ᄆᆞ·춤·이니·라.
(이로써 부모를 두드러지게 함이 효도의 끝이니라.)

:유·익ᄒᆞᆫ ·이 :세 가·짓 :벋·이요 :해·로온 ·이 :세 가·짓 :벋·이니
(유익한 이 세 가지 벗이고 해로운 이 세 가지 벗이니)

直·딕ᄒᆞᆫ 이·ᄅᆞᆯ :벋ᄒᆞ·며 :신·실ᄒᆞᆫ ·이·ᄅᆞᆯ :벋ᄒᆞ·며
(정직한 이를 벗하며 믿음직하고 성실한 이를 벗하며)

들:온 ·것 한 ·이·ᄅᆞᆯ :벋ᄒᆞ·면 :유·익ᄒᆞ·고
(견문이 많은 이를 벗하면 유익하고)

:거·동·만 니·근 ·이·를 :벋ᄒᆞ·며 아:당ᄒᆞ·기 잘 ·ᄒᆞ·ᄂᆞᆫ 이·를 :벋ᄒᆞ·며
(행동만 익숙한 이를 벗하며 아첨하기 잘 하는 이를 벗하며)

:말·ᄉᆞᆷ·만 니·근 ·이·ᄅᆞᆯ :벋ᄒᆞ·면 해·로·온이·라.
(말만 익숙한 이를 벗하면 해로우니라.)

– '소학언해', 선조 20년(1587년)

02 수학

01 다항식연산

1. 두 다항식 $A = x^2 - 2x$, $B = 2x^2 - 3x$에 대하여 $A + B$는?

① $3x^2 + 5x$ ② $3x^2 - 5x$ ③ $-x^2 + x$ ④ $x^2 - 5x$

2. 두 다항식 $A = 5x^2 + 4x$, $B = 2x^2 - 2x$에 대하여 $A - B$는?

① $7x^2 + 2x$ ② $3x^2 - 5x$ ③ $3x^2 + 2x$ ④ $3x^2 + 6x$

3. 두 다항식 $A = x^2 + 2x$, $B = 3x - 2$에 대하여 $2A + B$는?

① $x^2 + x - 2$ ② $x^2 + x + 1$
③ $2x^2 + 7x - 2$ ④ $x^2 + 2x + 4$

4. 두 다항식 $A = 3x + 2$, $B = 2x + 5$에 대하여 AB는?

① $6x^2 + 19x + 10$ ② $6x^2 + 10$
③ $5x + 7$ ④ $5x^2 + 15x + 10$

5. x에 대한 다항식 $(x - 2)(2x + 3)$을 $ax^2 + bx + c$로 나타낼 때, $a + b + c$의 값은?

① -5 ② -4 ③ 4 ④ 5

6. $(x + 2)(x^2 + 3x + 2)$를 전개한 식에서 x의 계수를 a라고 할 때, a의 값은?

① 2 ② 4 ③ 6 ④ 8

02 항등식과 나머지정리

7. 등식 $2(x^2+4x+2)=2x^2+ax+b$가 x에 대한 항등식일 때, 두 상수 a, b에 대하여 $a+b$의 값은?

① 14　② 12　③ 10　④ 8

8. 등식 $x^2-3x+4=(x-1)^2-(x-1)+a$가 x에 대한 항등식일 때, 상수 a의 값은?

① 1　② 2　③ 3　④ 4

9. x에 대한 다항식 x^2+x+1을 $x-2$로 나눈 나머지는?

① 6　② 7　③ 8　④ 9

10. x에 대한 다항식 x^2+4x-2를 $x+1$로 나눈 나머지는?

① 3　② -5　③ 7　④ -9

11. x에 대한 다항식 $2x^2+3x+a$를 $x-1$로 나눈 나머지가 8일 때, 상수 a의 값은?

① 1　② 2　③ 3　④ 4

12. 다항식 $2x^2+4x+k$가 $x-1$로 나누어떨어질 때, 상수 k의 값은?

① -6　② -4　③ -2　④ 5

03 인수분해

13. 다음 중 $x^2 - 4x$의 인수분해로 옳은 것은?

① $x(x-4)$ ② $(x-2)(x+2)$
③ $(x+2)(x+2)$ ④ $(x-1)(x+4)$

14. 다음 중 $x^2 - 25$의 인수분해로 옳은 것은?

① $(x+5)(x+5)$ ② $(x-5)(x+5)$
③ $x(x+25)$ ④ $(x-5)(x-5)$

15. 다음 중 $x^2 - 9x + 18$의 인수분해로 옳은 것은?

① $(x+3)(x+6)$ ② $(x-3)(x-6)$
③ $(x+2)(x+9)$ ④ $(x-2)(x-9)$

16. 다음 중 $x^2 - 4x - 12$의 인수분해로 옳은 것은?

① $(x+2)(x+6)$ ② $(x+2)(x-6)$
③ $(x-2)(x+6)$ ④ $(x-2)(x-6)$

17. 다음 중 $x^3 - 2^3$의 인수분해로 옳은 것은?

① $(x+2)(x^2+4)$ ② $(x-2)(x^2+2x+4)$
③ $(x-2)(x^2+4)$ ④ $(x+2)(x^2-2x+4)$

04 복소수

18. 다음 중 $4+2i$의 켤레복소수는? (단, $i=\sqrt{-1}$)

① $4-2i$　② $-4+2i$

③ $-4-2i$　④ $2+4i$

19. 복소수 $z=3-i$의 켤레복소수 $\overline{z}=a+bi$에 대하여 $a+b$의 값은?
(단, a, b는 실수, $i=\sqrt{-1}$)

① 1　② 2　③ 3　④ 4

20. 실수 a, b에 대하여 $(a+2)+(b-3)i=0$이 성립할 때, $a+b$의 값은? (단, $i=\sqrt{-1}$)

① -1　② 1　③ 5　④ -2

21. $(4+2i)+(1-4i)=a+bi$일 때, $a+b$의 값은? (단, a, b는 실수, $i=\sqrt{-1}$)

① 1　② 2　③ 3　④ 4

22. $(5+4i)-(2-3i)=a+bi$를 만족하는 두 실수 a, b에 대하여 $a+b$의 값은?
(단, $i=\sqrt{-1}$)

① 4　② 6　③ 8　④ 10

23. $(1+4i)(2+i)=a+9i$일 때, 실수 a의 값은? (단, $i=\sqrt{-1}$)

① 1　② -1　③ -2　④ 2

05 이차방정식

24. 방정식 $x^2 - 5x + 2 = 0$의 두 근을 α, β라고 할 때, $\alpha + \beta$의 값은?

① -2 ② 2 ③ -5 ④ 5

25. 방정식 $x^2 + 7x + 4 = 0$의 두 근을 α, β라고 할 때, $\alpha\beta$의 값은?

① -7 ② 7 ③ 4 ④ -4

26. 방정식 $x^2 + 4x + 3 = 0$의 두 근을 α, β라고 할 때, $\alpha\beta + \alpha + \beta + 1$의 값은?

① 0 ② 1 ③ 2 ④ 3

27. 방정식 $x^2 + 8x + 2 = 0$의 두 근을 α, β라고 할 때, $\frac{1}{\alpha} + \frac{1}{\beta}$의 값은?

① -8 ② -2 ③ 4 ④ -4

28. 방정식 $x^2 - 6x + 3 = 0$의 두 근을 α, β라고 할 때, $\alpha^2 + \beta^2$의 값은?

① 30 ② 36 ③ 27 ④ 20

29. 이차방정식 $x^2 + 6x + k + 3 = 0$이 중근을 가질 때, 상수 k의 값은?

① 9 ② 8 ③ 7 ④ 6

30. 다음 중 중근을 갖는 이차방정식은?

① $x^2 + 4x + 3 = 0$ ② $x^2 + 6x + 10 = 0$

③ $x^2 + 2x + 2 = 0$ ④ $x^2 + 8x + 16 = 0$

06 이차함수

31. $-3 \le x \le 0$일 때, 이차함수 $y = -(x+1)^2 + 3$의 최솟값은?

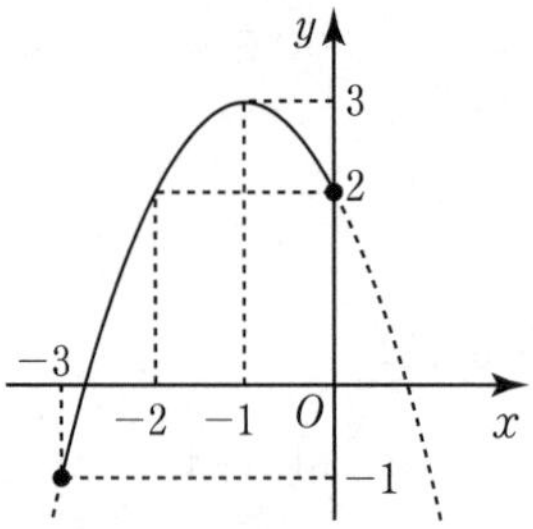

① -1
② 0
③ 2
④ 3

32. $0 \le x \le 3$일 때, 이차함수 $y = 2(x-1)^2 - 3$의 최댓값은?

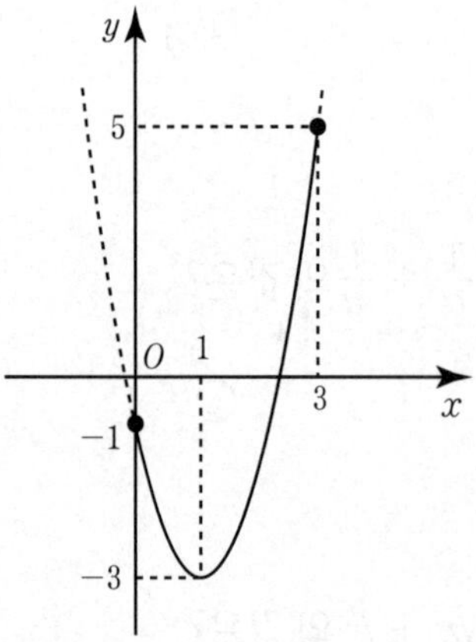

① -3
② -1
③ 0
④ 5

33. $2 \le x \le 4$일 때, 이차함수 $y = -(x-4)^2 + 2$의 최댓값과 최솟값의 합은?

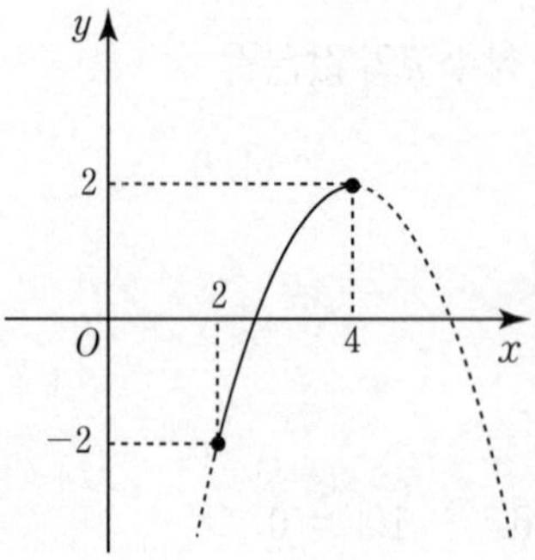

① -2
② 0
③ 2
④ 4

34. 이차함수 $y = (x-2)^2 + 5$는 $x = a$에서 최솟값 b를 갖는다. $a + b$의 값은?

① 9 ② 8 ③ 7 ④ 6

35. 이차함수 $y = x^2 - 8x + 10$은 $x = a$에서 최솟값 b를 갖는다. $a + b$의 값은?

① 4 ② -2 ③ 6 ④ 10

07 여러 가지 방정식

36. 연립방정식 $\begin{cases} 2x + y = 8 \\ 2x - y = 4 \end{cases}$를 만족하는 두 실수 x, y에 대하여, xy의 값은?

① 4 ② 5 ③ 6 ④ 7

37. 연립방정식 $\begin{cases} x + y = 4 \\ x^2 + y^2 = a \end{cases}$의 해가 $x = 3$, $y = b$일 때, $a + b$의 값은?

① 12 ② 11 ③ 10 ④ 9

38. 연립방정식 $\begin{cases} x + y = a \\ xy = 10 \end{cases}$의 해가 $x = 5$, $y = b$일 때, $a + b$의 값은?

① 12 ② 11 ③ 10 ④ 9

39. 삼차방정식 $x^3 - 2x^2 + 3x + a = 0$의 한 근이 1일 때, 상수 a의 값은?

① -2 ② -1 ③ 0 ④ 1

08 부등식

40. 이차부등식 $(x-6)(x-1) \le 0$의 해는?

①
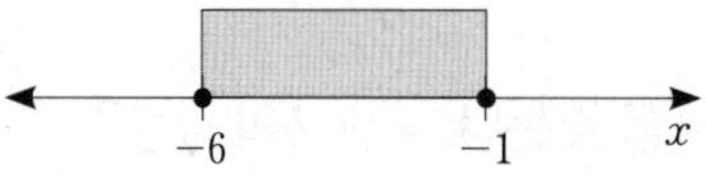

②
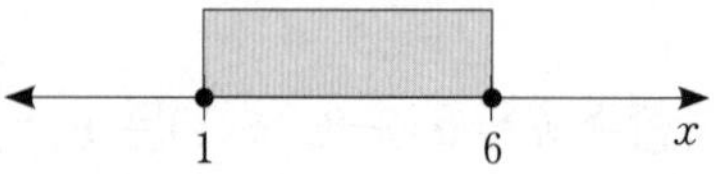

③

④

41. 이차부등식 $x^2 - 4x - 5 \ge 0$의 해는?

①
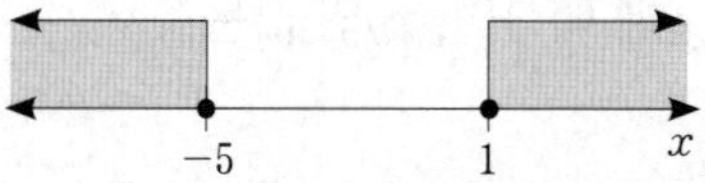

②
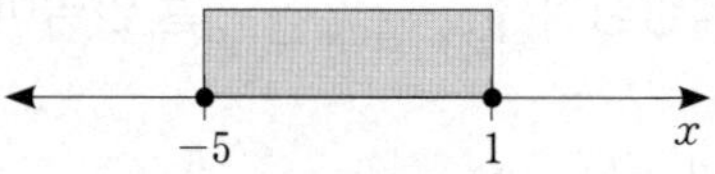

③
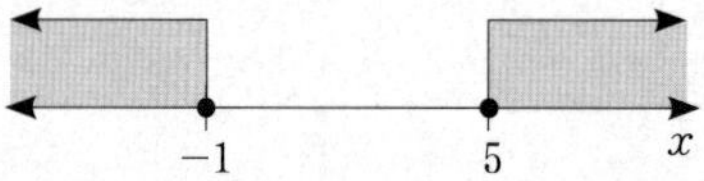

④
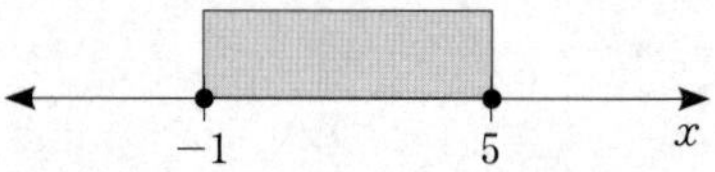

42. 이차부등식 $x^2 + 3x - 10 \le 0$을 만족하는 정수 x의 개수는?

① 6　　② 7　　③ 8　　④ 9

43. 그림은 이차부등식 $(x+a)(x+b) \ge 0$의 해를 수직선 위에 나타낸 것이다. 두 상수 a, b에 대하여 $a+b$의 값은?

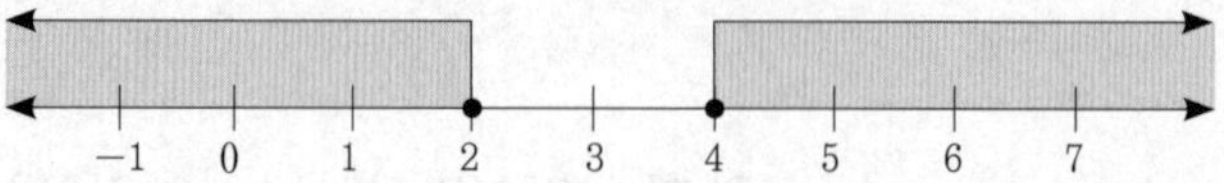

① -6　　② -4　　③ 0　　④ 6

44. 부등식 $|x| \le 3$의 해를 수직선 위에 나타낸 것은?

① 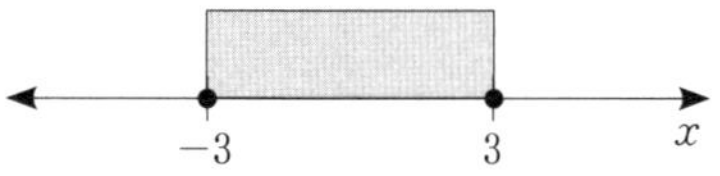

② 

③ 

④ 

09 평면좌표

45. 두 점 $A(1,\ 2)$, $B(3,\ 3)$에 대하여 선분 AB의 길이는?

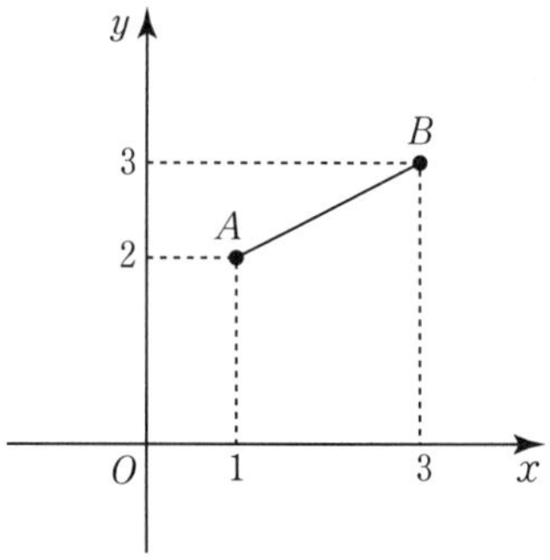

① $\sqrt{5}$
② 5
③ $\sqrt{3}$
④ 3

46. 두 점 $A(5,\ 2)$, $B(3,\ 6)$ 사이의 거리는?

① $2\sqrt{5}$ ② $\sqrt{10}$ ③ 16 ④ $4\sqrt{2}$

47. 두 점 $A(1,\ 5)$, $B(3,\ 7)$에 대하여 선분 AB의 중점의 좌표는?

① $(4,\ 12)$ ② $(2,\ 2)$ ③ $(2,\ 6)$ ④ $(4,\ 6)$

48. 좌표평면 위의 두 점 $A(-1,\ 1)$, $B(3,\ 5)$에 대하여 선분 AB를 $3:1$로 내분하는 점의 좌표는?

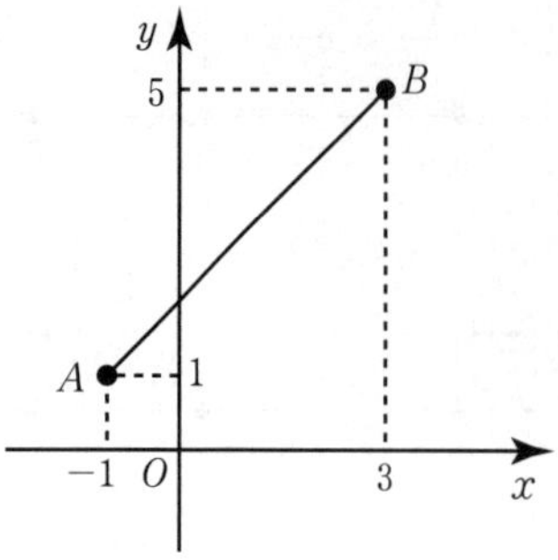

① $(1,\ 2)$
② $(1,\ 3)$
③ $(2,\ 2)$
④ $(2,\ 4)$

49. 좌표평면 위의 두 점 $A(4,\ 1)$, $B(1,\ 5)$가 있다. 선분 AB를 $2:1$로 외분하는 점의 좌표는?

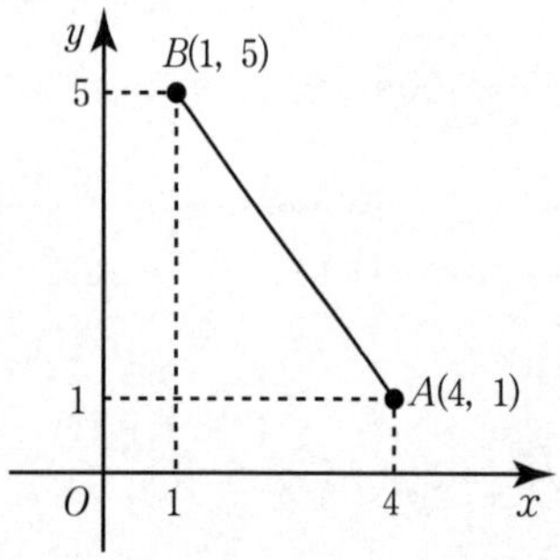

① $(-5,\ 6)$
② $(5,\ 6)$
③ $(-2,\ 9)$
④ $(-2,\ 4)$

10 직선의 방정식

50. 좌표평면에서 두 점 $A(-3,\ 0)$, $B(0,\ 3)$을 지나는 직선의 방정식은?

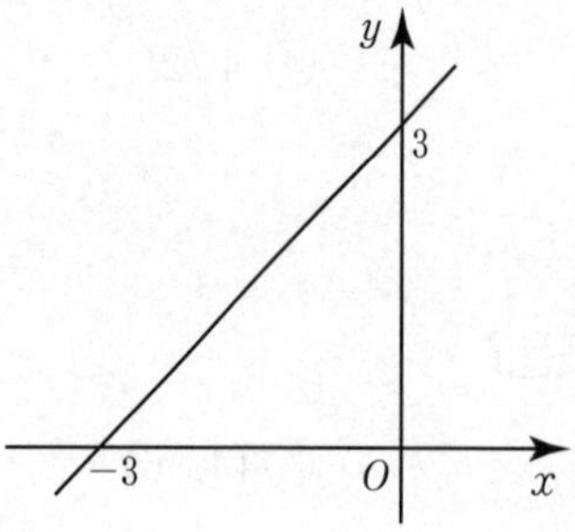

① $y = 3x + 3$
② $y = x + 3$
③ $y = 3x - 3$
④ $y = -x - 3$

51. $y = -2x + 3$과 평행하며, $(0,\ 1)$을 지나는 직선은?

① $y = 2x + 3$ ② $y = 2x + 1$
③ $y = -2x + 1$ ④ $y = -2x - 1$

52. $y = 5x + 3$과 평행하며, $(1,\ 6)$을 지나는 직선은?

① $y = 5x + 1$ ② $y = 5x + 2$
③ $y = -5x + 1$ ④ $y = -5x + 2$

53. 두 직선 $y = 3x + 2$, $y = ax + 1$이 서로 수직일 때, 상수 a의 값은?

① 1 ② 3 ③ $\frac{1}{3}$ ④ $-\frac{1}{3}$

54. $y = 4x + 2$와 수직이며, $(0,\ 4)$를 지나는 직선의 방정식은?

① $y = \frac{1}{4}x + 4$ ② $y = 4x + 4$
③ $y = -4x + 4$ ④ $y = -\frac{1}{4}x + 4$

55. 두 직선 $3x + y + 1 = 0$, $y = ax + 3$이 서로 평행할 때, 상수 a의 값은?

① 1 ② 3 ③ -3 ④ $-\frac{1}{3}$

56. $4x + 2y + 2 = 0$과 수직이며, $(0,\ 3)$을 지나는 직선의 방정식은?

① $y = \frac{1}{4}x + 4$ ② $y = \frac{1}{2}x + 3$
③ $y = -2x + 3$ ④ $y = 4x + 3$

11 원의 방정식

57. 원 $(x-4)^2+(y-3)^2=1$의 중심을 (a, b), 반지름을 r이라 할 때, $a+b+r$의 값은?

① 8 ② 5 ③ 4 ④ 1

58. 중심이 $(-3, 2)$이고, 반지름의 길이가 1인 원의 방정식은?

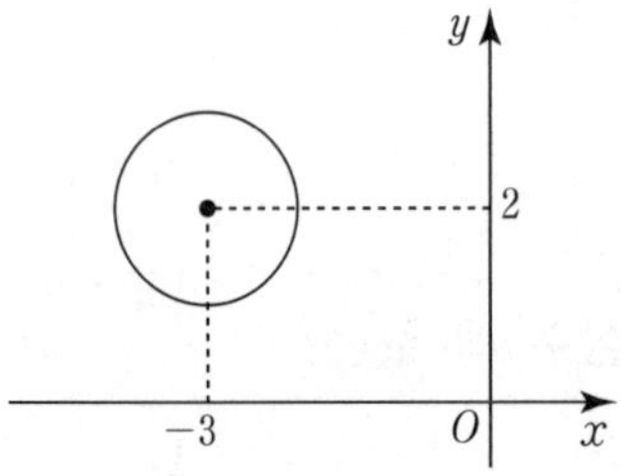

① $(x+3)^2+(y-2)^2=1$
② $(x-3)^2+(y+2)^2=1$
③ $(x+3)^2+(y+2)^2=1$
④ $(x-3)^2+(y-2)^2=1$

59. 중심이 $(5, 4)$이고, x축에 접하는 원의 방정식은?

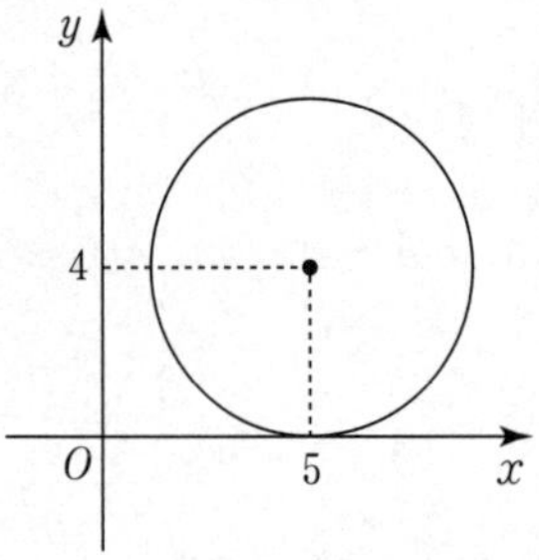

① $(x+5)^2+(y+4)^2=25$
② $(x+5)^2+(y+4)^2=16$
③ $(x-5)^2+(y-4)^2=16$
④ $(x-5)^2+(y-4)^2=25$

60. 중심이 $(2, -5)$이고, y축에 접하는 원의 방정식은?

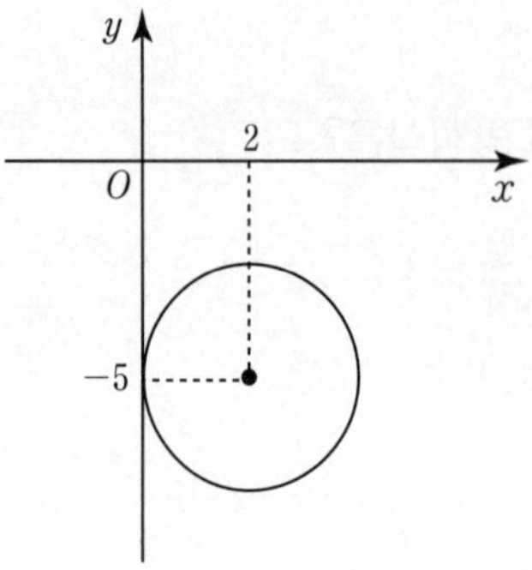

① $(x+2)^2+(y-5)^2=25$
② $(x-2)^2+(y+5)^2=4$
③ $(x+2)^2+(y-5)^2=4$
④ $(x-2)^2+(y+5)^2=25$

61. 중심이 $(-2,\ -3)$이고, 원점을 지나는 원의 방정식은?

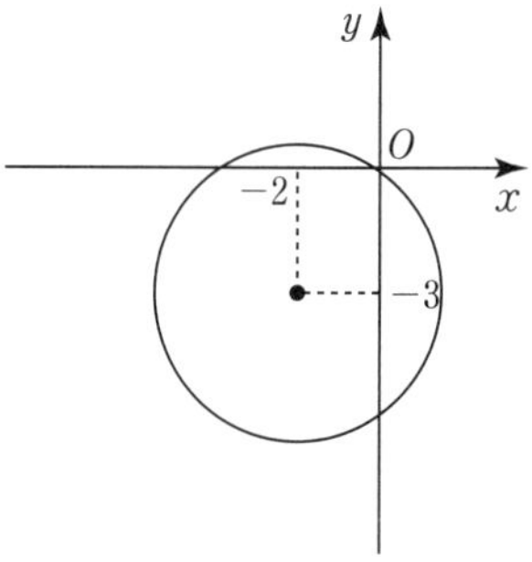

① $(x+2)^2+(y+3)^2=13$
② $(x+2)^2+(y+3)^2=9$
③ $(x-2)^2+(y-3)^2=13$
④ $(x-2)^2+(y-3)^2=9$

12 도형의 이동

62. 점 $(1,\ 2)$를 x축의 방향으로 1만큼, y축의 방향으로 3만큼 평행이동한 점의 좌표는?

① $(0,\ 0)$ ② $(2,\ 3)$ ③ $(2,\ 5)$ ④ $(0,\ -1)$

63. 점 $(2,\ 4)$를 x축의 방향으로 2만큼, y축의 방향으로 -3만큼 평행이동한 점의 좌표는?

① $(0,\ 7)$ ② $(0,\ 1)$ ③ $(4,\ 7)$ ④ $(4,\ 1)$

64. 점 $(3,\ 4)$를 x축에 대하여 대칭이동한 점의 좌표는?

① $(-3,\ 4)$ ② $(-3,\ -4)$ ③ $(4,\ 3)$ ④ $(3,\ -4)$

65. 점 $(5,\ 2)$를 y축에 대하여 대칭이동한 점의 좌표는?

① $(-5,\ 2)$ ② $(-5,\ -2)$ ③ $(2,\ 5)$ ④ $(5,\ -2)$

66. 점 $(-3,\ -4)$를 원점에 대하여 대칭이동한 점의 좌표는?

① $(-3,\ 4)$ ② $(3,\ 4)$ ③ $(-4,\ -3)$ ④ $(3,\ -4)$

67. 점 $(1,\ 2)$를 직선 $y = x$에 대하여 대칭이동한 점의 좌표는?

① $(-1,\ 2)$ ② $(-1,\ -2)$ ③ $(1,\ -2)$ ④ $(2,\ 1)$

68. 점 $(4,\ -2)$를 원점에 대하여 대칭이동한 후 다시 직선 $y = x$에 대하여 대칭이동한 점의 좌표가 $(a,\ b)$라고 할 때, $a + b$의 값은?

① 1 ② 2 ③ -1 ④ -2

13 집합

69. 두 집합 $A = \{1,\ 3,\ 5,\ 7\}$, $B = \{3,\ 4,\ 5,\ 6\}$에 대하여 $A \cap B$를 구하면?

① $\{4\}$ ② $\{2,\ 3,\ 4,\ 6\}$
③ $\{3,\ 5\}$ ④ $\{1,\ 3,\ 5\}$

70. 두 집합 $A = \{1,\ 2,\ 4,\ 8\}$, $B = \{2,\ 4,\ 5,\ 6\}$에 대하여 $n(A \cup B)$를 구하면?

① 2 ② 4 ③ 6 ④ 8

71. 전체집합 $U = \{1,\ 2,\ 3,\ 4,\ 5,\ 6\}$의 두 부분집합 $A = \{2,\ 4,\ 6\}$, $B = \{3,\ 4\}$에 대하여, 다음 중 옳은 것은?

① $A \cup B = \{4\}$ ② $A \cap B = \{2,\ 3,\ 4,\ 6\}$
③ $A - B = \{3\}$ ④ $A^C = \{1,\ 3,\ 5\}$

72. 전체집합 $A = \{x | x$는 6의 약수$\}$, $B = \{3,\ 4,\ 5,\ 6\}$에 대하여 벤 다이어그램의 어두운 부분을 나타내는 집합의 원소의 개수는?

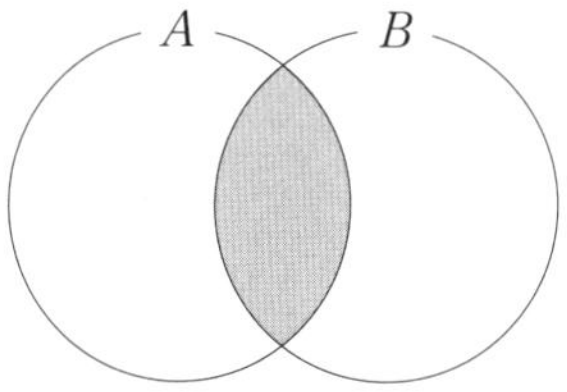

① 1개
② 2개
③ 3개
④ 4개

73. 다음 벤 다이어그램에 대하여 $(A \cup B)^C$의 원소의 개수는?

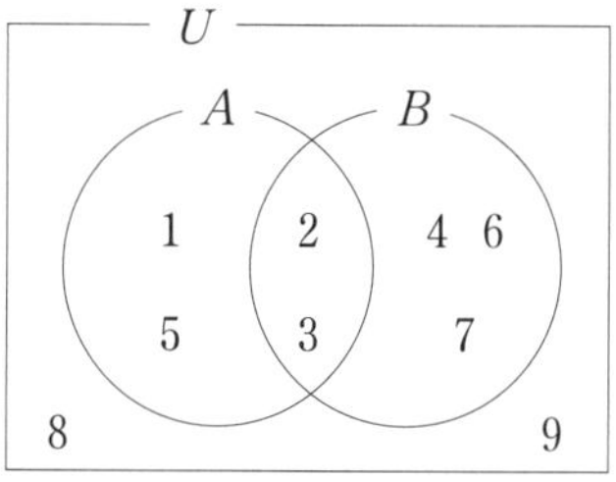

① 1개
② 2개
③ 3개
④ 4개

14 명제

74. 다음 명제 중 참인 것은?

① 3은 짝수이다.
② $2 + 3 > 7$
③ 5는 10의 약수이다.
④ $x = 1$이면 $x^2 = 2$이다.

75. 명제 '$a > 0$이면 $ab > 0$ 이다.'의 역은?

① $ab > 0$이면 $a > 0$이다.
② $a > 0$이면 $ab < 0$이다.
③ $a \leq 0$이면 $ab \leq 0$이다.
④ $ab \leq 0$이면 $a \leq 0$이다.

76. 명제 '정사각형은 네 변의 길이가 같다.'의 대우는?

① 네 변의 길이가 같으면 정사각형이다.
② 네 변의 길이가 같지 않으면 정사각형이 아니다.
③ 정사각형이 아니면 네 변의 길이가 같지 않다.
④ 정사각형은 네 변의 길이가 같지 않다.

77. 명제 '$x = 1$이면 $x^2 = 1$이다.' 가 참일 때, 반드시 참인 명제는?

① 역 ② 대우 ③ 부정 ④ 역, 대우

78. 명제 '$p \to \sim q$'가 참일 때, 반드시 참인 명제는?

① $\sim p \to q$ ② $p \to q$ ③ $\sim q \to p$ ④ $q \to \sim p$

15 함수

79. 함수 $f: X \to Y$가 다음 그림과 같을 때, $f(2) + f(3)$의 값은?

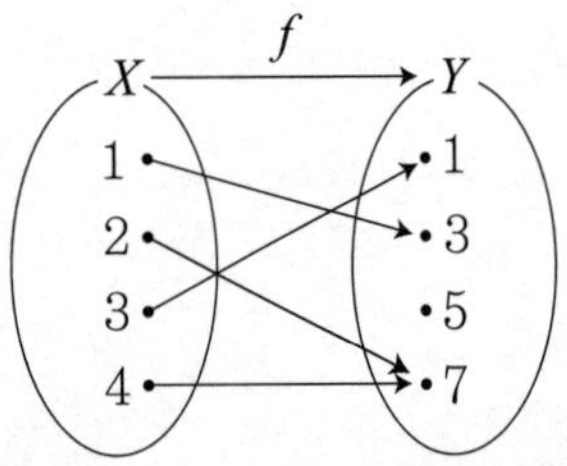

① 1
② 4
③ 5
④ 8

80. 함수 $f: X \to Y$가 다음 그림과 같을 때, $f^{-1}(2) + f^{-1}(3)$의 값은?

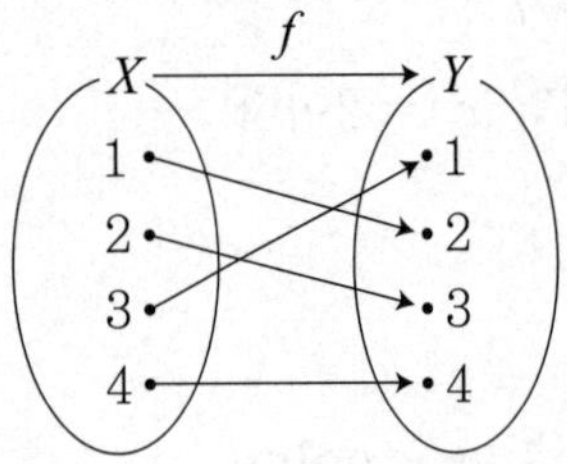

① 3
② 4
③ 5
④ 6

81. 함수 $f: X \to Y$가 다음 그림과 같을 때, $(f^{-1} \circ f)(3)$의 값은?

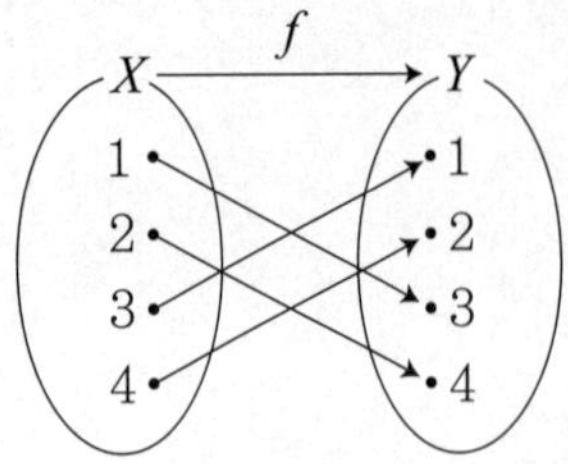

① 3
② 4
③ 5
④ 6

82. 두 함수 $f(x) = 4x + 1$, $g(x) = x^2 - 3$에 대하여 $(f \circ g)(2)$의 값은?

① 5　　② 78　　③ -5　　④ -78

83. 두 함수 $f(x) = 3x - 2$, $g(x) = x^2 + 2$에 대하여 $(g \circ f)(2)$의 값은?

① 16　　② 17　　③ 18　　④ 19

84. 함수 $f(x) = 2x$의 역함수를 f^{-1}라고 할 때, $f^{-1}(6)$의 값은?

① 12　　② -12　　③ 8　　④ 3

16 유리함수

85. 다음 중 분수함수 $y = \frac{1}{x}$의 그래프로 적당한 것은?

①
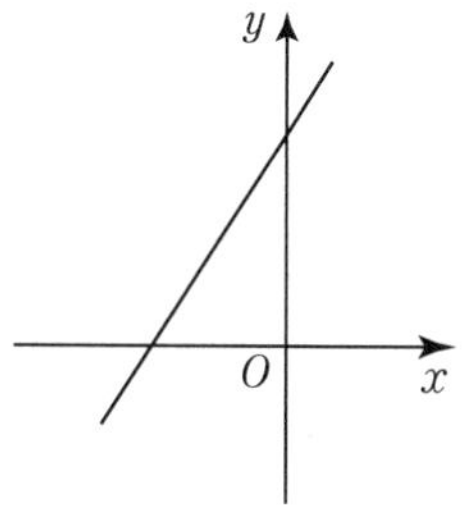

②
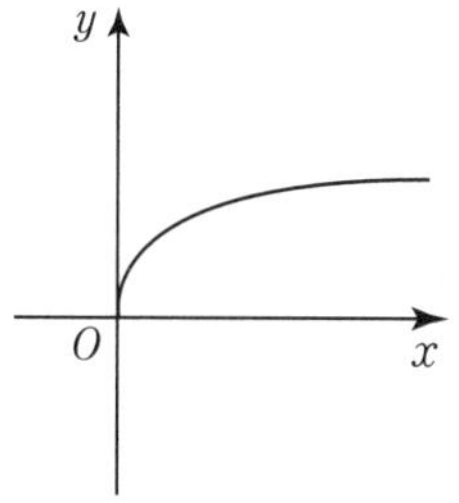

③
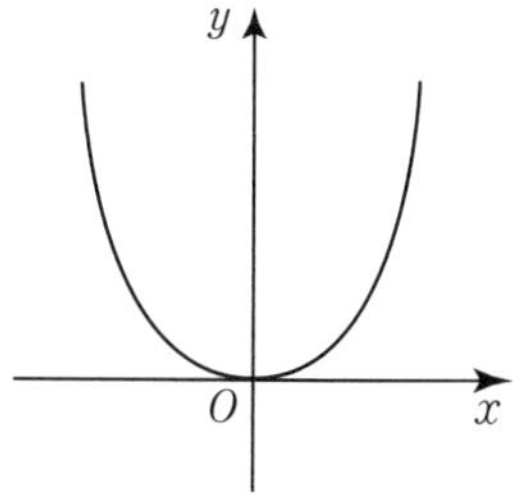

④
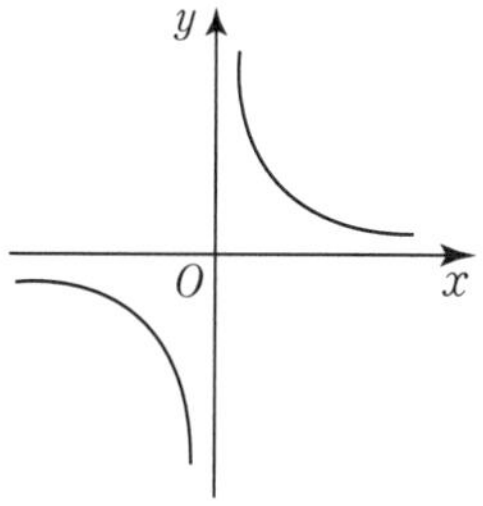

86. 분수함수 $y = \dfrac{1}{x+3} + 2$ 의 그래프로 적당한 것은?

①
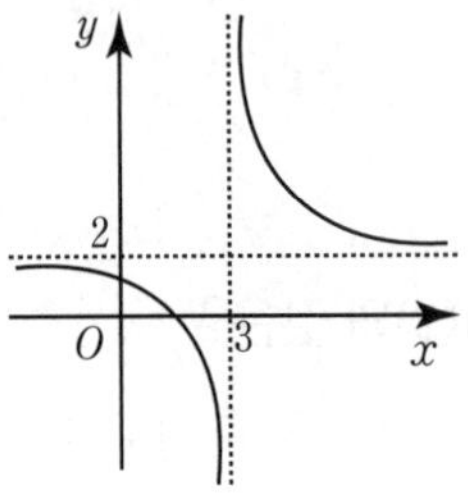

②
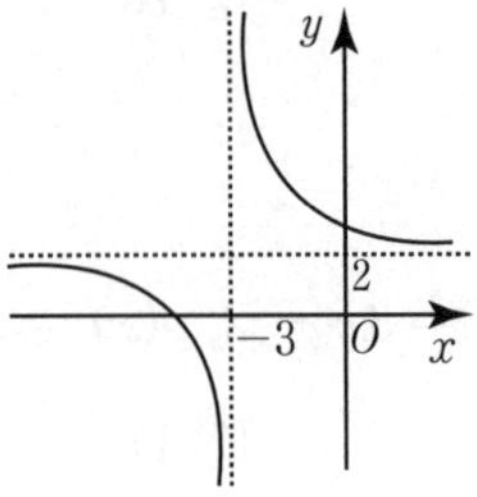

③
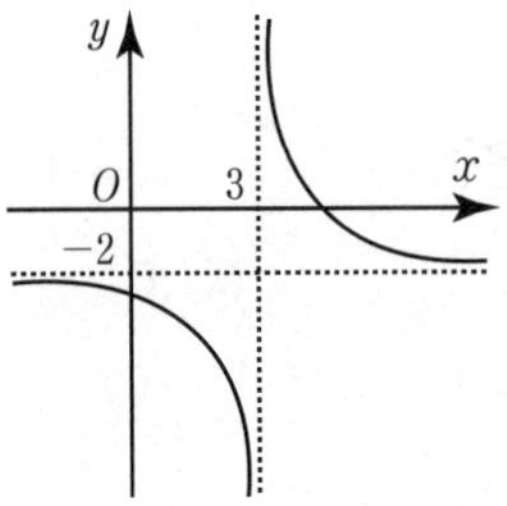

④
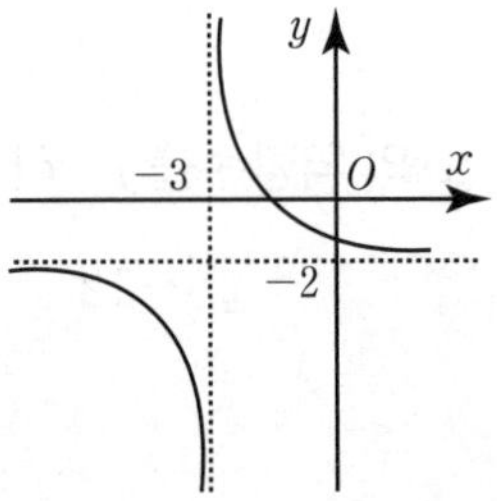

87. 분수함수 $y = \dfrac{2}{x+p} + q$ 의 그래프이다. p, q의 값은?

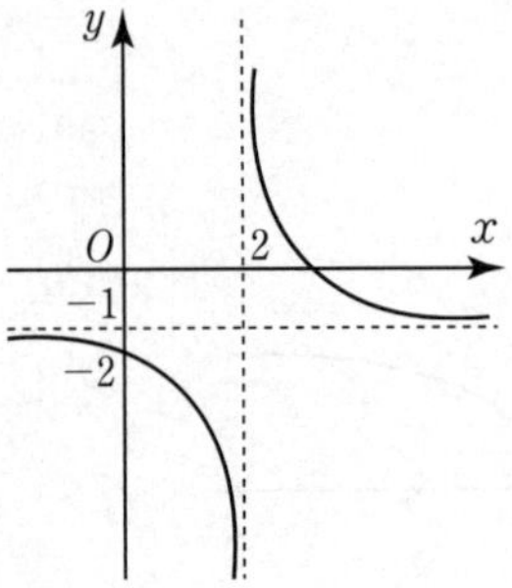

① $p = -2, q = -2$

② $p = -2, q = -1$

③ $p = 2, q = -1$

④ $p = -2, q = -2$

88. 분수함수 $y = \dfrac{2}{x-1} + 4$ 의 그래프가 $(3,\ k)$를 지날 때, k의 값은?

① 2 ② 3 ③ 4 ④ 5

17 무리함수

89. 다음 중 $y = \sqrt{-x}$ 의 그래프로 적당한 것은?

①
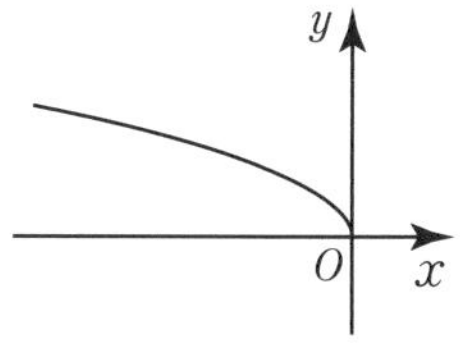

②
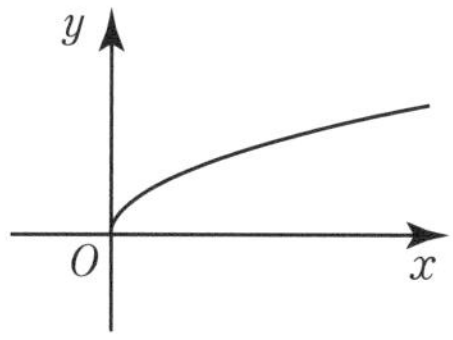

③
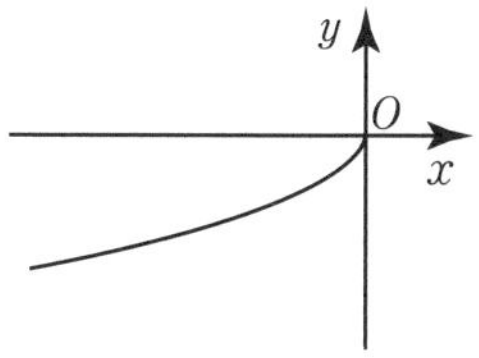

④
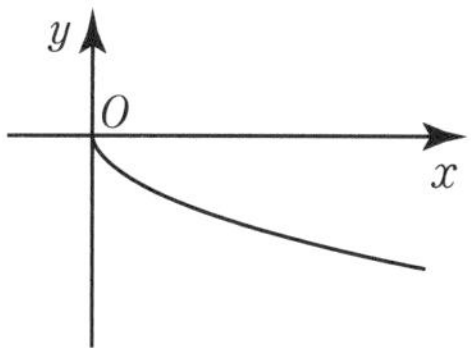

90. 다음 중 $y = \sqrt{x-3} - 1$의 그래프로 적당한 것은?

①
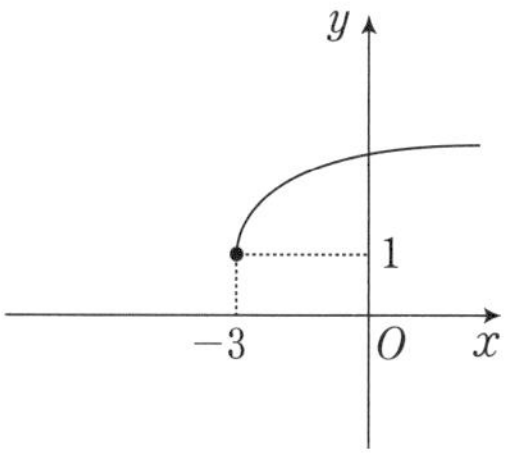

②
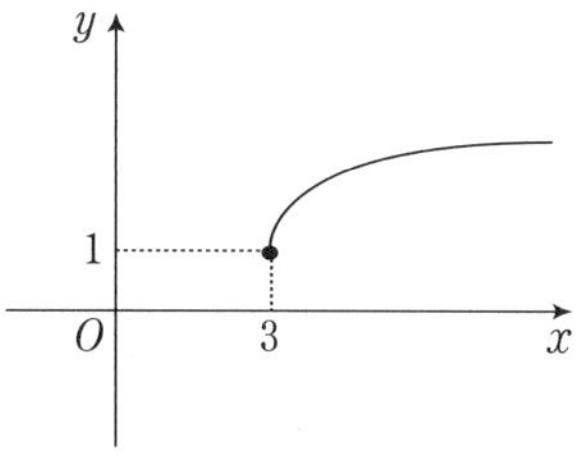

③
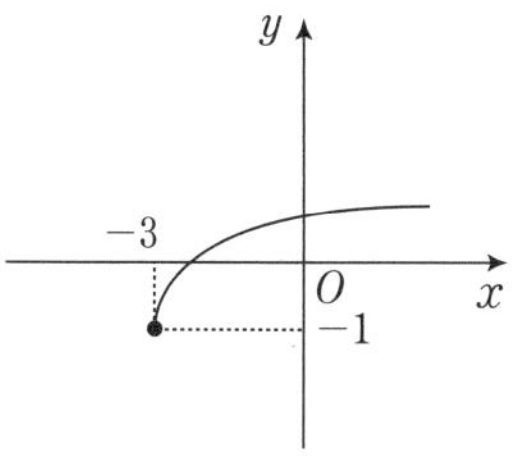

④
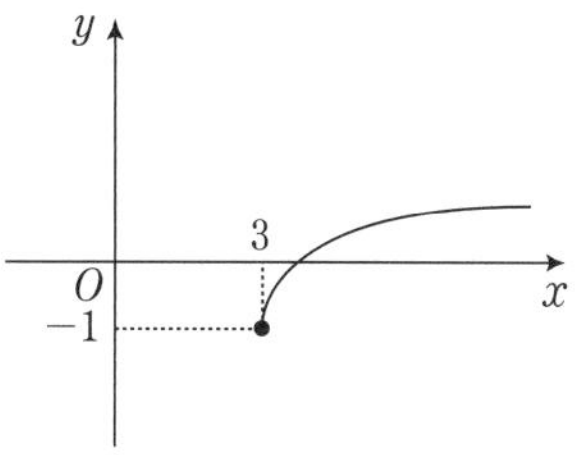

91. 무리함수의 그래프이다. 그래프의 식으로 알맞은 것은?

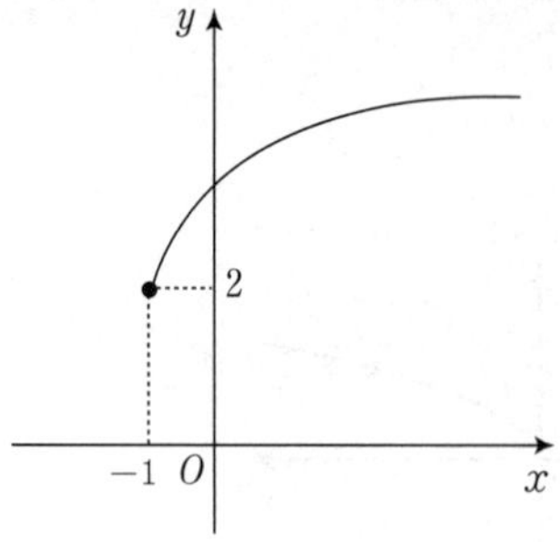

① $y=\sqrt{x+1}+2$

② $y=\sqrt{x+1}-2$

③ $y=\sqrt{x-1}+2$

④ $y=\sqrt{x-1}-2$

92. 무리함수 $y=\sqrt{2x-1}+3$의 그래프가 $(5,\ k)$를 지날 때, k의 값은?

① 6 ② 8 ③ 10 ④ 12

18 경우의 수

93. 한 개의 주사위를 던질 때, 다음을 구하시오.

1) 일어나는 모든 경우의 수

2) 3미만의 눈이 나오는 경우의 수

3) 3의 배수의 눈이 나오는 경우의 수

4) 6의 약수의 눈이 나오는 경우의 수

94. 서로 다른 두 개의 주사위를 동시에 던질 때, 나오는 눈의 수의 합이 3 또는 5가 되는 경우의 수는?

① 3 ② 4 ③ 5 ④ 6

95. 다음 세 지점 P, Q, R을 잇는 도로가 그림과 같을 때, 지점 P에서 지점 R까지 가는 모든 경우의 수를 구하시오. (단, 같은 지점은 두 번 지나지 않는다.)

1)

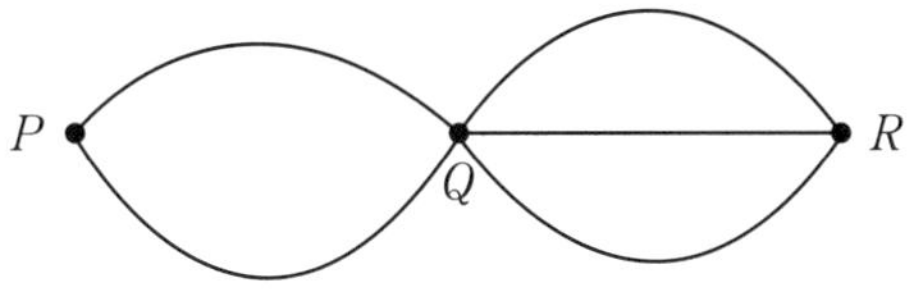

2)

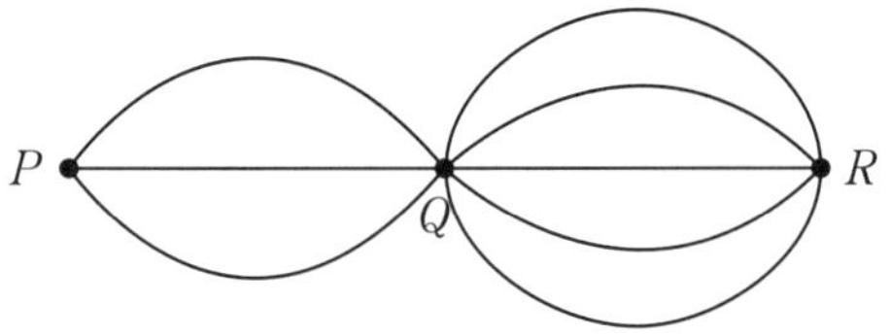

96. 주사위 1개와 동전 1개를 동시에 던질 때, 일어나는 모든 경우의 수는?

① 6 ② 8 ③ 10 ④ 12

97. 두 주사위 A, B를 던질 때, A는 3의 배수, B는 짝수의 눈이 나오는 경우의 수는?

① 6 ② 7 ③ 8 ④ 9

19 순열과 조합

98. 다음 값을 구하시오.

1) $2!$

2) $3!$

3) $4!$

4) $5!$

99. 3개의 수 1, 2, 3을 나열하여 만들 수 있는 세 자리 자연수의 개수는?

① 4 ② 5 ③ 6 ④ 7

100. 다음 값을 구하시오.

1) ${}_4P_2$

2) ${}_5P_3$

3) ${}_6P_2$

4) ${}_6P_3$

101. 5개의 수 1, 2, 3, 4, 5 중에서 서로 다른 2개의 수를 택하여 만들 수 있는 두 자리 자연수의 개수는?

① 5 ② 10 ③ 15 ④ 20

102. 다음 값을 구하시오.

1) ${}_4C_2$

2) ${}_5C_3$

3) ${}_6C_2$

4) ${}_7C_3$

103. 6명 중에서 대회에 출전할 대표 2명을 뽑는 경우의 수는?

① 6 ② 10 ③ 15 ④ 30

104. A, B, C, D 네 명의 학생이 있다. 다음을 구하시오.

1) 반장, 부반장을 각각 1명씩 뽑는 경우의 수

2) 반장, 부반장, 총무를 각각 1명씩 뽑는 경우의 수

3) 대표 2명을 뽑는 경우의 수

4) 대표 3명을 뽑는 경우의 수

105. 5명의 학생이 있다. 다음을 구하시오.

1) 반장, 부반장을 각각 1명씩 뽑는 경우의 수

2) 반장, 부반장, 총무를 각각 1명씩 뽑는 경우의 수

3) 대표 2명을 뽑는 경우의 수

4) 대표 3명을 뽑는 경우의 수

03 영어

1. 시험에 자주 나오는 단어

	단어	뜻
A	abroad	해외로
	absent	결석한, 부재의
	absorb	흡수하다
	accept	받아들이다
	accident	사고, 우연
	ache	통증, 고통
	achieve	달성하다
	across	가로질러
	activity	활동
	actually	실제로
	additional	추가적인
	address	주소, 연설
	admire	존경하다
	adventure	모험
	advise	충고하다
	afraid	걱정하는
	against	반대하여
	allow	허락하다
	ambition	야망
	amount	양, 총액
	ancient	고대의
	announce	발표하다
	apologize	사과하다
	appearance	모양, 겉모습
	appointment	약속, 임명
	appreciate	감사하다

	단어	뜻
	attend	출석하다
	avoid	피하다
B	believe	믿다
	belong	속하다
	blame	비난하다
	blind	장님의, 눈먼
	boil	끓다
	boring	지루한, 따분한
	borrow	빌리다
	bother	괴롭히다
	brave	용감한
	build	짓다
	burn	태우다
C	capital	수도, 대문자, 중요한
	certain	확실한, 어떤
	challenge	도전하다
	character	성격, 특징
	cheap	저렴한 ↔ expensive 비싼
	collect	수집하다
	comfortable	편안한
	common	공통의, 흔한
	communicate	의사소통하다
	complain	불평하다
	consist of	~으로 구성되다
	creative	창의적인

	단어	뜻
	criticize	비난하다
	curious	호기심이 많은
D	dangerous	위험한
	decide	결심하다
	delay	미루다, 지연시키다
	delicious	맛있는
	depend on	의존하다
	desert	사막
	devote	헌신하다
	difficult	어려운
	digest	소화하다
	diligent	근면한 ↔ lazy 게으른
	disappointed	실망한
	discover	발견하다
	disease	질병
	distance	거리
	doubt	의심하다
E	effective	효과적인
	effort	노력
	elect	선출하다
	elementary	기초의
	endure	참다, 견디다
	enough	충분한
	environment	환경
	escape	탈출하다
	excellent	우수한
	except	제외하고
	exciting	기쁜
	expect	기대하다
	experience	경험

	단어	뜻
	explain	설명하다
	express	표현하다
F	famous	유명한
	failure	실수, 실패 ↔ success 성공
	favor	호의, 친절
	favorite	가장 좋아하는
	feed	먹이를 주다
	female	여성 ↔ male 남성
	flat	평평한
	follow	따르다
	foolish	어리석은
	forgive	용서하다
	freedom	자유
	funny	재미있는
	furniture	가구
G	garage	차고
	gather	모으다
	generally	일반적으로
	gesture	몸짓
H	habit	습관
	harvest	수확, 추수
	headache	두통
	health	건강
	healthy	건강한
	helpful	도움이 되는
	honest	정직한
	honor	명예
	horrible	공포스러운
	huge	큰, 거대한
I	ignore	무시하다

	단어	뜻
	illegal	불법의
	imagine	상상하다
	important	중요한
	impossible	불가능한
	impressive	감명깊은
	increase	증가하다 ↔ decrease 감소하다
	incredible	놀라운, 믿을 수 없는
	independent	독립의
	instead	대신에
	international	국제적인
	introduce	소개하다
	invite	초대하다
J	judge	판단하다
K	kind	종류, 친절한
	knowledge	지식
L	library	도서관
	limit	한계
	literature	문학
	local	지역의
M	modern	현대의
	museum	박물관, 미술관
N	narrow	좁은 ↔ wide 넓은
	natural	자연의
	necessary	필수의
	neighbor	이웃(사람)
	nervous	불안한
	novel	소설
O	obey	복종하다
	occur	일어나다
	offer	제공하다

	단어	뜻
	operate	작동하다
	opinion	의견
	overweight	과체중(의)
P	pardon	용서
	perfect	완벽한
	perform	공연하다, 연주하다
	pleasure	기쁨
	polite	예의 바른
	pollution	오염
	popular	인기있는
	population	인구
	possibility	가능성
	practice	실천, 연습(하다)
	predict	예측하다
	prefer	선호하다
	prepare	준비하다
	present	선물, 현재의
	private	사적인
	product	제품
	progress	진전, 진보
	protection	보호
	proud	자랑스러운
	public	공공의
	purchase	구입하다
	purpose	목적
Q	quarter	4분의 1
	quiet	조용한
	quit	그만두다
R	rapid	빠른
	recommend	추천하다
	recycle	재활용하다

	단어	뜻
	refuse	거절하다
	regretful	후회하는
	religious	종교의
	remind	상기시키다
	remove	제거하다
	repair	수리하다
	reserve	예약하다
	respect	존경하다
	result	결과
S	satisfy	만족시키다
	secret	비밀, 비결
	serious	심각한, 진지한
	share	나누다
	shine	빛나다, 반짝이다
	should	~해야 한다
	silent	조용한
	silly	어리석은
	society	사회
	steady	꾸준한
	steal	훔치다
	suffer	고통을 겪다
	summarize	요약하다
	support	지지하다
	surround	둘러싸다
	symptom	증상, 징후
T	taste	맛보다
	temperature	온도
	terrible	끔찍한
	thick	두꺼운
	thirsty	목마른
	throw	던지다

	단어	뜻
	tiny	아주 작은
	tradition	전통
	traffic	교통
	treatment	치료
	trick	속임수
U	upset	화가 난
	unfortunately	안타깝게도, 불행히도
	unify	통일하다
	useful	유용한 ↔ useless 쓸모없는
V	valuable	가치 있는, 값비싼
	vegetable	채소
	view	전망, 보다
	visit	방문하다
	visitor	방문객
W	want	원하다
	warn	경고하다
	waste	쓰레기, 낭비하다
	weak	약한
	weight	몸무게
	whole	전체의
	wisdom	지혜
	wrong	잘못된
Y	yet	아직, 이미

[1-3] 다음 밑줄 친 부분의 의미로 가장 적절한 것을 고르시오.

1.

David put a lot of <u>effort</u> into the exam.

① 노력 ② 의미 ③ 조언 ④ 좌절

2.

Many countries <u>suffer from</u> a lack of water.

① 절약하다 ② 이용하다 ③ 낭비하다 ④ 고통받다

3.

Tom wants to know more about Korean <u>literature</u>.

① 문학 ② 지리 ③ 기술 ④ 직업

2. 시험에 자주 나오는 반의어

단어	뜻	단어	뜻
small	작은	big / large	큰
short	짧은	long	긴
slow	느린	fast	빠른
young	젊은	old	늙은
good	좋은	bad	나쁜
smart / clever / wise	똑똑한	foolish / stupid	멍청한
clean	깨끗한	dirty	더러운
sick	아픈	healthy	건강한
sad	슬픈	happy	행복한
bright	밝은	dark	어두운
noisy	시끄러운	quiet	조용한
high	높은	low	낮은
cheap	싼	expensive	비싼
early	이른	late	늦은
heavy	무거운	light	가벼운

3. 시험에 자주 나오는 숙어

01	agree to	~에 동의하다	31	be sure of	~을 확신하다
02	as a matter of fact	사실상	32	be through	끝내다
03	as soon as	~하자마자	33	be tired of	~으로 지치다
04	at a low price	싼 값에	34	be worn out	닳아 해지다
05	at once	즉시	35	belong to	~의 소유이다, ~에 속하다
06	at one time	동시에			
07	attend on	시중들다	36	beside oneself	제정신이 아닌
08	be absent from	결석하다	37	break out	발생하다, 일어나다
09	be afraid of	~을 두려워하다	38	call off	취소하다, 연기하다
10	be aware of	~을 알고 있다	39	come across	우연히 만나다
11	be born	태어나다	40	deal with	다루다, 대처하다
12	be busy ~ing	~하느라 바쁘다	41	depend on	~에 의지하다
13	be covered with	~으로 뒤덮이다	42	do homework	숙제하다
14	be different from	~와 다르다	43	feel down	우울해하다
15	be disappointed at	실망하다	44	get rid of	제거하다
16	be famous for	~로 유명하다	45	get off	(차에서) 내리다, (옷을) 벗다
17	be fond of	~을 좋아하다			
18	be good at	~에 능숙하다	46	get on	~에 타다, (옷 등을) 입다
19	be held	개최되다			
20	be in the wrong	잘못되어 있다	47	give up	포기하다
21	be interested in	~에 흥미가 있다	48	grow up	성장하다
22	be late for	~에 늦다	49	had better	~하는 편이 낫다
23	be made up of	~으로 구성되다	50	look after	돌보다
24	be on good terms with	~와 사이가 좋다	51	look for	찾다
25	be over	끝내다	52	look forward to	~을 기대(고대) 하다
26	be pleased with	만족하다	53	look up to	존경하다
27	be present at	~에 참석하다	54	lose weight	살이 빠지다
28	be proud of	~을 자랑하다	55	make a reservation	예약하다
29	be ready to	~할 준비가 되다			
30	be satisfied with	~에 만족하다	56	make efforts	노력하다, 애쓰다

57	pay attention to	~에 주목하다
58	put off	연기하다
59	put on	입다
60	take a rest	쉬다
61	take care of	~을 돌보다
62	take part in	~에 참여하다
63	take place	발생하다
64	tend to	~하는 경향이 있다
65	try on	시도해보다, 입어보다
66	would like to	~하고 싶다

[1-2] 다음 빈칸에 공통으로 들어갈 말로 가장 적절한 것을 고르시오.

1.

· She looks ________ to her parents the most.
· You shouldn't give ________ in the middle of doing something.

① up　② off　③ out　④ away

2.

· There are plenty ________ parking spaces in the building.
· Your dad and I are so proud ________ you.

① of　② at　③ on　④ for

[3-5] 다음 밑줄 친 부분의 의미로 가장 적절한 것을 고르시오.

3.

It has been three months since I last saw my friend, Jane. I really look forward to seeing her again.

① 포기하다　② 기대하다　③ 추천하다　④ 실망하다

4.

You should put on a warm jacket because it's cold outside.

① 끄다 ② 입다 ③ 다루다 ④ 돌보다

5.

A : Excuse me, how do I get to the Young Theater? B : Take the subway line 5 and get off at Jupiter Station.

① 내리다 ② 미루다 ③ 기다리다 ④ 치료하다

기출 생활영어

1. 다음 대화에서 두 사람의 관계로 가장 알맞은 것은?

A : I'd like to buy running shoes. B : What size do you want? A : Size 245, please. How much are they? B : They are 30 dollars.

① 손님 - 판매원 ② 의사 - 환자
③ 은행원 - 고객 ④ 건축가 - 기술자

2. 다음 대화가 이루어지는 장소로 가장 알맞은 것은?

A : What can I do for you? B : I would like to exchange dollars to Korean won please. A : Sure, how much do you want to exchange? B : 100 dollars please.

① 약국 ② 독서실 ③ 은행 ④ 옷가게

3. 다음 대화에서 알 수 있는 B의 심정으로 가장 알맞은 것은?

> A : You don't look well. What's wrong?
> B : I don't feel good because I have a terrible headache.
> A : You had better take a rest.
> B : Ok, I will.

① 기쁘다 ② 만족하다 ③ 우울하다 ④ 지겹다

4. 다음 대화가 이루어지는 장소로 가장 알맞은 것은?

> A : Can I get two tickets for the zoo?
> B : Okay, 20 dollars for two adults.
> A : Here you are.
> B : Please don't give any food to the animals.

① 도서관 ② 동물원 ③ 수영장 ④ 옷 가게

[5-6] 대화의 빈칸에 들어갈 말로 가장 적절한 것을 고르시오.

5.

> A : ______________________?
> B : You can take a limousine bus to get there.

① What do you do for a living
② How old are you
③ How can I get to the airport
④ How long does it take to get to the museum

6.

> A : How often do you go on a trip per year?
> B : ______________________.

① I can go next week ② I usually take the bus
③ I travel once a year ④ I am 27 years old

7. 다음 대화에서 알 수 있는 B의 심정으로 가장 알맞은 것은?

> A : Why do you look so sad? What happened?
> B : My grandmother has been sick for several weeks.
> A : That's too bad.
> B : I know. I hope she gets well as soon as possible.

① 슬프다 ② 화가 나다 ③ 행복하다 ④ 만족하다

[8-9] 대화의 빈칸에 들어갈 말로 가장 적절한 것을 고르시오.

8.

> A : Where are you going?
> B : I am going to visit my friend.
> A : ____________________
> B : We will play computer games.

① What will you do there?
② How far is it from here?
③ When will you arrive there?
④ Which is the best way to get there?

9.

> A : Can you give me some advice for skin trouble?
> B : ____________________

① Oh, you really did a good job.
② That's a good idea. I will use it.
③ Sure. You can try using oil-free lotion.
④ Great! I'm really happy to get your tips.

10. 대화에서 빈칸에 들어갈 말로 알맞은 것을 고르시오.

> A : I hurt my fingers in the kitchen.
> B : __________. Is it serious?

① You're welcome ② Sorry to hear that
③ Maybe next time ④ Have a good time

기출 독해

1. 글의 목적으로 알맞은 것은?

> Koreans speak the Hangul language, and the Chinese have their own languages as well. English is usually spoken in Western countries. Generally speaking, each nation has its own language.

① 고유한 언어가 없는 나라들　② 제스처가 가진 의미
③ 영어의 우수성　④ 각 나라가 가진 고유의 언어

2. 다음 글을 쓴 목적은?

> Dear Jane,
> I just received your gift. I love the shoes. What an amazing birthday present and how nice of you to remember my birthday. I will put them on everyday. Thank you!
> Mark

① 축하　② 사과　③ 감사　④ 항의

3. 다음 안내문으로 보아 언급되지 <u>않은</u> 것은?

> JIMMY'S SPORTS CENTER
> Monday-Friday 8:00 a.m.-9:00 p.m.
> Cost : 70,000 won per month
> Closed Weekends

① 시간　② 비용　③ 나이 제한　④ 닫는 요일

4. 다음 글의 내용상 빈칸에 들어갈 가장 알맞은 말을 고르시오.

> A study has found that dolphins have a kind of ________. They are able to talk to each other. It may be possible for humans to learn how to talk to them. This would not be easy but it would be very interesting.
>
> * dolphin : 돌고래

① eyes ② language ③ hand ④ hair

5. 다음 글의 빈칸에 들어갈 가장 알맞은 것을 고르시오.

> Once, a singer woke up to find herself ________. She became well-known to the people for her beautiful voice. People came to her concert from all over the world and she became popular.

① famous ② tall ③ lazy ④ diligent

6. 다음 글을 쓴 목적은?

> TEXT MESSAGE :
> Jim
> We moved in the new home yesterday. So, I am planning to clean it today, Can you come home earlier today? We need to put the furniture in the right place.
> Love you,

① 초대 ② 책망 ③ 사과 ④ 부탁

7. 다음 글의 내용에 어울리는 속담은?

> Clocks and watches help us to be on time. We look at a watch and know if we have to hurry or can take our time. But what about people who are blind? They can't see what time it is. So inventors made a "talking watch" for people who can't see. The blind can use this type of watch.
>
> inventors : 발명가

① 빈수레가 요란하다. ② 모르는 게 약이다.
③ 정직이 최선의 방책이다. ④ 필요는 발명의 어머니다.

8. 다음 글의 빈칸에 들어갈 가장 알맞은 것은?

> My parents are always __________. They usually get up at 6 a.m, go to work and work late at night. Sometimes they ask me to eat alone or order food. I would like to spend more time with my family.

① busy ② careful ③ happy ④ satisfied

9. 다음 글을 쓴 목적은?

> Dear Mr Kim,
> My son, Minsu was not good at math before and he did not like it. However, since he talked to you, he has tried to study math hard and got a good grade on his midterm exam. I would like to say thank you for taking care of my son.

① 감사 인사 ② 고민 상담 ③ 초청 거절 ④ 취업 부탁

10. 글의 목적으로 알맞은 것은?

> There is nothing I like more than singing. That's why I'd like to join your music club. I am also interested in playing the piano. You can see how fascinated I am. Please let me join your club.

① 칭찬하기 ② 충고하기 ③ 요청하기 ④ 항의하기

11. 다음 글을 쓴 목적은?

> Dear Susan,
> Hi, I have a clear goal for the future. It is to be an environmental engineer so that I can save the earth. To make my dream come true, I will enroll in the environment & recycling course for this semester. Would you like to join me?
> James

① 제안하기 ② 칭찬하기 ③ 항의하기 ④ 사과하기

12. 글의 전체 흐름과 관계가 없는 문장은?

① Fat gives you energy. ② Your body stores fat and uses it later for energy. ③ We should turn off the light. ④ So everyone needs some fat in his or her diet.

13. 글의 전체 흐름과 가장 관계가 없는 문장은?

Traveling gives you new pleasures of experiencing new things around the world. ① This world has many things that you haven't seen before. ② I will go shopping next weekend with my father. ③ However, traveling might not always be enjoyable unless you prepare for it. ④ Therefore, you should make plans for traveling.

14. 다음 글의 빈칸에 들어갈 말로 가장 적절한 것을 고르시오.

I prefer online shopping for several reasons. First, I don't even have to leave my house. All I need is my computer or smartphone. Second, I can save money by comparing prices from various online stores. Lastly, I can get anything I want delivered to my front door. How easy and ________!

① impolite ② delicious ③ expensive ④ convenient

15. 다음 글의 바로 뒤에 이어질 내용으로 가장 적절한 것은?

Today, Korea is known for its advanced technology in science. A large number of scientific inventions in Korean history prove that Koreans have been gifted in science. Let's explore the wisdom of our ancestors by learning about some of these Korean scientific inventions.

① 과도한 과학 기술 발달의 부작용
② 세계적으로 유명한 한국인 예술가
③ 문학 재능과 과학 지식의 상관관계
④ 우리 조상들의 지혜가 담긴 과학 발명

[16-17] 다음 글의 빈칸에 들어갈 말로 가장 적절한 것을 고르시오.

16.

Mina was driving home yesterday. Suddenly, a police officer stopped the car. She got a ticket* from the police officer for not wearing her seat belt. To wear a seat belt is ________ by law, but she forgot to wear it.

* ticket : 교통 위반 딱지

① skipped ② ignored ③ required ④ discouraged

17.

Do you want to be a wise consumer? If so, before you ________ a new product, think one more time whether you really need it. In other words, you should think carefully before you purchase a new item.

① buy ② seem ③ cure ④ protect

[18-19] 다음 글을 읽고 물음에 답하시오.

One of the common advertising techniques is to repeat the product name. Repeating the product name may increase sales. For example, imagine that you go shopping for shampoo but you haven't decided which to buy. The first shampoo that comes to your mind is the one with the name you have recently heard a lot. ________, repeating the name can lead to consumers buying the product.

18. 윗글의 빈칸에 들어갈 말로 가장 적절한 것은?

① However ② Therefore
③ In contrast ④ On the other hand

19. 윗글의 주제로 가장 적절한 것은?

① 광고비 상승의 문제 ② 지나친 샴푸 사용을 줄이는 방법
③ 제품의 이름을 반복하는 광고 효과 ④ 판매 촉진을 위한 제품의 품질 보장 제도

[20-21] 다음 글을 읽고 물음에 답하시오.

> Be a member of our soccer club, and you will get the following benefits. If you participate in the morning practice, your body will be healthier. ________, playing soccer can strengthen your concentration.

20. 윗글의 빈칸에 들어갈 말로 가장 적절한 것은?

① In addition ② Sadly
③ However ④ Unfortunately

21. 윗글의 주제로 가장 적절한 것은?

① 축구 경기 규칙 ② 축구 클럽 가입의 이유
③ 집중력 저하의 요인 ④ 규칙적인 식사의 중요성

[22-23] 다음 글을 읽고 물음에 답하시오.

> A good night's sleep is necessary to teens. __________, they can't sleep enough because of late-night homework and early morning school hours. The lack of sleep can negatively affect the mind and the body. It drops teens' memory and attention.

22. 다음 글의 흐름으로 보아 빈칸에 알맞은 것은?

① Besides ② However
③ Therefore ④ For example

23. 윗글이 청소년들에게 말하고자 하는 것은?

① 충분한 잠이 필요하다. ② 학습 계획이 필요하다.
③ 아침 일찍 일어나야 한다. ④ 학교 수업에 집중해야 한다.

[24-25] 다음 글을 읽고 물음에 답하시오.

You may think your brain does not do anything while you are sleeping. ________, your brain is actually working hard even when you are asleep. Research has shown that, while you are sleeping, your brain reviews, sorts, and stores the knowledge you gained during the day. Therefore, sleep is very important for proper brain function.

24. 윗글의 빈칸에 들어갈 말로 가장 적절한 것은?

① Finally
② However
③ Similarly
④ Fortunately

25. 윗글의 주제로 가장 적절한 것은?

① 뇌 건강에 좋은 식이요법
② 인구 변화가 사회에 미치는 영향
③ 적절한 뇌기능을 위한 수면의 중요성
④ 원만한 대인 관계를 위한 협력의 중요성

4. 시험에 나올 만한 주요 문법 정리

1) 관계사

A) 관계사의 종류

선행사	주격	소유격	목적격
사람	who	whose	whom
동물, 사물	which	whose = of which	which
전부	that	—	that
선행사 포함	what	—	what

예 Amy is a girl <u>who</u> dreams of becoming a doctor.(사람일 경우 who)
Would you give me the bag <u>which</u> is under your chair?(사물일 경우 which)

B) 관계부사의 개념과 종류

	선행사	관계부사	전치사+관계대명사
장소	the place	where	in which / at which
시간	the time	when	on which / at which
이유	the reason	why	for which
방법	(the way)	how	in which

* the way와 how는 같이 못 쓴다.

예 This is the place. + The accident happened here.
→ This is the place where the accident happened.

[1-3] 빈칸에 공통으로 들어갈 말로 알맞은 것을 고르시오.

1.

· The movie was so impressive ________ I saw it three times.
· This is the picture ________ I took last year.

① why ② that ③ what ④ which

2.

· My sister asked me ________ he was.
· I know the man ________ lives across the street.

① who ② why ③ what ④ when

3.

· I remember the day ________ I first met him.
· I don't know ________ she will come back.

① who ② what ③ when ④ which

04 사회

1 인간, 사회, 환경과 행복

1. 인간, 사회, 환경을 바라보는 시각

1) 다양한 관점

① 시간적 관점 : 사회현상의 시대적 배경과 맥락에 초점, 과거로부터의 변화 과정

② 공간적 관점 : 사회현상의 발생 위치와 장소, 분포, 이동, 네트워크 등에 관심

③ 사회적 관점 : 사회현상을 사회제도, 사회구조, 사회정책과의 관련성에 초점

④ 윤리적 관점 : 사회현상에 대한 도덕적 가치 판단과 규범적 방향성에 초점

⑤ 통합적 관점 : 시간+공간+사회+윤리적 관점을 모두 고려

2. 행복의 기준과 행복의 진정한 의미

1) 행복의 의미와 다양성

① 행복이란 : 만족감과 기쁨을 느끼는 상태, 행복의 기준 다양

2) 동서양의 행복

① 유교 : 도덕적 본성을 함양해 인(仁)을 실현

② 불교 : 수행 ⇒ 불성 ⇒ 중생구제와 해탈의 경지

③ 도교 : 인위적이지 않은 자연 그대로의 모습으로 살아가는 것

④ 아리스토텔레스 : 인생의 목표는 행복

⑤ 에피쿠로스학파 : 고통 없는 육체와 불안 없는 마음, 평온한 삶이 행복

⑥ 스토아학파 : 이성적 통찰에 근거한 금욕하는 삶

⑦ 칸트 : 자신의 상황에 만족하는 것이 행복

⑧ 벤담 : 쾌락이 곧 행복, 최대다수의 최대행복

3) 행복의 기준

① 시대 상황에 따른 행복의 기준

㉠ 선사 시대 : 생존을 위한 의식주의 확보

㉡ 고대 그리스 시대 : 철학적 활동을 통해 얻는 지혜와 덕의 결과물

㉢ 헬레니즘 시대 : 전쟁과 사회 혼란에서 벗어나는 것

㉣ 서양 중세 시대 : 신에게 구원을 얻는 것

㉤ 산업화 시대 : 물질적인 풍요

㉥ 현대 : 개인이 느끼는 주관적인 만족감

② 지역 여건에 따른 행복의 기준

㉠ 자연 환경 : 기후나 지형에 따라 얻을 수 있거나 어려운 환경을 극복하면서 행복을 느낌

예 사막에서 오아시스를 발견하는 것이 행복

㉡ 인문 환경 : 종교, 문화, 산업 등 인문환경에 따라 행복의 기준이 달라짐

예 빈곤에서 벗어나거나 종교 간의 갈등이 해결되는 것이 행복

4) 삶의 목적과 행복

① 삶의 목적으로서의 행복 : 직업적 성공, 재물, 명예는 행복의 수단에 불과, 진정한 행복은 목적적이고 본질적인 것, 사람들의 궁극적인 삶의 목표는 행복

② 내 삶에서 행복의 의미

㉠ 물질적, 정신적 가치의 조화로운 추구

㉡ 자기 삶에 만족할 때 → 안분지족

㉢ 의미 있는 목표의 설정과 추구 → 자아실현

㉣ 개인의 주관적 만족감과 사회 구성원들의 사회적 여건을 함께 고려

㉤ 다양한 행복의 기준을 인정하고, 행복의 의미를 능동적으로 성찰하는 자세가 필요

3. 행복한 삶을 실현하기 위한 조건

1) 질 높은 정주 환경의 조성

① 안락한 주거환경, 위생시설, 교육시설과 의료시설 등이 충분하고 정치적으로 안정된 곳

② 지속적으로 주거환경 개선, 교육시설과 의료시설 확보, 삶의 질 개선을 위한 문화 · 복지시설의 마련, 생태환경 조성 등 필요

2) 경제적 안정

① 경제적 안정이 생계유지, 필요충족, 건강관리, 안락한 생활을 가능하게 함

② 일자리창출, 최저임금제, 복지확충, 불평등 해소(상대적 박탈감 감소)를 위해 노력 필요

3) 민주주의 발전

① 민주적 제도 마련 (권력분립, 복수정당제, 선거제 등), 참여형 정치문화 확산 (지자체 활성화, 인터넷 청원 등), 정치참여의 방법 개발 (개인적으로는 선거, 집회, 언론투고, 진정과 청원, 집단적으로는 시민단체, 정당, 이익집단)

4) 도덕적 실천과 성찰하는 삶

① 도덕적 성찰 : 행동과 삶을 도덕적 측면에서 반성 → 도덕 실천으로 연결

② 도덕적 실천 : 실천을 통해 스스로에게 떳떳할 수 있고, 만족감과 행복감을 경험, 실천의지를 키우기 위해 평소에 노력 필수

③ 도덕적 실천과 행복 실현과의 관계 : 도덕적으로 행동하고 성찰하는 삶을 추구하면 사회 전체의 행복수준도 상승

2 자연환경과 인간

1. 자연환경과 인간생활

1) 자연환경이 인간 생활에 끼치는 영향

① 기온에 따른 생활양식의 차이

㉠ 열대기후 : 얇고 헐렁한 옷, 향신료, 볶음요리, 개방적 고상가옥(더위, 지열, 해충, 습기 방지)

㉡ 온대, 냉대기후 : 4계절 뚜렷, 더위와 추위 모두에 대응하는 의식주 문화

㉢ 한대기후 : 가죽옷과 털옷, 날고기, 폐쇄적 가옥 구조

㉣ 최근의 변화 : 기술발달로 지역 간 의식주 격차 감소

② 강수량에 따른 전통 가옥의 차이

㉠ 열대우림 : 급경사 지붕(스콜대비)

㉡ 건조기후

· 사막 : 평평한 지붕, 흙집과 돌집, 폐쇄적 구조, 좁은 골목

· 스텝 : 이동용 천막집(게르)

㉢ 지중해 연안 : 여름철 고온 건조 → 햇빛 반사 위해 하얀 벽, 푸른 지붕

㉣ 최근의 변화 : 건축기술의 발달로 지역차이 감소

③ 지형에 따른 생활양식의 차이

㉠ 산지지역 : 높은 고도, 급경사로 거주 불리 → 밭농사, 가축 사육, 관광 발달

㉡ 평야지역 : 농업, 교통에 유리

㉢ 해안지역 : 편리한 교통, 거주 유리

㉣ 독특한 경관 지역 : 화산 · 카르스트 · 빙하지형 등 → 세계적인 관광지

2) 안전하고 쾌적하게 살아갈 시민의 권리

① 자연재해의 의미와 유형

㉠ 자연재해의 유형

- 기상재해 : 홍수, 태풍, 강풍, 폭설, 가뭄 등
- 지형재해 : 화산, 지진, 지진해일(쓰나미) 등

㉡ 자연재해 대책 : 사전 예측 시스템, 방어시설 구축, 신속한 대피, 복구 대책 수립

2. 인간과 자연의 관계

1) 인간중심주의 자연관

① 의미 : 인간의 가치를 가장 중시, 인간의 이익을 먼저 고려

② 특징 : 이분법적 관점(자연과 인간을 분리), 자연 도구적 가치 강조

③ 사상가

㉠ 아리스토텔레스 : "식물은 동물을 위해, 동물은 인간의 생존을 위해 존재"

㉡ 베이컨 : "자연을 사냥해서 노예로 만들어 인간에 봉사하도록 해야 한다."

㉢ 칸트 : "동물에 대한 우리의 의무는 인간성 실현을 위한 간접적인 의무임"

④ 단점 : 자원고갈, 환경오염, 생태계 파괴 등

2) 생태중심주의 자연관

① 의미 : 자연 그 자체의 가치를 인정, 자연 전체를 도덕적 고려 대상으로 여기는 관점

② 특징 : 전일론적 관점(자연과 인간은 하나), 자연의 내재적 가치 강조

③ 장단점

㉠ 장점 : 환경문제 해결에 도움

㉡ 단점 : 환경 파시즘(환경독재)

3) 인간과 자연의 바람직한 관계

① 인간과 자연의 유기적 관계

㉠ 현세대 + 미래세대 + 생태계 전체 보전을 고려

㉡ 환경 친화적 가치관 함양

㉢ 자연과 인간의 공생과 조화 : 생태도시, 슬로시티, 생태통로, 자연 휴식년제, 환경 영향 평가제

<동양의 자연관>

① 유교 : 천인합일(天人合一), 자연과 인간은 하나

② 불교 : 연기설(緣起說), 인간과 자연은 하나로 연결

③ 도교 : 무위자연(無爲自然), 인위적인 것을 거부하고 자연의 순리대로 살자

3. 환경 문제 해결을 위한 노력

1) 환경 문제의 발생, 특징, 유형

① 환경 문제의 원인과 특징

㉠ 환경 문제의 원인 : 인구 증가, 산업화로 인해 생태계 파괴 및 자정 능력 상실

㉡ 특징 : 복구하는 데 어려움, 전 지구적 차원의 문제

② 환경 문제의 종류와 대책

㉠ 지구 온난화 : 온실가스 → 온실효과 → 해수면상승, 이상기후, 교토의정서, 파리협정

㉡ 사막화 : 가뭄, 과도한 경작과 방목, 열대림파괴 → 토양 황폐화, 사막화 방지 협약

㉢ 산성비 : 황 · 질소산화물 → 산림고사, 토양 산성화, 건축물 부식, 제네바 협약

㉣ 오존층 파괴 : 프레온 가스 배출 → 오존층 파괴 → 피부암, 백내장, 몬트리얼 의정서

㉤ 열대림 파괴 : 화전, 벌목, 개간 → 지구 온난화, 생태계 파괴

㉥ 기타 : 바젤협약(국제 폐기물 이동 규제), 람사르협약(습지와 갯벌 보호)

2) 환경 문제 해결을 위한 노력

① 정부 : 국제 사회와 공조, 법률과 제도 정비, 정보 제공, 친환경 산업 육성

② 시민사회 : NGO를 조직해서 오염 행위 감시와 여론형성, 기업·정부에 압력 행사

③ 기업 : 정화 시설, 저탄소 상품 개발, 에너지 고효율 제품 생산, 신재생에너지 개발, 유통 과정 간소화, 친환경 상품 공급, 과대 포장 지양, 재활용 통한 생산

④ 개인 : 자원 절약, 에너지 절약, 녹색소비, 환경 관련 법 준수

3 생활공간과 사회

1. 산업화와 도시화로 인한 변화

1) 산업화와 도시화의 정의

① 산업화 : 농업 중심 → 광공업과 서비스업 중심의 사회로 변화

② 도시화 : 도시 거주 인구 증가, 도시적 생활양식 확산

2) 우리나라의 산업화와 도시화

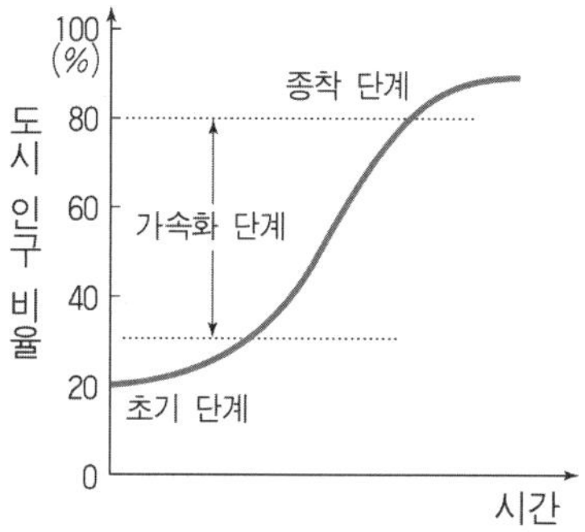

▲ 도시화 곡선

① 초기 단계

㉠ 도시화율 낮음, 대체로 농경사회

㉡ 도시 거주 인구 < 촌락 거주 인구

㉢ 우리나라는 1960년대 이전

② 가속화 단계

㉠ 산업화로 도시화가 본격적으로 시작, 급격한 이촌향도, 도시 문제 발생

㉡ 우리나라는 1960년대에서 1980년대

③ 종착 단계

㉠ 높은 도시화로 역도시화 현상(U턴, J턴) 발생

㉡ 우리나라는 1990년대 이후

3) 산업화와 도시화로 인한 공간의 변화와 생활양식의 변화

① 공간의 변화 : 토지의 집약적 이용(고층화), 토지이용의 다양성 확대, 하천정비, 포장면적확대로 녹지면적 감소, 생태계 변화

② 생활양식의 변화 : 도시성의 확산(자유와 다양성 강화, 유대감 약화), 직업분화촉진, 개인주의적 가치관의 확산

4) 산업화와 도시화로 인한 문제의 발생과 해결 방안

① 문제점 : 주택부족, 슬럼화, 교통체증, 주차난, 환경오염 심각, 열섬현상, 실업문제, 노사갈등, 이기주의만연, 물질만능주의 확산 등

② 해결 방안

㉠ 사회적 차원 : 주택공급 확대, 도시재개발 사업, 교통체계 개편, 대중교통 확대, 거주자우선 주차제도실시, 공영주차장 확대, 실업 관련 복지제도 확충, 최저임금제, 비정규직 보호법 제정 등

㉡ 개인적 차원 : 환경 친화적인 사고방식 확립, 대중교통 이용, 자원재활용 참여, 공동체의식(연대의식) 함양, 인간의 존엄성 중시, 타인존중 등

2. 교통 통신의 발달과 정보화

1) 교통, 통신의 발달에 따른 변화

① 이동시간과 비용의 감소, 대도시권의 형성, 의사소통 확산, 빠른 화물수송, 국제금융거래 활성화로 경제활동범위의 확대, 다국적 기업의 등장, 해외여행의 증가, 생태환경에 도움(GPS를 이용한 멸종위기동물보호, 헬기를 이용한 산불진압 등)

2) 교통, 통신의 발달에 따른 문제점과 해결 방안

① 지역 격차의 발생 해결 방안 : 새로운 교통 기반 시설의 구축, 경제가 위축된 지역의 경제 활성화를 위한 지방 중추 도시권 육성 사업의 실시 등

② 생태 환경의 파괴 해결 방안 : 도로 건설시 우회 도로나 생태 통로 만듦, 생태 환경 보존을 위한 제도적 방안 마련 등

3) 정보화에 따른 생활양식의 변화

① 정보화의 실현 : 컴퓨터, 인터넷, 인공위성 등을 이용한 신속 정확한 정보 수집가능
→ 지리 정보 시스템(GIS), 위치 정보 시스템(GPS) 등을 적극 활용

② 생활양식의 변화 : SNS나 가상 공간을 통한 의견 표현, 전자 민원서류 업무가능, 전자상거래 활성화, 인터넷 뱅킹, 원격 근무, 화상회의, 원격 진료, 원격 교육, 스마트 기기를 통해 문화의 확산 속도가 빨라짐

4) 정보화에 따른 문제점과 해결 방안

① 인터넷 중독 : 대면적 인간관계의 약화 → 인터넷 중독 예방 및 치료 프로그램 시행

② 정보격차 : 지역·계층 간 정보격차 발생 → 양극화 심화 → 사회 복지 제도 확충

③ 사이버 범죄 : 사이버 폭력, 해킹, 프로그램 불법복제, 인터넷사기, 유해 사이트 운영 등 → 정보 윤리 교육 강화 및 관련 법률 정비

④ 사생활 침해 : 개인 정보 유출, 지나친 감시나 통제 발생 → 법률 정비 및 강화

3. 지역의 공간 변화

1) 지역과 지역성 및 공간 변화

① 지역 : 타 지역과 구별되는 지표상의 공간 범위

② 지역성 : 자연환경 + 인문환경 = 그 지역 안의 고유한 특성, 지역성의 가능

③ 지역의 공간 변화 : 산업화, 도시화, 교통 · 통신의 발달, 정보화 등으로 끊임없이 다양하게 공간 변화가 나타남

2) **지역 조사 방법** : 지역에 대해 자료를 수집하고 분석, 종합하여 지역성을 파악하는 활동

> 조사계획 → 조사주제와 지역 선정 → 지리정보 수집(실내조사, 야외조사) → 지리정보 분석 → 토의 → 조사 보고서 작성

3) 도시와 촌락에서 발생하는 문제점과 해결 방안

① 도시에서 발생하는 문제점과 해결 방안

㉠ 대도시 : 인구 과밀화, 시설 부족, 도시 내 노후 공간 증가, 삶의 질 하락 → 도시 내 기반 시설 확충, 재개발을 통한 주거 환경 개선 등

㉡ 중소도시 : 일자리, 문화 공간 등의 부족, 대도시로의 인구 유출 등 → 지역특성화 사업 추진, 서비스 개선을 통한 자족기능 확충 등

② 촌락에서 발생하는 문제점과 해결 방안

㉠ 문제점

· 근교농촌 : 도시화로 전통적 가치관과 문화가 사라짐 → 공동체의식 약화

· 원교농촌 : 노동력 부족, 성비불균형, 유휴경작지 증가, 인구 유출 증가

ⓛ 해결 방안

· 지리적 표시제, 지역 브랜드화, 지역 축제 및 체험관광 추진, 경관 농업, 농공단지 조성

· 교육, 의료, 문화 시설 확충

4 인권보장과 헌법

1. 인권의 역사와 확장

1) 인권의 의미와 인권의 확립 과정

① 인권의 의미 : 인간의 기본적인 권리, 인간은 수단이 아니라 목적

② 인권의 특징 : 보편성, 천부성, 항구성, 불가침성(절대성)

2) 인권보장의 역사

① 18세기 : 영국명예혁명(권리장전), 미국독립혁명(독립선언문), 프랑스혁명(인권선언문), 봉건질서 붕괴, 대의민주주의 확산, 입헌주의 등장

② 19세기 : 빈농, 노동자, 여성, 흑인 등의 참정권 요구, (차티스트운동)

③ 20세기 초 : 사회권 등장(독일 바이마르헌법, 1919)

④ 2차대전 이후 : UN의 세계인권 선언, 연대권의 강조

3) **현대사회에서의 인권확장** : 주거권, 안전권, 환경권, 문화권, 연대권, 잊혀질 권리 등

<인권개념의 확대 (바자크의 구분)>

제1세대 인권 : 자유와 관련된 개념, 자유권 강조

제2세대 인권 : 평등과 관련된 개념, 사회권 강조

제3세대 인권 : 박애와 관련된 개념, 연대권 강조

2. 인권 보장을 위한 헌법의 역할과 시민 참여

1) 인권과 헌법

① 인권과 헌법의 관계 : 인권은 최고법인 헌법을 통해 기본권으로 보장

② 헌법에 명시된 기본권

㉠ 자유권 : 간섭이나 침해 없이 자유로운 생활을 누릴 수 있는 권리. 포괄적 · 천부적 권리

예 신체의 자유, 종교의 자유, 언론 · 집회 · 결사의 자유, 거주 · 이전의 자유 등

㉡ 평등권 : 법 앞에서 차별받지 않을 권리, 동등하게 대우하나 선천적, 후천적 차이 인정

예 "모든 국민은 법 앞에 평등하다."(헌법 11조 1항)

㉢ 참정권 : 정치에 참여할 수 있는 권리, 정부를 구성하고 선택, 국민주권의 원리 실현

예 선거권, 피선거권, 공무담임권, 국민투표권 등

㉣ 청구권 : 수단적 성격, '기본권 보장을 위한 기본권'

예 재판청구권, 청원권, 국가 배상 청구권, 형사 보상 청구권 등

㉤ 사회권 : 인간다운 생활을 누릴 권리, 적극적인 기본권(최초 독일의 바이마르 헌법)

예 근로권, 환경권, 교육권, 사회 보장권 등

<기본권 제한 관련 헌법조항>

헌법 제37조 2항 : 국민의 모든 자유와 권리는 국가안전보장, 질서유지 또는 공공복리를 위하여 필요한 경우에 한하여 법률로써 제한할 수 있으며, 제한하는 경우에도 자유와 권리의 본질적인 내용을 침해할 수 없다.

③ 인권 보장을 위한 제도적 장치

㉠ 실질적 법치주의

㉡ 권력분립(입법권, 행정권, 사법권)

㉢ 헌법재판소

㉣ 민주적 선거제도(보통 · 평등 · 직접 · 비밀 선거, 선거 공영제, 선거구 법정주의 등)

㉤ 복수정당제

㉥ 적법절차의 원리

㉦ 국가인권위원회

㉧ 국민권익위원회 등

2) 준법의식과 시민참여

① 준법의식 : 정의실현과 인권보장을 위해 법을 존중하고 지키려는 의식

② 시민참여 : 공동체의 의사 결정에 직 · 간접적으로 참여하는 것, 정의사회에 영향

③ 참여방법

㉠ 합법적 : 선거, 국민투표, 공청회, 국민참여재판, 1인시위, 이익집단, 시민단체 등

㉡ 비합법적 : 시민 불복종

④ 기능 : 인권 수호 기능, 대의 민주주의 보완 기능

3) 시민 불복종

① 의미 : 잘못된 법이나 정책을 바로잡기 위해 양심에 따라 행동하는 위법 행위

② 조건 : 목적의 정당성, 최후의 수단, 처벌의 감수, 비폭력성, 공개성, 공익성

③ 사례 : 소로의 인두세 거부, 간디의 비폭력 불복종 운동, 킹목사와 만델라의 흑인 인권 운동

3. 인권 문제의 양상과 해결 방안

1) 우리 사회의 인권 문제

① 사회적 소수자 차별 문제

㉠ 소수자 의미 : 차별을 받고 차별받는 집단에 속해 있다는 의식을 가진 사람들

㉡ 특징과 유형 : 숫자가 소수인 사람들을 꼭 의미하지는 않음, 상대적 개념

예 장애인, 이주노동자, 결혼이주민, 여성, 노인, 새터민, 저소득층, 성소수자 등

㉢ 해결 방안 : 편견을 버리고 인간의 존엄성 배려, 소수자를 차별하는 정책과 법률을 정비

예 장애인 차별 금지법, 외국인 근로자의 고용 등에 관한 법률 등

② 청소년 노동권 침해

㉠ 청소년노동에 대한 이해부족, 고용주의 준법의식 결여, 법적 제도의 미흡 등

→ 최저 임금 미지급, 사고시 배상거부, 장시간의 야간 근무 등의 피해 발생

㉡ 대응 방법 : 표준계약서 작성, 임금체불시 신고, 휴게시간 요구, 초과 근무 거부 등

2) 세계 인권 문제 : 인종차별, 여성차별, 아동노동, 빈곤문제, 난민, 기아, 인신매매 등

3) 인권 문제의 해결 방안 : 법과 제도 제정, 인권 교육 강화, 인권 보호 캠페인, 인권단체들의 적극적 활동, 인권의 소중함을 깨닫고 타인의 인권보호를 위해 노력, 세계 시민의식 함양, 국제적인 연대

5 시장 경제와 금융

1. 자본주의의 전개 과정과 합리적 선택

1) 자본주의의 특징과 전개 과정

① 자본주의의 의미 : 사유재산 + 자유로운 경제활동

② 자본주의의 특징 : 사적이익 추구 인정, 사유재산권 인정, 경제활동 보장, 시장중심 경제

③ 경제체제 분류

㉠ 생산수단 소유형태 : 자본주의(사유재산○), 사회주의(사유재산×, 생산수단 국유화)

㉡ 경제문제 해결 방식 : 전통경제(관습), 계획경제(정부계획), 시장경제(시장가격)

④ 자본주의의 전개 과정

㉠ 상업자본주의(상품유통, 절대왕정, 중상주의)

↓

㉡ 산업자본주의(상품대량생산)

↓

㉢ 독점자본주의(독점기업)

↓

㉣ 수정자본주의(시장실패보완, 복지국가, 인간다운 삶)

↓

㉤ 신자유주의(정부실패보완, 복지축소, 경쟁강화, 규제완화)

2) 합리적 선택의 의미와 한계

① 합리적 선택 의미 : 최소 비용으로 최대의 만족, 자원의 희소성 때문에 필요

② 편익과 비용 : 편익은 선택을 통해 얻는 경제적 이익, 비용은 선택 시 지불해야 하는 것

③ 기회비용 : 명시적 비용 + 암묵적 비용

④ 매몰 비용 : 이미 지불하여 회수할 수 없는 비용, 고려할 필요 없는 비용

⑤ 합리적 선택의 한계

㉠ 개인의 합리적 선택이 사회에는 비합리적일 수 있음

㉡ 편익과 비용을 정확하게 계산하기 어려움

㉢ 사익추구가 타인의 이익과 공익에 피해를 주기도 함

㉣ 비합리적 소비인 밴드웨건 효과, 스노브 효과, 베블린 효과 발생

⑥ 합리적 선택 시 유의 사항 : 사익과 공익의 조화, 사회 규범과의 조화

3) 합리적 선택의 과정

> 문제 인식 하기(소비의 필요성) → 대안 나열 하기 → 평가 기준 설정하기 → 대안평가하기 → 선택 및 실행하기

2. 시장경제와 경제 주체의 역할

1) 시장의 의미와 기능

① 시장의 의미 : 상품에 대한 정보 교환 및 거래가 이루어지는 장소

② 시장의 기능 : 비용감소, 특화와 교환을 통한 생산성 향상, 자원의 효율적인 배분가능

2) 시장의 한계

① 불완전 경쟁

㉠ 독점 : 공급자가 하나밖에 없어 공급자가 가격이나 생산량을 마음대로 결정

㉡ 과점 : 소수의 공급자가 담합, 생산자가 가격이나 생산량을 임의로 조절 가능

㉢ 문제점 : 소비자들이 시장가격보다 높은 가격을 지불해야 할 가능성이 높아짐
→『독점규제 및 공정거래에 관한 법률』(일명 공정거래법) 로 규제

② 공공재 공급 부족

㉠ 공공재 : 치안, 국방 등 다수의 사람들이 공동으로 소비할 수 있는 재화와 서비스

㉡ 공공재의 특징 : 대가를 지불하지 않은 사람들의 소비 막을 수 없음, 한 사람의 소비가 다른 사람들의 소비를 제한하지 않음

③ 외부 효과 : 다른 경제 주체에게 의도하지 않은 이익(외부 경제)을 주거나 피해(외부 불경제)를 주는 것 → 경제적 대가를 받거나 치르지 않는 경우 자원의 비효율적인 배분을 초래

④ 외부 경제, 외부 불경제

㉠ 외부 경제 : 보조금 지급, 세제 혜택 등 긍정적 유인을 제공해 증가시킴

㉡ 외부 불경제 : 오염 물질 배출량 제한, 세금 부과 등 규제를 통해 감소시킴

3) 시장에서 나타날 수 있는 다양한 문제 : 경제적 불평등, 노사 갈등, 실업, 인플레이션 등

4) 시장 경제 참여자의 바람직한 역할

① 정부의 역할 : 공정경쟁을 위한 제도 제정(독점기업의 횡포와 담합에 대한 단속, 소비자 권리 보호장치 마련), 공공재 생산 및 공급, 사회 간접자본 제공, 소득재분배 정책(누진세, 상속세, 증여세, 저소득층 지원제도 등), 물가안정 정책

② 기업의 역할 : 기업가 정신(혁신, 창의성, 도전, 블루오션), 건전한 이윤 추구, 소비자의 권익을 고려하는 기업윤리경영

③ 노동자의 역할 : 노동 3권 보장(단결권, 단체교섭권, 단체행동권), 기업과의 공생을 위한 근로 의무 이행

④ 소비자의 역할 : 소비자 주권, 합리적 소비, 윤리적 소비(인권, 환경, 공정무역 등 고려)

3. 국제 무역의 확대와 영향

1) 국제 분업과 무역의 필요성

① 국제 분업 : 타국보다 더 잘 만들 수 있는 재화와 서비스를 특화하여 생산, 생산비의 차이는 자원의 편재성과 노동의 양과 질의 차이에서 발생

② 무역

㉠ 상품이나 서비스를 다른 나라와 사고파는 국제 거래

㉡ 필요성 : 각국이 특화 생산 후 교환하면 거래 당사자 간에 이익이 발생, 자국에서 얻기 힘든 물건을 다른 나라에서 얻을 수 있음

③ 절대우위와 비교우위

㉠ 절대우위(애덤스미스) : 한 나라가 어떤 상품을 생산하는 비용이 다른 나라보다 적게 드는 것으로 특화해서 타국과 교환하면 무역 이익이 발생한다고 보는 것

㉡ 비교우위(리카도) : 한 나라가 생산하는 상품의 기회비용이 다른 나라보다 낮은 것으로, 이 부분을 특화해서 교환하면 양국 모두에 무역 이익이 발생함

2) 국제 무역 확대와 영향

① 국제 거래 확대 : WTO와 FTA 체결로 국제 거래가 더욱 확대

② 무역의 긍정적 영향 : 기업의 생산성과 효율성 향상, 규모의 경제와 고용창출, 새로운 아이디어 및 기술 전파, 풍요로운 소비 생활, 문화 교류의 활성화

③ 무역의 부정적 영향 : 경쟁력 없는 산업(기업)의 위축, 실업 증가, 무역의존도 증가, 국가 간 빈부 격차 심화

4. 자산 관리와 금융 생활

1) 다양한 금융 자산과 합리적 자산 관리

① 자산 : 사람들이 소유하고 있는 유무형의 재산, 현금 · 예금 · 주식 · 채권 · 부동산 등

② 자산 관리 : 저축과 투자에 대한 계획과 실행, 평균 수명 연장으로 더욱 필요

2) 다양한 금융 자산

① 예금 : 은행에 자금을 예치해 이자를 받는 것, '예금자보호법' 적용, 안전성 높음

② 적금 : 일정 기간, 일정 금액을 여러 번 납입해 만기 시 원금과 이자를 받는 것, '예금자 보호법' 적용

③ 주식 : 주식회사가 자금 조달을 위해 발행하는 것, 배당금·시세 차익을 얻을 수 있어 수익성이 높지만 안전성은 예금, 채권에 비해 낮은 편

④ 채권 : 정부, 지자체, 공기업 등이 자금 확보를 위해 발행하는 증서, 원금과 이자를 약속, 주식보다 안전하고 예금보다는 수익이 높으나 원금손실 가능성 있음

⑤ 펀드 : 다수 투자자의 자금을 금융 기관이 주식 및 채권 등에 투자해 그 수익을 투자자들에게 분배하는 간접 투자 상품, 원금 손실 가능

⑥ 보험 : 미래 위험에 대비해 정기적으로 보험료를 내고, 위기 시 보험금을 받는 제도

⑦ 연금 : 노후를 위해 돈을 적립해 두고 은퇴 후 일정 금액을 정기적으로 지급받음

3) 자산 관리의 원칙

① 자산의 안전성 : 예금 > 채권 > 주식

② 자산의 수익성 : 예금 < 채권 < 주식

③ 자산의 유동성 : 현금화 가능성, 예금 > 채권, 주식 > 부동산

④ 합리적 자산 관리 : 목적과 기간에 따라 수익성, 안전성, 유동성을 고려, 분산투자(포트폴리오)가 필요

4) 생애 주기와 금융 생활의 설계

① 생애 주기 : 인간 삶의 변화 단계

② 발달 과업 : 생애 주기에 따라 요구되는 행동

③ 생애 주기에 따른 발달 과업

㉠ 아동기 : 지식과 규범 학습, 자아정체성을 형성, 진로 탐색

㉡ 청년기 : 경제적 독립, 취업 준비, 신념 확립, 결혼과 가족생활 준비

㉢ 중·장년기 : 자녀 양육, 주택 마련, 직업 역할 수행, 노후대비

㉣ 노년기 : 은퇴 이후 소득 감소에 적응, 건강 관리, 노후 생활 준비

④ 생애 설계의 의미와 방법

㉠ 의미 : 인생 목표를 실현하기 위해 수행하는 전 생애에 걸친 종합적이고 장기적인 계획

㉡ 중요성 : 자신의 삶 예측 가능, 과업에 대한 사전 인식, 미래 과업 수행에 대비

⑤ 생애 주기별 금융 설계 : 생애 주기에 따른 단계적 과업을 설정하고 생애 주기별 과업을 바탕으로 재무 목표를 설정하여 목표 달성에 필요한 구체적인 계획을 세우는 과정

<재무 설계의 과정>
재무 목표 수립 → 재무 상태 파악 → 포트폴리오 구성 → 실행 → 실행 결과 평가

<생애 주기와 재무 설계>

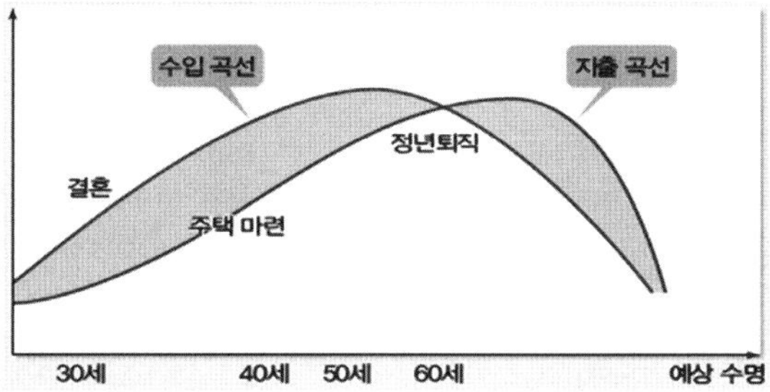

6 정의와 사회 불평등

1. 정의의 의미와 실질적 기준

1) 정의의 의미와 역할

① 정의의 의미 : 공정하고 올바른 도리, 모두가 추구해야 할 덕목, 자기 몫을 분배받는 것

② 정의의 역할 : 기본권 보장(최소한의 인간다운 삶 보장), 사회통합의 기반마련, 개인선(사익)과 공동선(공익)의 조화를 통한 사회통합의 기반마련, 옳고 그름의 판단기준 제시

2) 정의의 실질적 기준

① 정의의 실질적 기준의 필요성 : 사회자원의 희소성과 유한성 때문에 공정분배가 필요

② 정의의 실질적 기준 : 능력, 업적, 필요 등

㉠ 능력에 따른 분배 : 신체적, 정신적 능력에 따라 분배

· 장점 : 잠재력 실현 기회

· 단점 : 능력 기준 모호, 선천적·우연한 능력 구분×, 소외감 유발, 사회불평등 심화

㉡ 업적에 따른 분배 : 업적과 기여도에 따른 분배

· 장점 : 성취동기자극, 공정성 확보

· 단점 : 과열경쟁으로 사회적 갈등 발생, 약자에 대한 배려 부족

㉢ 필요에 따른 분배 : 인간다운 삶을 보장하기 위해 기본 욕구를 충족하는 분배

· 장점 : 다양한 복지제도를 마련하는 근거, 불평등 문제를 개선해 경제의 안정성 도모

· 단점 : 경제적 비효율성 증가, 모든 사람의 필요와 욕구를 만족시킬 수 없음

<롤스의 정의>

롤스는 공정한 절차를 통해 합의된 것이라면 정의롭다고 보는 순수 절차적 정의를 내세워 '공정으로서의 정의'를 주장하였다.

제1의 원칙	평등한 자유의 원칙	모든 사람은 동등한 기본적 자유를 최대한 누려야 한다.
제2의 원칙	차등의 원칙	"최소 수혜자에게 최대이익을 보장"해야 한다.
	기회균등의 원칙	직책이나 지위는 모든 사람에게 개방되어야 한다.

2. 다양한 정의관

1) 자유주의적 정의관

① 의미와 특징 : 개인의 자유로운 선택과 소유권을 절대적인 가치로 인정, 타인에게 피해를 주지 않는 한 자유를 최대한 보장하는 것이 효율적, 노직과 롤스

② 자유주의와 공동선 : 자유로운 개인의 욕구 충족 → 국부 증진으로 공동선에 도움, 국가는 최소한의 역할만 수행이 바람직

③ 한계 : 약자는 경쟁에서 도태, 운에 의한 분배, 무관심, 사익만을 추구, 공동선 무시

2) 공동체주의적 정의관

① 의미와 특징 : 개인의 자아정체성은 공동체의 역사와 전통을 공유, 공동체가 지향하는 가치와 미덕을 고려하여 분배하고 개인은 이를 존중, 매킨타이어와 샌델

② 공동체주의와 공동선 : 개인의 권리나 의무는 공동체와의 관계 속에서 적용, 개인은 연대 의식, 봉사정신, 희생정신 필요

③ 한계 : 개인의 자유를 억압하는 제도 등장(연고주의, 전체주의 등)

3) 개인과 공동체의 관계

① 개인과 공동체의 조화 : 상호 보완적 관계, 사익과 공익의 조화, 권리와 의무의 조화

② 개인선 또는 공동선만을 추구할 때의 문제점

㉠ 개인선 만을 추구 : 공유지의 비극

㉡ 공동선 만을 추구 : 2차 대전의 전체주의

③ 자유와 권리 보장 및 의무 이행 : 공동체는 개인의 자유와 권리를 최대한 보장하고, 개인은 공동체에 대한 의무를 적극적으로 다할 필요가 있음

3. 불평등의 해결과 정의의 실현

1) 사회 불평등 현상의 의미와 양상

① 의미 : 자원의 차등 분배로 구성원들의 위치가 서열화

② 영향 : 구성원들에게 동기 부여, 구성원들을 무기력하게 하며 사회불안 초래

③ 불평등의 양상 : 양극화 현상, 공간불평등, 사회적 약자 차별

2) 정의로운 사회를 위한 다양한 제도와 실천 방안

① 사회복지 제도 : 사회적 양극화의 완화, 인간의 존엄성 보장, 사회통합에 도움

㉠ 공공부조 : 어려운 사람들에게 국가가 최저 생활보장하고 자립지원, 본인 부담 ×, 가입 없음

예 국민기초생활보장제도, 의료급여제도

㉡ 사회보험 : 소득 있는 국민에게 보험방식으로 미래위험을 대비, 본인 부담 ○, 의무가입

예 국민연금, 국민건강보험, 고용보험, 산재보험, 노인장기요양보험

㉢ 사회복지서비스 : 실질적이고 비금전적인 지원

예 시설이용, 훈련과 교육 등

② 공간 불평등의 완화 방안 : 공공기관의 지방분산, 자립형 지역 발전 기반 마련(장소 마켓팅, 지역브랜드, 지역축제 등), 도시 내 불평등 개선(공공주택, 장기전세, 환경정비 등)

③ 적극적 우대 조치 : 사회적 약자에게 실질적 기회의 평등을 보장하기 위해 혜택을 부여하는 것, 역차별이나 낙인효과 발생 가능

예 여성 고용 할당제, 장애인 의무 고용 제도, 사회적 배려 대상자 전형 등

7 문화의 다양성

1. 세계의 다양한 문화권

1) 문화권의 형성에 영향을 끼친 요인

① 문화와 문화권

㉠ 문화 : 인간이 만들어낸 의식주, 종교, 언어, 풍습 등의 총체적인 생활양식

㉡ 문화권 : 문화적 특성이 유사하게 나타나는 범위

② 자연환경 : 자연환경은 의복, 음식, 주거형태 등에 영향

㉠ 의복 : 열대-통풍이 잘되는 옷, 건조-온몸을 감싸는 옷, 한대-가죽이나 털옷

㉡ 음식 : 계절풍 기후-쌀, 건조 기후와 유럽-빵과 고기, 고산지대-감자와 옥수수

㉢ 주택 : 열대-고상가옥, 급경사 지붕, 건조-흙벽돌집, 평평 지붕, 냉대-통나무집

③ 인문환경 : 종교, 산업 등의 인문 환경은 문화권 형성에 영향을 줌

㉠ 종교 : 이슬람 문화권(모스크, 돼지고기×), 힌두 문화권(쇠고기×, 카스트제), 크리스트교 문화권(성당, 교회, 십자가), 불교 문화권(사원, 탑, 불상)

㉡ 산업 : 농경문화권, 유목문화권 등

2) 다양한 문화권의 특징

① 동부아시아 : 유교, 불교, 한자, 젓가락, 벼농사(한국, 중국, 일본)

② 동남아시아 : 중국·인도·이슬람 문화, 벼농사 활발, 플랜테이션(태국, 인도네시아 등)

③ 남부아시아 : 힌두교, 불교, 이슬람교, 카스트제도(인도)

④ 북서부유럽 : 게르만족, 개신교, 산업혁명 시작, 서안해양성 기후, 혼합농업, 낙농업(영국, 프랑스, 독일 등)

⑤ 남부유럽 : 라틴족, 가톨릭교, 지중해성 기후, 수목농업, 관광업(이탈리아, 스페인 등)

⑥ 동부유럽 : 슬라브족, 그리스 정교, 농업 중심

⑦ 건조문화 : 이슬람교, 아랍어, 유목, 오아시스 농업, 석유개발(서남아시아, 북부아프리카, 중앙아시아 등)

⑧ 아프리카 : 유럽의 식민지로 국경과 종족경계 불일치, 다양한 종교와 언어, 원시문화, 이동식 화전, 플랜테이션

⑨ 앵글로아메리카 : 영어, 개신교, 세계 경제 중심, 농축산물 수출(미국, 캐나다)

⑩ 라틴아메리카 : 에스파냐, 포르투갈 식민지, 가톨릭, 혼혈민족, 잉카 · 마야문명(브라질, 멕시코, 아르헨티나 등)

⑪ 오세아니아 : 영어, 개신교, 상업적 농목업, 어보리진 · 마오리족(호주, 뉴질랜드 등)

⑫ 북극지역 : 순록 유목 및 수렵, 어로 생활, 이누이트 족 등

<세계의 문화권 지도>

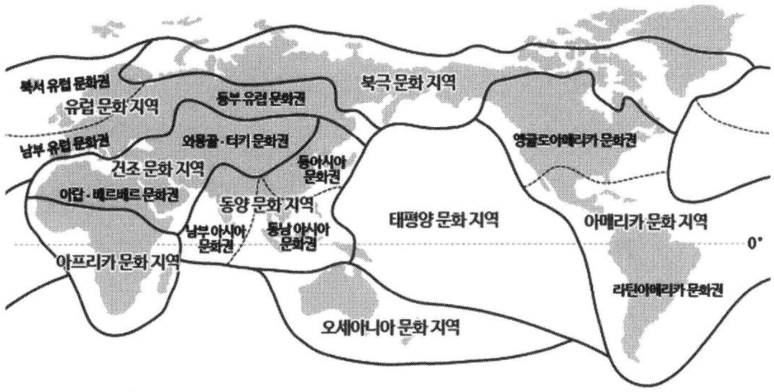

2. 문화 변동과 전통 문화의 창조적 계승

1) 문화 변동

① 의미 : 새로운 문화요소의 등장이나 다른 문화와의 접촉을 통해 문화가 변화

② 변동 요인

㉠ 내재적 요인 : 발명(1차발명, 2차발명), 발견

㉡ 외재적 요인 : 타문화와 교류, 접촉하면서 새 문화 요소가 전달되어 정착

· 직접 전파 : 사람 간의 접촉으로 전파

예 문익점의 목화씨

· 간접 전파 : 책, TV, 인터넷 등을 통한 전파

예 인터넷을 통한 K-Pop 전파

· 자극 전파 : 전파 → 발명

예 한자에 자극받아 이두 발명

③ 문화접변의 양상

㉠ 문화동화 (A + B = A or B) : 새 문화에 기존 문화가 흡수되어 소멸

㉡ 문화병존 (A + B = A, B) : 새 문화와 기존 문화가 각자 유지, 공존

㉢ 문화융합 (A + B = C) : 새 문화와 기존 문화가 결합해 새로운 문화가 만들어짐

2) 전통문화의 의의와 계승

① 전통문화의 의미와 의의

㉠ 의미 : 과거에 형성되어 오늘날까지 영향을 미치고 있는 고유한 생활 양식

예 한글, 김치, 불고기, 한복, 세시풍속

㉡ 의의 : 과거와 현재를 연결, 사회 유지와 통합에 도움, 문화 정체성의 바탕, 세계 문화의 다양성 증진

② 전통문화의 창조적 계승

㉠ 전통문화의 정체성을 유지하면서 현실적 여건에 맞게 재해석 또는 재창조, 전통문화를 재해석하고 재평가함, 외래문화를 비판적으로 수용

3. 문화 상대주의와 보편 윤리적 성찰

1) 문화적 차이와 문화의 다양성

① 문화적 차이의 이유 : 서로 다른 자연환경과 인문환경 때문

② 문화의 다양성 : 환경의 차이로 문화적 다양성이 형성

2) 문화를 이해하는 태도

① 문화 상대주의 : 다른 사회의 문화는 그 사회의 입장과 맥락에서 이해해야 함

㉠ 특징 : 나름의 가치 존재, 우열 없음, 문화의 특수성 인정, 역지사지

② 자문화 중심주의 : 자기 문화는 우월, 다른 문화는 열등

㉠ 장점 : 자문화에 대한 자부심을 통해 사회 통합에 기여

㉡ 단점 : 국수주의, 문화제국주의

㉢ 사례 : 중국인의 중화사상, 흥선대원군의 통상수교거부, 나치즘

③ 문화 사대주의 : 다른 문화를 동경 · 숭상, 자기문화 비하

㉠ 장점 : 다른 문화를 쉽게 수용

㉡ 단점 : 자기 문화의 주체성과 정체성 상실

㉢ 사례 : 조선시대 선비들의 중화사상, 혼일강리역대국도지도

④ 극단적 문화 상대주의 : 보편적인 가치를 무시하는 행위까지도 인정하자는 주장

㉠ 문제점 : 인권유린, 문화의 질적 발전 저해

㉡ 사례 : 인도의 순장(사티)제도, 이슬람의 명예살인 문제

3) 문화에 대한 보편 윤리의 성찰

① 보편윤리 의미 : 시공을 초월해 모든 사람이 존중하고 따라야 할 행위의 원칙

예 인간의 존엄성, 생명존중, 자유와 평등, 평화와 정의 등

② 보편윤리 필요성 : 보편윤리를 통해 자문화와 타문화를 제대로 성찰

③ 보편윤리 성찰방법 : 우리문화와 다른 문화를 보편적 기준으로 비교, 성찰

4. 다문화 사회와 문화적 다양성의 존중

1) 다문화 사회의 이해

① 다문화 사회의 의미와 원인

㉠ 의미 : 다양한 문화를 가진 사람들이 함께 어우러져 살아가는 사회

㉡ 원인 : 교통과 통신의 발달, 다른 문화권과 접촉 증가

예 국제결혼 이민자, 외국인 근로자, 유학생, 북한이탈주민 등

② 다문화 사회의 영향

㉠ 긍정적 : 노동력 부족 문제 해소, 문화 선택의 기회 확대, 문화 발전 촉진

㉡ 부정적 : 문화적 차이로 갈등, 일자리 부족, 편견과 차별, 외국인 범죄 증가

2) 다문화 사회의 갈등 해결방안과 문화 다양성

① 다문화 정책의 종류

㉠ 용광로 이론 : 이주민들의 문화를 인정하지 않고 지배 문화에 완전 동화시킴

㉡ 샐러드 볼 이론 : 모든 문화의 특성을 인정, 기존 문화와 공존·조화 가능

② 우리나라의 다문화 정책 : 용광로 이론 → 샐러드 볼 이론(다양성 인정)

③ 다문화 사회의 갈등 해결 방안 : 개방적 자세, 편견과 고정관념 탈피, 관용과 문화상대주의, 세계시민의식 필요, 다문화 교육, 법과 제도적 지원

8 세계화와 평화

1. 세계화의 양상과 문제의 해결

1) 세계화와 지역화

① 세계화 : 상호 의존성 증가로 세계가 하나로 통합, 동질적인 문화 경관의 확산, 국가 간 경계를 넘나드는 문화, 자본, 정보 등의 증가, 세계적인 영향력 확산

② 지역화 : 지역의 생활 양식이나 문화 등이 세계적 차원에서 가치를 지니는 현상

③ 세계화와 지역화의 확산 배경 : 교통과 통신의 발달, 상호의존성의 증가, 국제사회의 변화(WTO의 등장, 국제적 분업 확대)

2) 세계화에 따른 공간적 경제적 변화

① 세계도시 : 세계적인 중심지 역할을 수행하는 도시(뉴욕, 런던, 도쿄 등)

㉠ 등장배경 : 교통, 통신의 발달, 자유무역확대, 다국적 기업 등장, 금융의 세계화 등

㉡ 특징 : 생산자 서비스업 발달, 국제 정치의 중심, 네트워크 발달, 교통체계 발달 등

② 다국적 기업 : 세계적으로 생산과 판매 활동을 하는 기업

㉠ 등장배경 : 교통 · 통신 발달, 상호 교류 및 의존성 강화, WTO 등장, FTA의 확대 등

㉡ 특징 : 공간적 분리(본사는 본국 대도시, 생산 공장은 개발도상국)

㉢ 영향 : 더 많은 이익, 투자국 일자리창출, 기술이전, 본국 실업률 증가, 경쟁력 낮은 기업 퇴출, 다국적 기업에 대한 의존 증가

3) 세계화에 따른 문제점과 해결 방안

① 문제점 : 국가 간 빈부격차, 문화의 획일화, 보편윤리와 특수윤리 간의 갈등

② 해결 방안 : 국제기구의 지원, 선진국의 투자, 공정무역확대, 외래문화의 능동적 수용, 보편윤리를 존중하며 각 사회의 특수 윤리 성찰

2. 국제 사회의 모습과 평화의 중요성

1) 국제 사회의 성격과 행위 주체의 역할

① 국제 사회의 성격 : 상호의존, 경쟁·갈등·분쟁의 발생(자국이익우선주의), 협력 증가추세(국제문제의 해결을 위해)

② 국제 사회의 행위 주체와 역할

㉠ 국가 : 가장 기본적인 행위 주체, 주권행사, 공식적인 활동, 외교활동

㉡ 국제 기구 : 각국 정부를 기본으로 하는 국제 사회의 행위주체, 국가 간 이해관계 조정, 분쟁 중재, 국제 규범 정립 예 UN, EU, OECD 등

㉢ 국제 비정부 기구 : 개인이나 민간단체 중심의 국제 사회 주체, 국제적 연대를 통해 문제 해결 시도 예 그린피스, 국제 사면 위원회, 국경없는 의사회 등

㉣ 기타 : 다국적 기업, 지방정부, 전직 국가 원수, 노벨상 수상자 등

2) 평화의 의미와 중요성

① 평화의 의미

㉠ 소극적 평화 : 전쟁, 테러와 같은 물리적 폭력이 없는 상태

㉡ 적극적 평화 : 물리적 폭력은 물론 구조적 폭력도 해소된 상태, 평등하고 자유로운 상태

② 평화의 중요성 : 인류의 안전과 생존, 번영, 국제 정의 실현 등을 위해 필요

3. 남북 분단 및 동아시아 갈등과 국제 평화

1) 남북 분단의 평화적 해결

① 남북 분단의 배경 : 미소냉전(국제원인), 민족 간 응집력 약화와 역량 부족(국내원인)

② 통일의 필요성 : 인도주의 요청(이산가족문제), 민족동질성 회복, 경제발전과 번영, 세계평화 기여

③ 통일을 위한 노력 : 남북한 간 평화적 교류와 협력, 통일 위한 국제 환경 조성 노력

2) 동아시아의 역사 갈등

① 동아시아 역사 갈등

㉠ 일본 : 독도영유권 주장, 식민지배와 침략전쟁 정당화, 위안부 문제, 신사참배 문제 등

㉡ 중국 : 동북공정 문제(고구려, 발해 역사를 중국역사에 편입 시도)

② 영토분쟁 : 쿠릴열도(러시아 지배, 일본 요구), 센카쿠(일본 지배, 중국과 대만 요구), 시사군도(중국과 베트남 대립), 난사군도(중국과 동남아국가 대립)

③ 동아시아 역사 갈등 해결을 위한 노력 : 공동 역사 연구, 민간 교류 확대

3) 국제 평화에 기여하는 대한민국

① 세계 속의 우리나라 : 지정학적으로 요충지(유라시아대륙과 태평양 연결), 각종 국제기구에서 주도적 활동, 수많은 세계문화유산 등재, 한류 열풍

② 국제 평화를 위한 노력

㉠ 국가 : 통일을 통한 동아시아 지역 긴장 완화, 해외 원조, 평화유지군 참여 등 적극적 평화 활동, 지구온난화 방지와 환경보호에 적극 참여

㉡ 개인과 민간단체 : 국제 비정부 기구에 참여, 반전 및 평화 운동 활동 전개

<통일관련 비용>
① 분단비용 : 군사비, 체제유지비 등
② 평화비용 : 북한과의 교류와 협력비용, 증가시 분단비용과 통일비용 감소 가능
③ 통일비용 : 통일 후 남북 간의 격차를 줄이기 위한 재건비용

9 미래와 지속가능한 삶

1. 세계 인구와 인구 문제

1) 세계의 인구

① 세계의 인구 변화와 인구 분포

㉠ 세계 인구 변화 : 산업화 이후 생활수준의 향상, 의학발달, 위생개선 → 평균 수명 연장

㉡ 선진국 : 18C ~ 20C 초까지 인구가 빠르게 증가, 1960년대 이후 출생률 감소

㉢ 개발도상국 : 2차 대전 후 산업화로 인구 증가, 높은 인구 증가율

㉣ 세계 인구 분포 : 세계인구의 90%가 북반구에 위치 (주로 아시아와 유럽)

② 인구 분포의 요인

㉠ 자연적 요인 : 인구 밀집(온대 기후, 하천 및 해안 지역), 인구 희박(건조 · 한대기후, 산악 지대)

㉡ 사회 경제적 요인 : 농업 발달 지역(식량), 공업 발달 지역(일자리), 높은 임금 선진국 등

③ 선진국과 개발도상국의 인구 구조

구분	선진국	개발도상국
출생률	낮다	높다
유소년층 인구 비중	낮다	높다
노년층 인구 비중	높다	낮다
평균 기대 수명	길다	짧다
중위 연령	높다	낮다

④ 세계의 인구 이동

㉠ 경제적 이동 : 높은 임금을 찾아 개도국에서 선진국으로 이동 예 화교, 최근 경향

㉡ 정치적 이동 : 망명, 전쟁난민 등 예 시리아, 아프가니스탄 난민 이동

㉢ 환경적 이동 : 환경재앙을 피해 이동 예 해수면 상승으로 투발루 주민들의 이동

2) 세계의 인구 문제와 해결 방안

① 세계의 인구 문제

㉠ 인구 과잉 : 주로 개도국, 대도시 인구집중 심각, 기반시설 부족, 식량 부족, 자원 부족

㉡ 저출산, 고령화 문제

· 저출산 : 여성의 사회 진출 증가, 만혼, 결혼 및 출산에 대한 가치관의 변화 등 → 노동력 부족, 성장률 하락, 소비 감소로 인한 경기 침체 등

· 고령화 : 평균 수명 연장, 저출산 → 노인복지비용 증가, 세대갈등 증가 등

② 인구 이동에 따른 문제

㉠ 인구 유입국 : 이주민과 원주민 간 갈등 발생

㉡ 인구 유출국 : 노동력 부족, 사회적 분위기 침체 등

③ 인구 문제의 해결 방안

㉠ 선진국

· 저출산 대책 : 출산비용과 육아비용 지원, 보육 시설 확충, 유급 출산 휴가 확대 등

· 고령화 대책 : 노인일자리 확대, 정년 연장, 사회보장제도 정비

㉡ 개발도상국

· 인구 과잉 문제 대책 : 경제발전, 식량증산, 출산억제 정책

· 대도시 인구 과밀 문제 대책 : 도시 기반 시설 정비, 촌락의 생활환경 개선

㉢ 가치관 변화를 통한 인구 문제 해결 : 가족중심 가치관 확대, 양성평등 확립, 세대 간 정의 실현

2. 세계의 자원과 지속가능한 발전

1) 세계의 자원

① 자원의 의미 : 인간에게 이용가치가 있고 기술적, 경제적으로 개발이 가능한 것

② 자원의 특성

㉠ 유한성 : 자원은 언젠가 고갈됨, 가채연수

㉡ 가변성 : 자원의 가치는 계속 변화함

㉢ 편재성 : 자원의 분포가 고르지 않음, 자원민족주의 원인

③ 세계의 자원 소비량 변화 : 인구 증가, 산업발달로 지속적으로 증가

④ 주요 에너지 자원의 종류와 특징

㉠ 석탄 : 산업혁명 시기 폭발적 사용, 고생대 지층, 화력발전과 제철에 사용, 국제적 이동 적음

㉡ 석유 : 내연기관 발달로 사용량 증가, 신생대 지층, 페르시아만에 대량 매장, 가장 사용량 많은 에너지, 국제적 이동 많음, OPEC(석유수출국기구)

㉢ 천연가스 : 청정에너지, 최근 냉동 액화되면서 사용 증가, 국제적 이동 증가

⑤ 자원의 분포와 소비에 따른 문제점 : 국가 간 자원 확보 경쟁 격화, 자원고갈, 자원개발로 환경파괴, 국가 간 에너지 소비 차이 심화

<자원민족주의>
천연자원은 이를 생산하는 국가의 것이라고 여기고 자원을 무기화하여 자원의 지배권을 확대하려는 움직임을 말한다. 특히 석유자원과 구리, 희토류 등에서 이러한 생각들이 나타나고 있다.

2) 지속 가능한 발전을 위한 방안과 노력

① 지속 가능한 발전의 의미 : 미래 세대의 필요를 충족시키면서 현재 세대의 성장을 추구하는 발전

② 지속 가능한 발전의 구체적인 방안 : 다음 세대에 부담주지 않기, 친환경 농산물 이용, 사회적 안정과 건강 확보, 부의 균등 분배, 정치참여 기회 확보, 지구적 차원에서의 협력 방법 모색 등

③ 국제적 · 국가적 노력 : 국제협약을 통한 환경문제 해결, 신재생 에너지 확보, 사회취약계층 지원제도 마련, 온실가스 감축 제도 실시 등

④ 개인적 노력 : 윤리적 소비 실천, 친환경적인 생활 실천(자원 절약, 재활용, 로컬 푸드, 공정무역 제품 이용, 취약 계층이나 빈곤국 주민 후원, 봉사 활동 참여 등)

3. 미래 지구촌의 모습과 내 삶의 방향

1) 미래의 예측

① 미래 예측의 필요성 : 변화를 예측해 미래 사회에 유연하게 대응, 안정적인 발전이 가능

② 미래 예측의 방법 : 전문가 합의법(델파이 법), 시나리오 법 등

2) 미래 지구촌의 모습

① 정치, 경제, 사회적 측면에서의 변화 예측

㉠ 빈부 격차, 문화적 차이, 영토 분쟁 등의 갈등 심화

㉡ 자유 무역 확대, 지역무역협정 체결, 국제기구의 활동 증가

㉢ 특정 직업의 소멸로 인한 실업 문제 발생

㉣ 사이버 범죄, 사생활 침해 등의 문제 증가

② 환경적 측면에서의 변화 예측

㉠ 환경문제가 전지구적 차원에서 인류의 생존을 위협

㉡ 경제성장과 인구 증가 → 자원 소비량의 증가 → 이용가능한 자원과 환경의 범위 축소 → 지속가능한 발전을 위해 지구적 차원의 협력 강화 필요

㉢ 멸종 위기의 생물 종 복원, 극단적 지형에도 재배가능한 식용작물 재배

③ 과학 기술 발달과 미래 지구촌의 모습 : 정보통신기술의 발달로 초연결 사회 등장, 개인의 정치참여 증가로 영향력 증가, 교통, 통신의 발달로 시공간의 제약 감소, 생명공학의 발달로 평균수명 증가, 유전자 조작으로 인해 생명과 인간의 정체성의 혼란 초래 등

3) 미래의 삶을 위한 준비 : 올바른 인성과 가치관의 정립, 비판적 사고력 증진, 세계시민으로서의 공동체 의식 함양, 개방성과 관용의 정신 지향 등

05 과학

1 물질의 기원

1. 외부 은하의 스펙트럼

1) 별빛 스펙트럼의 파장변화(빛의 도플러효과)

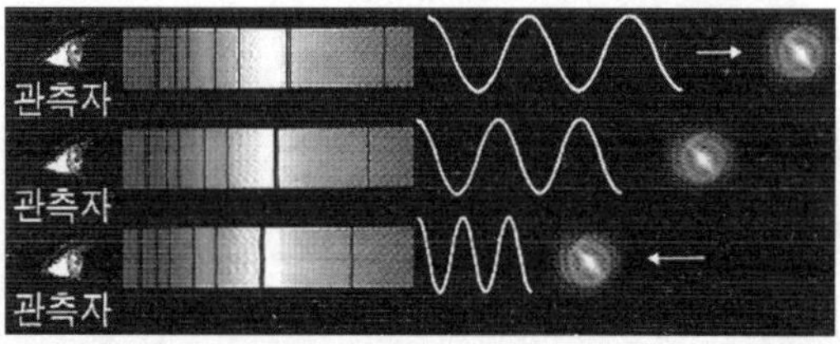

2) **외부 은하** : 스펙트럼 선들이 모두 적색 편이, 멀리 떨어진 은하일수록 적색 편이가 더 크게 관측되었다.

2. 허블의 법칙과 우주의 팽창

1) **허블의 법칙** : 은하의 후퇴 속도 계산

$V = H \cdot r$ (H: 허블상수) r : 은하까지의 거리

→ 거리가 먼 은하일수록 후퇴 속도가 더 빠르다.

2) **우주의 팽창** : 허블의 법칙은 우주 팽창을 의미한다.

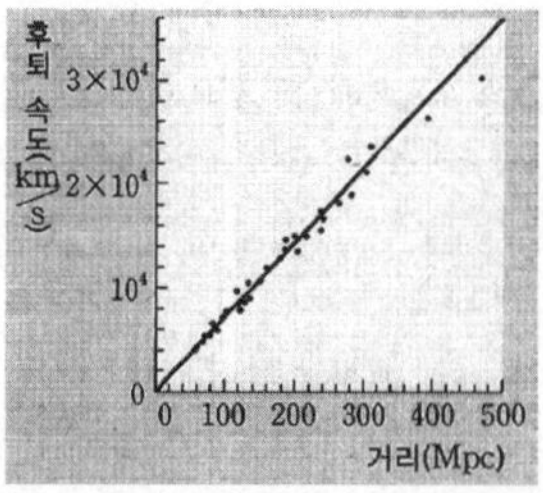

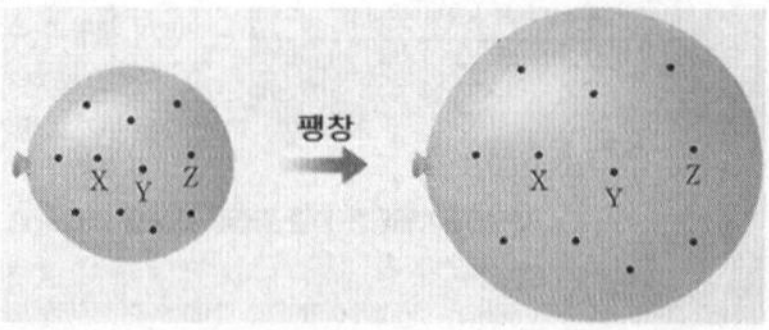

3. 빅뱅 우주론과 원소의 생성

1) 빅뱅과 원자의 형성

① 물질의 구성

▲ 원자 ▲ 원자핵과 전자 ▲ 양성자와 중성자 ▲ 쿼크

② 빅뱅 우주론(가모프)

빅뱅(138억 년 전) → 기본 입자(쿼크, 전자 등) → 양성자, 중성자 → 원자핵 → 원자

③ 팽창하는 우주와 물질의 생성

㉠ 빅뱅 후 10^{-35}초 : 기본 입자인 쿼크와 전자 생성

· 쿼크 : 업(u), 다운(d), 참(c) ……

· 렙톤(경입자) : 전자, 뮤온, 타우 ……

㉡ 빅뱅 후 10^{-6}초 : 쿼크의 결합, 양성자와 중성자 생성

· 양성자 : 업 2개 + 다운 1개 → (+)전하

· 중성자 : 업 1개 + 다운 2개 → 전하(×)

㉢ 빅뱅 후 3분 : 수소 원자핵과 헬륨 원자핵 생성

㉣ 빅뱅 후 38만 년

· 원자 생성 : 수소 원자(H)와 헬륨 원자(He) 생성

수소 원자	헬륨 원자
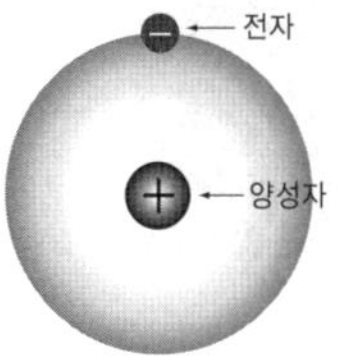	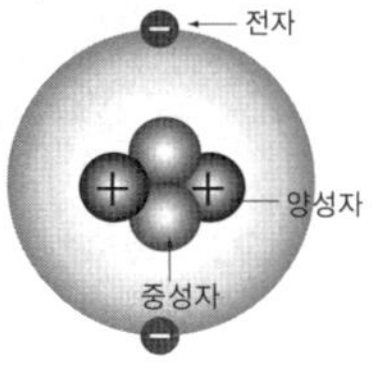

· 우주 배경 복사 : 빅뱅 약 38만 년 후 빅뱅 초기의 빛이 우주 전체로 퍼져 나갔다.

2) 빅뱅 우주론의 증거

① 우주 초기 수소 원자핵과 헬륨 원자핵의 질량비 : 별빛 선스펙트럼 분석을 통해 우주의 수소와 헬륨의 질량비가 우주 초기 빅뱅 우주론에서 예측했던 대로 3 : 1로 관측 (빅뱅 우주론을 지지하는 증거)

② 우주 배경 복사의 발견 : 펜지어스와 윌슨이 약 3K인 물체가 방출하는 마이크로파(전파)로 우주 어느 방향에서나 대체로 동일한 세기로 관측됨을 발견 (빅뱅 우주론을 지지하는 증거)

4. 지구와 생명체를 이루는 원소의 생성

1) 별의 탄생과 원소의 생성

① 별의 탄생 과정

㉠ 빅뱅 때 생성된 수소와 헬륨 가스가 모여 성운 형성 (발광 성운, 반사 성운, 암흑 성운)

㉡ 성운 → 중력 수축 → 원시별 → 주계열성

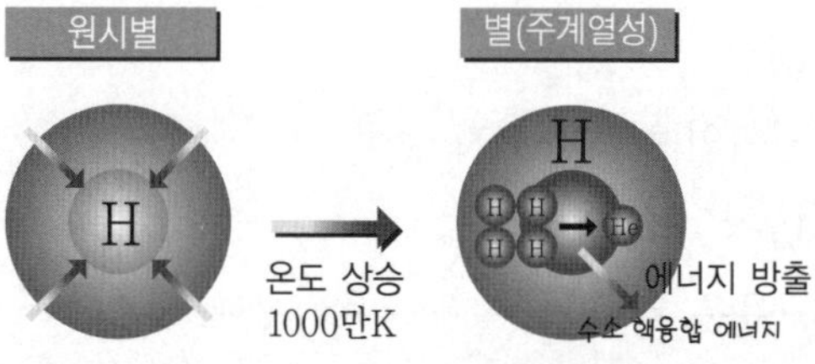

▲ 중력 수축 ▲ 수소 핵융합 반응

㉢ 주계열성 : 수소 핵융합 반응(중심부)

㉣ 주계열성의 크기(일정) : 중력 = 내부 압력

2) 별의 진화와 원소의 생성

① 질량이 태양 정도인 별 : 헬륨, 탄소 등 원소 생성

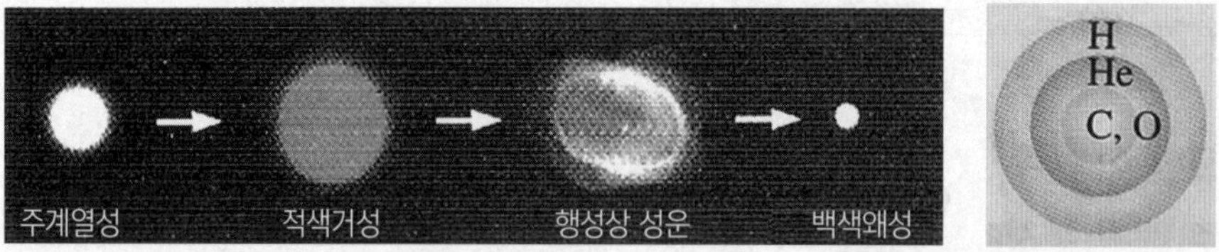

② 질량이 태양의 10배 이상인 큰 별 : 중심부에 철까지 생성

※ 초신성 : 중심부에서 철을 만든 후 폭발하는 별

※ 블랙홀 : 중력이 매우 커서 빛도 빠져 나오지 못하는 별

③ 별의 진화단계와 폭발 과정에서 생성되는 원소

㉠ 별의 진화과정에서 생성되는 원소 : 탄소, 산소, 질소, 네온, 마그네슘, 규소, 황, …… 철

㉡ 초신성 폭발로 생성되는 원소 : 납, 우라늄, 금 …

5. 태양계와 지구의 형성

1) 태양계의 형성

① 태양계의 형성과정(성운설)

▲태양계 성운의 형성

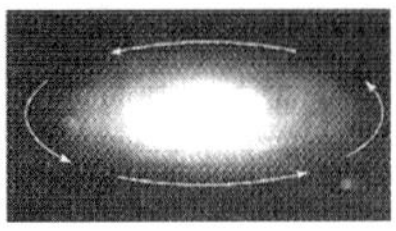
▲원반 모양의 성운 형성

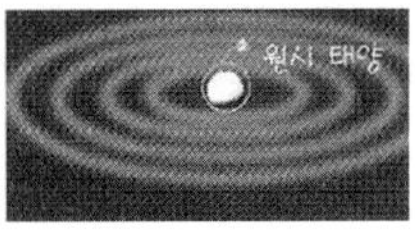

▲원시 태양과 미행성의 형성

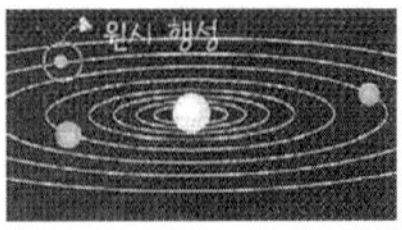

▲원시 행성의 형성

② 성운설의 증거

㉠ 태양이 중심, 태양계 전체 질량의 99.8%를 차지한다.

㉡ 태양의 자전 방향과 행성들의 공전방향이 서로 같다.

㉢ 태양계를 구성하는 행성들의 나이가 거의 비슷하다.

㉣ 행성들의 공전 궤도면이 거의 일치한다.

2) 행성의 종류

① 지구형 행성(암석) : 수성, 금성, 지구, 화성

② 목성형 행성(가스) : 목성, 토성, 천왕성, 해왕성

구분	반지름	질량	평균 밀도	자전 주기	위성수	고리	표면 상태	주요 성분	대기 성분
지구형 행성	작다	작다	크다	길다	없거나 적다	없다	고체	Fe, Si, O	N_2,O_2, CO_2
목성형 행성	크다	크다	작다	짧다	많다	있다	기체	H, He	H_2,He, NH_3, CH_4

③ 행성의 특징

㉠ 수성 : 대기가 없고, 운석 구덩이가 많다.

㉡ 금성 : 95기압 CO_2 대기, 샛별, 온실 효과가 크다.

㉢ 화성 : 붉은색, 극관, 물 흐른 강의 흔적이 있다.

㉣ 목성 : 가장 크고, 적도 아래에 대적점이 있다.

㉤ 토성 : 고리가 뚜렷하고 아름답다.

3) 지구의 형성과 변화

① 원시 지구의 형성

▲ 미행성 충돌 ▲ 마그마 바다 ▲ 원시 지각과 바다 형성 ▲ 원시 지구 대기 형성

② 원시 대기의 변화

㉠ 원시 대기 : 수증기(H_2O), 이산화탄소(CO_2), 질소(N_2), 메테인(CH_4), 암모니아(NH_3) 등

㉡ 원시 대기의 조성 변화

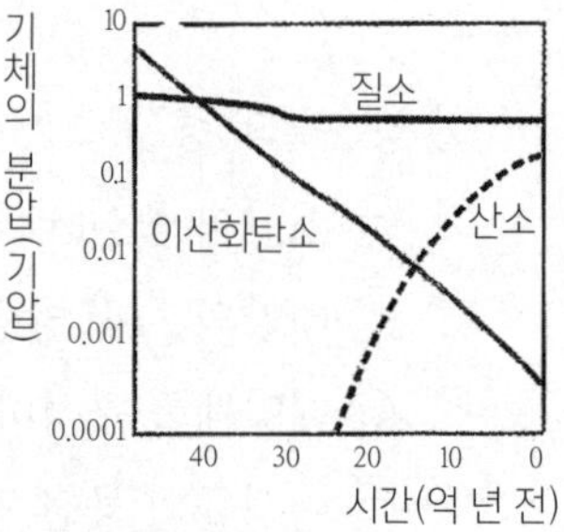

2 물질의 규칙성

1. 원소의 주기성

1) 원소와 주기율표

① 원소 : 물질을 구성하는 기본 성분(현재 110여종)

② 주기율의 역사

㉠ 되베라이너(1817년) : 세쌍 원소 발견

㉡ 멘델레예프(1869년) : 원자량 순으로 주기율표

㉢ 모즐리(1913년) : 원자 번호(양성자 수) 순으로 배열, 현대의 주기율표 완성

2) 현대의 주기율표(모즐리)

① 주기 : 주기율표의 가로줄, 1~7주기

- 같은 주기 원소 : 같은 수의 전자껍질

② 족 : 주기율표의 세로줄, 1~18족

- 같은 족 원소 : 서로 비슷한 화학적 성질

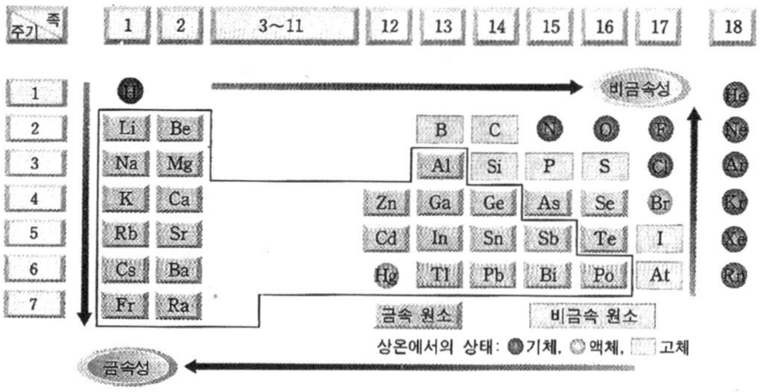

③ 원소의 분류

구분	금속 원소
특징	· 특유의 광택, 열과 전기를 잘 통한다.
실온에서의 상태(25℃)	대부분 고체 (단, 수은 제외)
원소의 이용 예	· 철 : 회백색, 자동차, 선박, 건축자재로 사용되며, 부식되는 단점이 있다. · 구리 : 붉은색, 전기를 잘 통하므로 전선의 재료로 많이 이용된다. · 알루미늄 : 은백색, 가벼워서 호일, 음료 캔 재료로 이용된다.
구분	**비금속 원소**
특징	광택이 없고, 열과 전기를 잘 통하지 않는다.
실온에서의 상태(25℃)	대부분 기체 or 고체 (단, 브로민 액체)
원소의 이용 예	· 질소 : 반응성이 작아 포장 충전 기체로 많이 이용된다. · 산소 : 반응성이 크며, 물질의 연소, 생명체의 호흡에 이용된다. · 수소 : 폭발성이 있으며, 우주 왕복선, 연료 전지의 원료로 사용된다. · 헬륨 : 반응성이 작아 풍선(벌룬) 등에 이용된다.

3) 원소들의 주기성의 이유(전자배치)

① 원자의 구조

㉠ 원자 = 원자핵 + 전자

㉡ 원자 번호 = 양성자수 = 전자수

∴ 원자는 전기적으로 중성

▼ 헬륨(He) 원자

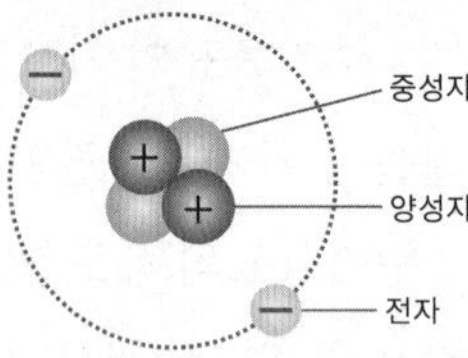

양성자(2) = 전자(2)

② 원자의 전자배치 : 보어(Bohr)

㉠ 전자 배치의 원리 : 전자는 원자핵에 가까운 전자껍질부터 차례로 배치된다.

㉡ 각 전자껍질의 최대 배치 전자수

구분	첫 번째 전자껍질	두 번째 전자껍질	세 번째 전자껍질
최대 수용 전자수	2개	8개	18개

㉢ 원자가 전자 : 가장 바깥쪽 전자껍질에 배치된 전자, 같은 족 원소들은 원자가 전자수가 같아 화학적 성질이 서로 유사하다.

원자	H	He	C	N	O	F
총 전자	1개	2개	6개	7개	8개	9개
전자 배치 (+ : 원자핵)	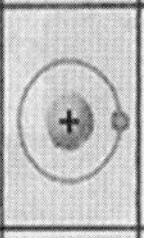		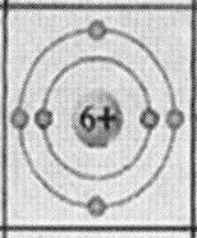	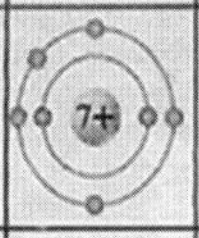	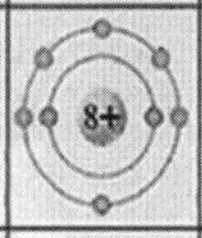	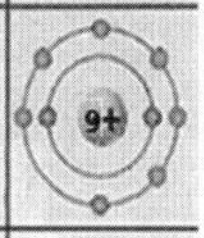
원자가 전자	1개	0개	4개	5개	6개	7개

③ 원소의 주기성 이유 : 주기율표에서 원자가 전자수가 주기적으로 반복되기 때문이다.

4) 원소들의 주기성

① 알칼리 금속의 특징

㉠ 주기율표의 1족에 속하는 원소(H 제외) - 리튬(Li), 나트륨(Na), 칼륨(K) ...

㉡ 상온에서 고체, 은백색 광택을 띤다.

㉢ 밀도가 작고, 칼로 잘라지는 무른 금속이다.

㉣ 원자가 전자수가 1개, 양이온(+1)이 되기 쉽다.

㉤ 공기 중의 산소와 빠르게 반응, 광택을 잃는다.

㉥ 물과 격렬하게 반응, 수소 발생, 용액은 염기성

$$2Na + 2H_2O \rightarrow 2NaOH + H_2\uparrow$$

ⓢ 할로젠 원소와 격렬하게 반응한다.

ⓞ 보관 : 석유, 액체 파라핀 등에 보관

ⓩ 반응성 : 리튬(Li) < 나트륨(Na) < 칼륨(K) ...

알칼리 금속	Li	Na	K
칼로 자른 후 단면의 변화	광택이 서서히 사라짐	광택이 금방 사라짐	광택이 빠르게 사라짐
물에 넣었을 때의 변화	빠르게 반응	격렬하게 반응	매우 격렬하게 반응
페놀프탈레인 용액을 넣었을 때	붉게 변함	붉게 변함	붉게 변함
생활 속의 이용	휴대전화 배터리	도로, 터널 안의 조명	칼륨 비료

② 할로젠 원소의 특징

㉠ 주기율표의 17족에 속하는 비금속 원소 – 플루오린(F), 염소(Cl), 브로민(Br), 아이오딘(I)

㉡ 상온에서 2원자 분자, 특유의 색깔을 띤다.

㉢ 원자가 전자수 7개, 음이온(−1)이 되기 쉽다.

㉣ 알칼리 금속이나 수소와 잘 반응한다.

㉤ 반응성 : F_2 > Cl_2 > Br_2 > I_2

할로젠 원소	F_2	Cl_2	Br_2	I_2
색깔	옅은 황색	황록색	적갈색	보라색
Na, 수소와의 반응	매우 격렬하게 반응	격렬하게 반응	빠르게 반응	반응
생활 속의 이용	충치예방용 치약	물의 살균, 소독	사진 필름	상처 치료용 소독약

2. 화학 결합과 물질의 생성

1) 비활성 기체(18족) : 1원자 분자(안정)

① 18족 : 헬륨(He), 네온(Ne), 아르곤(Ar) 등

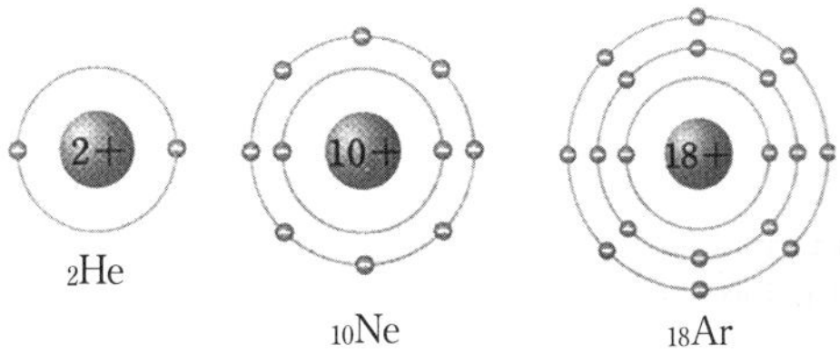

$_{2}He$ $_{10}Ne$ $_{18}Ar$

② 안정한 이유 : 가장 바깥쪽 전자껍질에 8개(단, 헬륨 2개)의 전자 배치(옥텟 규칙)

비활성 기체	헬륨(He)	네온(Ne)	아르곤(Ar)
생활 속의 이용	풍선, 광고용 벌룬	광고판, 네온사인	형광등 기체

③ 화학 결합을 하는 이유 : 18족 이외의 원소들은 불안정, 다른 원소와 화학 결합을 하여 비활성 기체의 전자 배치를 하여 안정해지려 한다.

2) 화학 결합의 종류

① 이온 결합 = 금속 원소의 원자 + 비금속 원소의 원자

㉠ 나트륨 원자(Na) + 염소 원자(Cl) → 염화나트륨(NaCl)

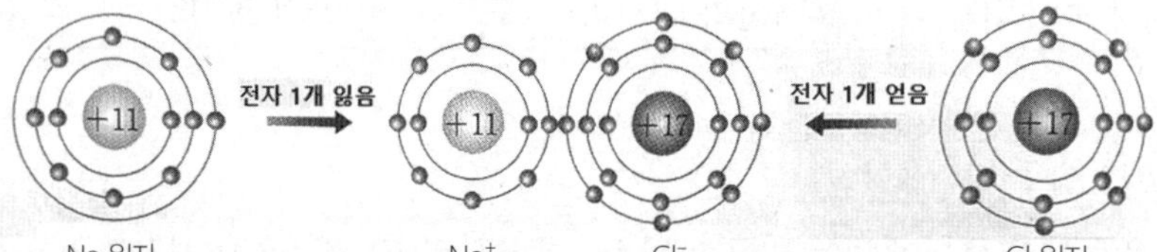

㉡ 칼슘 원자(Ca) + 염소 원자(2Cl) → 염화칼슘($CaCl_2$)

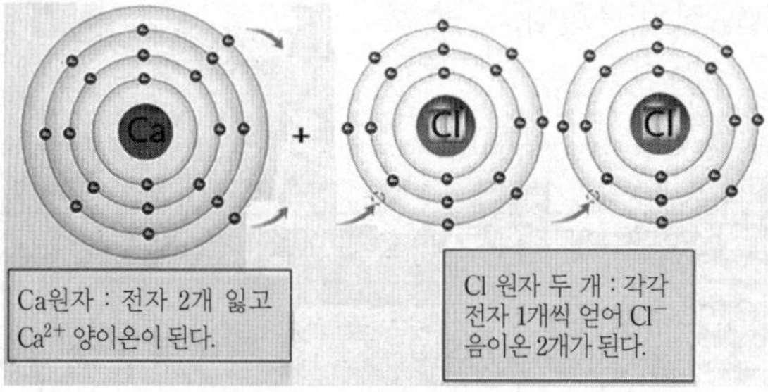

② 공유 결합 = 비금속 원소의 원자 + 비금속 원소의 원자

㉠ 공유 전자쌍 : 두 원자에 공유되어 결합에 참여하는 전자쌍

㉡ 비공유 전자쌍 : 공유 결합에 참여하지 않은 전자쌍

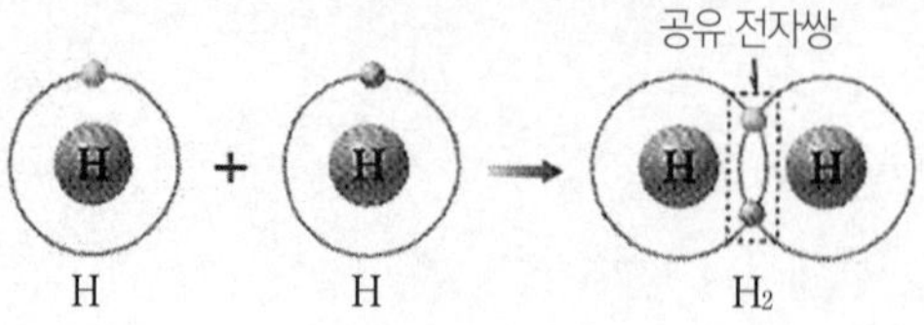

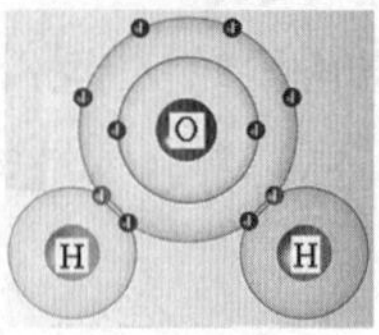

▲ H_2O 분자

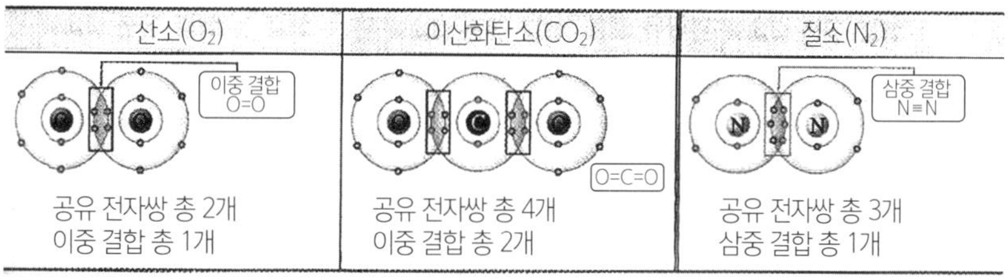

③ 극성과 무극성의 판별 : 대체로 일직선, 대칭 구조는 무극성, 굽은형, 비대칭 구조는 극성 분자이다.

④ 공유 결합의 세기 : 단일 결합 < 이중 결합 < 삼중 결합

3) 우리 주변의 다양한 물질

① 이온 결합 물질

㉠ 실제로는 양이온과 음이온이 연속 결합(결정)

㉡ 화학식 : 양이온과 음이온의 간단한 정수비로 표시

예 염화나트륨

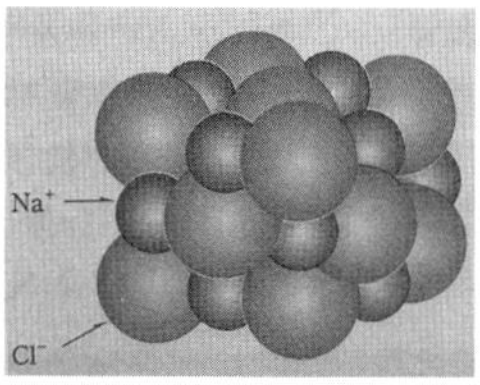

⇒ 양이온 음이온 NaCl (1은 생략)

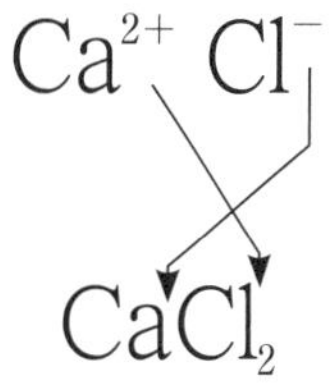

② 이온 결합 물질의 특징

㉠ 양이온과 음이온 간의 정전기적 인력에 의한 결합, 녹는점과 끓는점이 높다.

㉡ 상온에서 단단하나, 힘을 가하면 쪼개지거나 부스러진다.

㉢ 고체에서는 전기 전도성이 없으나 액체, 수용액 상태에서는 전기 전도성이 있다.

- 이온이 쉽게 이동할 수 있기 때문이다.

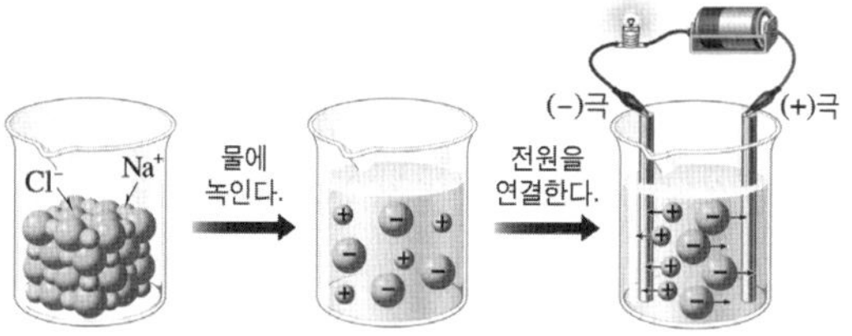

③ 이온 결합 물질의 이용

물질	특징
염화나트륨($NaCl$)	소금의 주성분
수산화나트륨($NaOH$)	비누 제조에 사용
탄산칼슘($CaCO_3$)	산호초, 조개, 달걀껍데기 성분
수산화마그네슘($Mg(OH)_2$)	제산제의 주성분
염화칼슘($CaCl_2$)	습기 제거제, 제설제
탄산칼슘($CaCO_3$)	베이킹파우더의 주성분

④ 공유 결합 물질

㉠ 공유 결합 물질의 특징

· 분자 사이의 결합이 약해, 액체나 기체, 그리고 녹는점, 끓는점이 비교적 낮다.

· 대부분 물에 잘 녹지 않는다.

· 물에 녹아도 중성의 분자 상태, 전하를 띠는 입자가 없어 전기 전도성이 없다.

㉡ 공유 결합 물질의 이용

물질	특징
설탕($C_{12}H_{22}O_{11}$)	음식의 조미료
에탄올(C_2H_6O)	소독용, 술 제조
뷰테인(C_4H_{10})	휴대용 가스연료
아스피린($C_9H_8O_4$)	의약품(해열제)

3 자연의 구성 물질

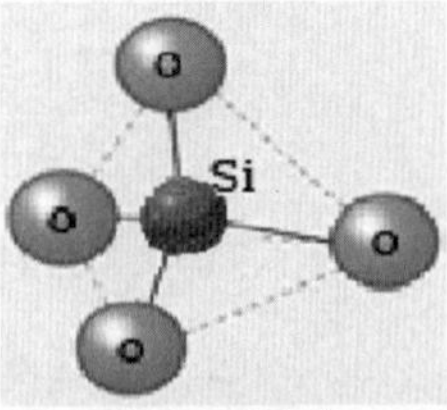

Si-O 사면체

1. 지각과 생명체의 구성 물질

1) 지각을 구성하는 물질의 결합 규칙성

① 규산염 광물 : 규소와 산소의 규산염 사면체가 기본구조

㉠ 규소(Si)는 원자가 전자가 4개, 최대 4개의 산소와 공유 결합이 가능하다.

㉡ 규산염 사면체 : Si^{4+}와 4개의 O^{2-}가 결합, 전체 -4의 음전하, 따라서 각 사면체의 모든 산소를 양이온 또는 다른 규산염 사면체와 공유하여 전기적 중성이 된다.

② 규산염 광물의 결합 규칙성

구분	독립형 구조	단사슬 구조	복사슬 구조	판상 구조	망상 구조
결합 형태	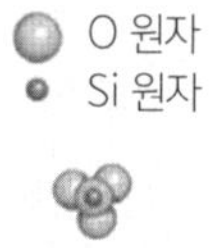		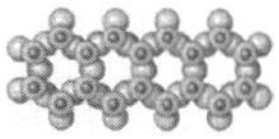	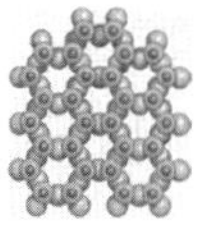	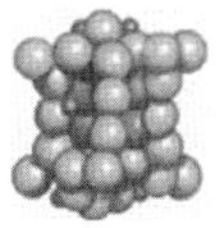
광물	감람석	휘석	각섬석	흑운모	석영, 장석

2) 생명체를 구성하는 물질의 결합 규칙성

① 탄소 화합물 : 탄소가 중심 원소, H, O, N 등과 결합

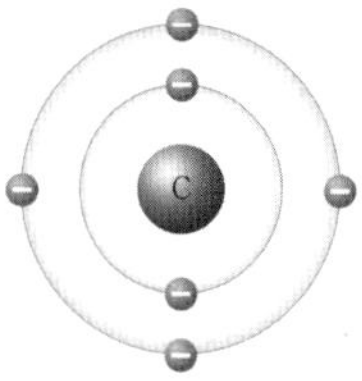

탄소(C)는 원자가 전자가 4개, 최대 4개의 다른 원자와 다양한 공유 결합을 형성할 수 있다.

② 탄소 화합물의 결합 규칙성

단일 결합	2중 결합	삼중 결합
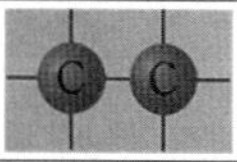	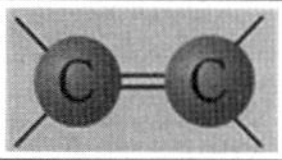	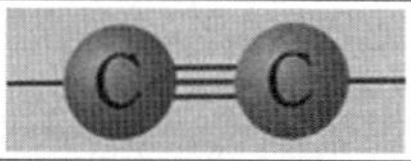
사슬 모양	**가지 모양**	**고리 모양**
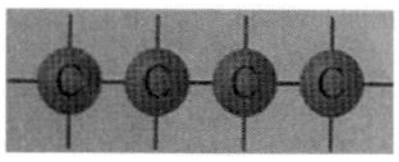	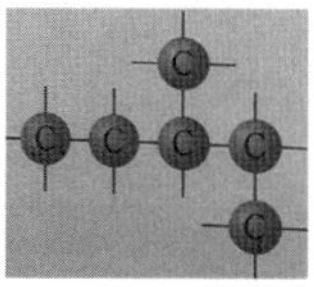	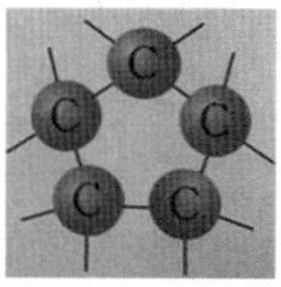

2. 생명체를 구성하는 탄소 화합물

1) 생명체 구성 물질 중 무기물

① 물 : 생명체에 가장 많은 양, 비열이 커서 체온 조절, 영양소, 노폐물 등의 운반에도 관여한다.

② 무기염류 : 나트륨(Na^{+}), 칼슘(Ca^{2+}) 등, 다양한 생리 작용 조절에 관여

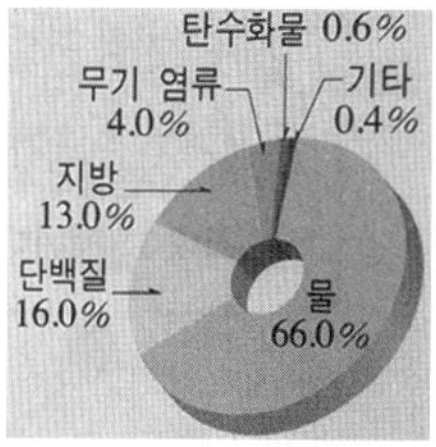

▲ 사람의 구성 물질

2) 생명체 구성 탄소 화합물

① 탄수화물 : 구성 원소 C, H, O, 단위체는 포도당, 주 에너지원(4kcal/g), 포도당, 녹말, 셀룰로스 등

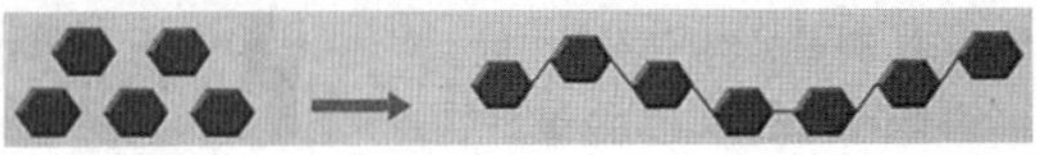

② 단백질 : 구성 원소 C, H, O, N, 단위체는 아미노산

㉠ 단백질의 기능 : 에너지원(4kcal/g), 효소, 항체, 호르몬, 세포막, 근육, 연골, 손톱 등의 주성분이다.

㉡ 단백질의 형성 : 아미노산(20종)의 펩타이드 결합

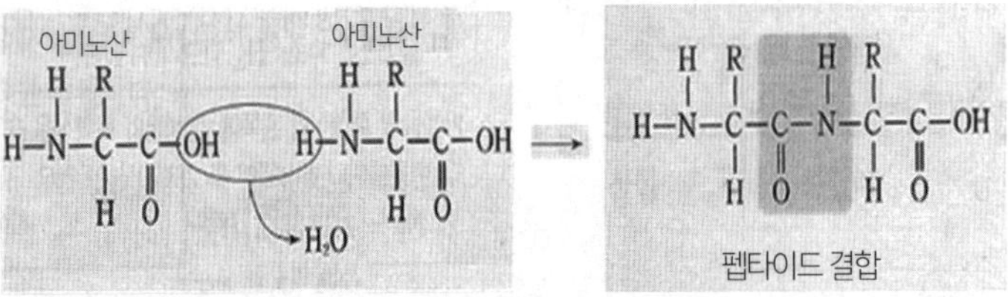

③ 핵산(DNA, RNA) : 유전 물질, 구성 원소 C, H, O, N, P, 단위체는 뉴클레오타이드

㉠ 핵산의 종류 : DNA, RNA

㉡ 핵산의 기능

- DNA(유전정보 저장), RNA(유전 정보 전달)

④ 지질 : 구성 원소 C, H, O

㉠ 중성지방 : 에너지원(9kcal/g), 지방산과 글리세롤

㉡ 인지질 : 세포막, 핵막 등 생체막의 주성분이다.

㉢ 스테로이드 : 성호르몬의 주성분이다.

4 신소재

1. 전기적 성질에 따른 물질의 분류와 신소재

1) **도체** : 저항이 작아 전류가 잘 흐르는 물질 예 철, 구리 …

2) **절연체(부도체)** : 저항이 매우 커 전류가 흐르지 않는 물질 예 고무, 유리, 플라스틱 …

3) **반도체** : 도체와 절연체의 중간 정도의 전기적 성질을 가짐 예 규소(Si), 저마늄(Ge)...

2. 반도체의 종류

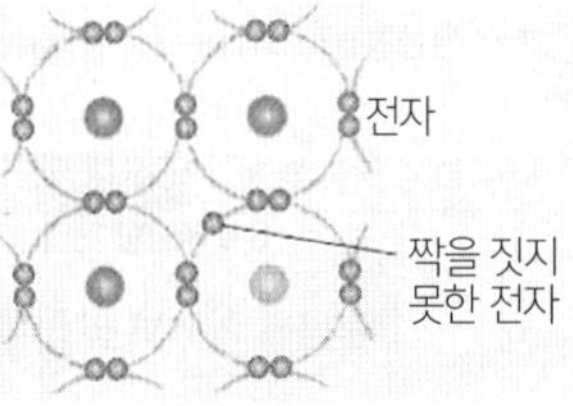

▲ n형 반도체

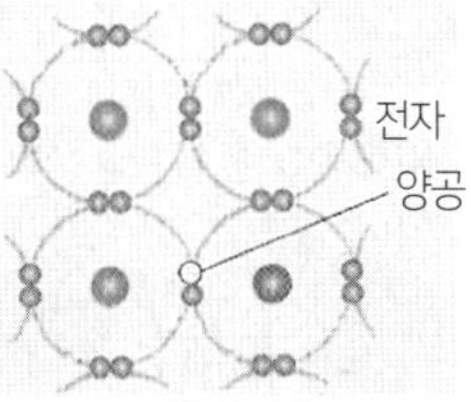

▲ p형 반도체

3. 여러 전기적 성질의 이용

1) **다이오드** : n형과 p형 반도체를 접합, 정류 작용에 사용

2) **발광 다이오드(LED)** : 전류가 흐를 때 빛을 내도록 만든 다이오드, 영상 표시 장치, 조명 장치, 신호등, LED TV 제작에 사용

3) **유기 발광 다이오드(OLED)** : 전류가 흐를 때 빛을 내는 유기 화합물 사용, 별도의 광원이 필요 없고, 얇게 제작 가능, 휘어지는 디스플레이에 사용

4) **트랜지스터** : 반도체 3개(P-n-P) 사용, 신호 증폭, 스위치 작용, 대부분의 전자 기기에 사용

5) **태양전지** : n형, p형 반도체 사용, 빛에너지를 직접 전기에너지로 전환

6) **액정(LCD)** : 고체와 액체의 성질을 갖는 물질, 전압을 가하면 분자 배열이 변함, 빛의 양을 조절 가능, 다양한 영상 표시 장치 등에 사용

4. 자기적 성질에 따른 물질의 분류와 신소재

1) **강자성체** : 자석에 강하게 영향을 받고, 자기장을 제거해도 오랫 동안 자성을 유지하는 물질
   예 철, 니켈, 코발트 등

2) **상자성체** : 자석에 약하게 영향을 받으나 자기장이 제거되면 자성이 즉시 사라지는 물질

3) **초전도체** : 임계온도 이하에서 저항이 0이 되는 물질

① 전류가 흘러도 열이 발생하지 않는다.

이용 : 전력 손실 없는 송전선

② 강한 자기장이 필요한 장치에 사용된다.

이용 : 자기공명 영상장치(MRI), 핵융합 장치

③ 마이스너 효과 : 초전도체 위에 자석을 놓으면 뜬다.

이용 : 자기 부상 열차

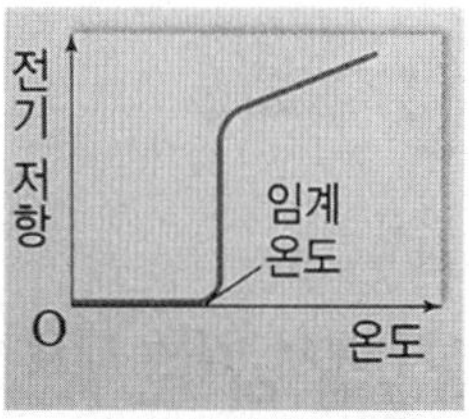

▲ 초전도 현상

4) **네오디뮴 자석** : 철 원자 사이에 네오디뮴과 붕소를 첨가하여 만든 매우 강한 자석

이용 : 고출력 소형 스피커, 강력 모터

5. 나노 신소재

구분	모양	구조	특징	이용
그래핀	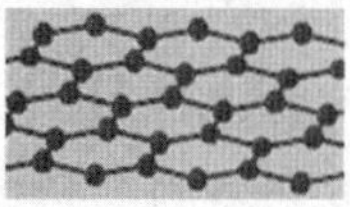	흑연의 한 층을 떼어내어 펼친 육각 평면구조	열, 전기 전도성이 우수, 강철보다 강함, 얇고 투명하여 빛을 잘 투과	휘어지는 디스플레이, 전자 종이, 입는 컴퓨터
탄소 나노 튜브	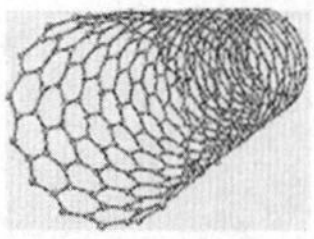	그래핀이 원통(튜브) 모양을 한 구조	열, 전기 전도성이 뛰어나고, 가볍고 강철보다 강함	첨단 현미경의 탐침, 나노 핀셋
풀러렌	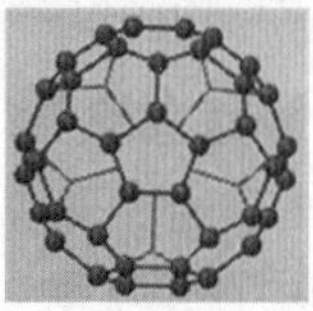	축구공 모양을 이룬 구조	내부가 비어있어 원자나 분자를 가둘 수 있다.	의약품의 체내 운반체

6. 자연을 모방한 신소재

생명체	특징	이용
도꼬마리 열매	갈고리 형태의 가시가 있어 붙으면 잘 떨어지지 않는다.	벨크로 테이프
연잎 표면	나노미터 크기의 돌기가 있어 물을 밀어내 젖지 않는다.	방수되는 옷, 유리 코팅제
홍합 족사	홍합이 분비하는 족사라는 물질은 물 속에서도 강한 접착력을 유지한다.	수중 접착제, 의료용 생체 접착제
게코 도마뱀 발바닥	발바닥에 미세 섬모가 있어 나무나 벽에 쉽게 붙었다 떨어졌다 한다.	게코 테이프, 의료용 패치, 신발
상어 비늘	코의 정면에 거친 돌기와 코 아래에 부드러운 돌기로 인해 물의 저항을 줄인다.	전신 수영복
거미줄	매우 가늘지만 강철보다 강도가 강하고 신축성이 뛰어나다.	방탄복, 낙하산, 인공 힘줄
모르포 나비 날개	날개에 얇은 막이 여러 층으로 되어 있어, 빛 방향에 따라 색이 달라진다.	모르포텍스 섬유

5 역학적 시스템

1. 힘의 정의와 종류

1) 힘 : 물체의 모양이나 운동 상태를 변화시키는 원인

2) 힘의 종류

① 탄성력, ② 마찰력, ③ 자기력, ④ 전기력, ⑤ 부력, ⑥ 중력

2. 뉴턴의 운동 법칙

1) 관성의 법칙(뉴턴의 운동 제1법칙)

① 물체에 힘이 작용(×) : 정지해 있는 물체는 계속 정지, 운동하는 물체는 등속직선 운동을 한다.

㉠ 버스가 출발하면 승객은 뒤로 넘어진다. (정지)

㉡ 버스가 정지하면 승객은 앞으로 넘어진다. (운동)

② 관성의 크기 : 물체의 질량이 클수록 크다.

2) 가속도의 법칙(뉴턴의 운동 제2법칙)

① 가속도란 : 단위 시간 동안의 속도 변화량이다.

$$a = \frac{v - v_0}{t}(m/s^2), \quad \boxed{F = ma}$$

② 가속도의 법칙 : 물체에 일정한 크기의 힘(○)

→ 가속도의 크기(a)는 작용한 힘의 크기(F)에 비례, 물체의 질량(m)에 반비례한다.

3) 작용-반작용의 법칙(뉴턴의 운동 제3법칙)

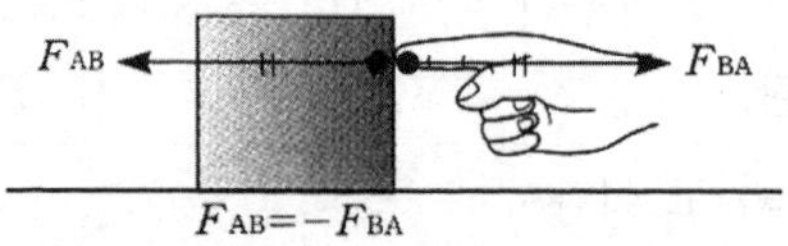

4) 뉴턴의 만유인력의 법칙

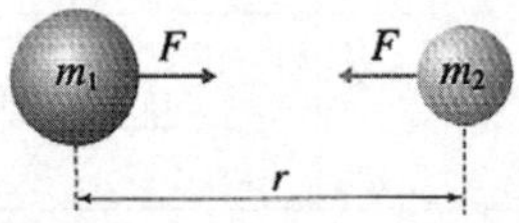

3. 중력을 받는 물체의 운동

1) 중력 : 지구가 지구상의 물체를 끌어당기는 힘

① 방향 : 지구 중심 쪽이다.

② 중력의 크기 : 물체 질량에 비례, 지구에서 멀수록 작다. 지표면 근처에서 [중력의 크기 = 무게]이다.

$$\boxed{F = mg \ (g : \text{중력가속도})}$$

③ 같은 물체라도 장소에 따라 중력의 크기는 다르다.

- 달에서의 중력(무게)은 지구에서의 1/6이다.

2) 자유낙하 운동

① 중력에 의한 운동, 공기저항을 무시할 경우, 물체는 1초에 9.8m/s씩 속력이 증가

② 중력 가속도(g) : 물체 질량에 관계없이 9.8m/s²으로 일정

③ 공기 중에서와 진공에서 쇠구슬과 깃털의 낙하 : 공기저항력 때문에 공기 중에서는 쇠구슬이 먼저 떨어지나 진공에서는 동시에 떨어진다.

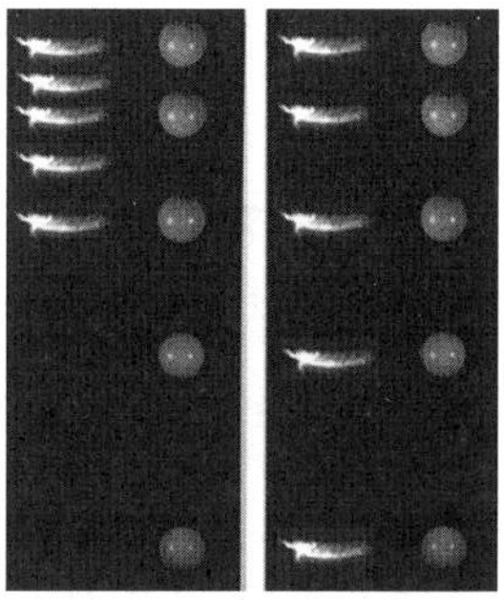

▲ 공기 중 낙하 ▲ 진공 중 낙하

3) 수평으로 던진 물체의 운동

- 공기 저항을 무시할 경우, 포물선 운동

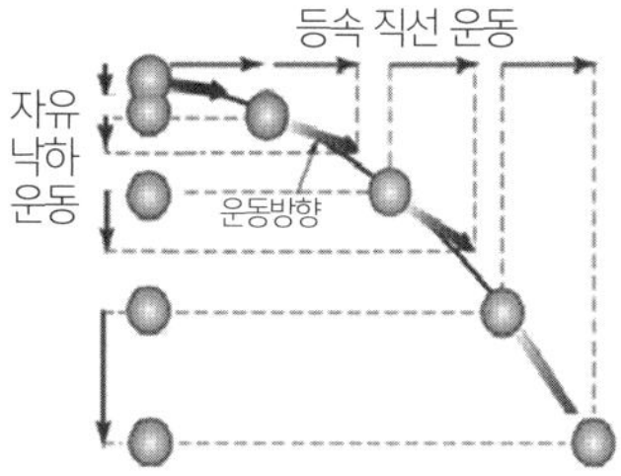

▲ 수평으로 던진 물체의 운동

구분	수평 방향	연직 방향
힘	0	중력
운동	등속 직선 운동	등가속도 운동
속도	일정	일정하게 증가
가속도	0	중력 가속도

① 속력을 다르게 던질 경우 : 속력이 클수록 수평 방향의 이동거리는 증가, 연직으로는 자유 낙하 운동을 하므로, 지면에 도달하는 시간은 동일하다.

② 뉴턴의 사고 실험 : 인공위성

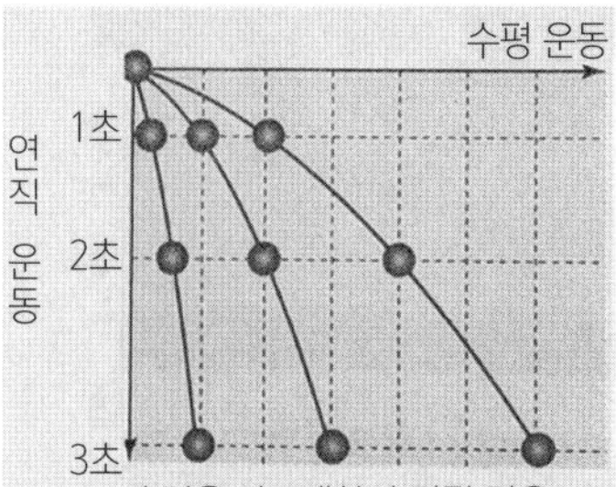

속력을 다르게하여 던질 경우

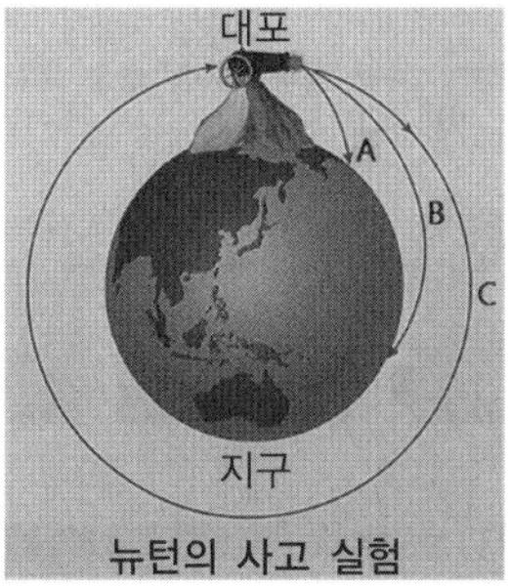

뉴턴의 사고 실험

4) 중력이 지구 시스템에 주는 영향

① 위로 던진 공은 중력 때문에 다시 땅으로 떨어진다.

② 대류 현상에 의해 구름, 기상 현상, 해풍과 육풍, 고기압과 저기압 등이 형성된다.

③ 지구에 밀물과 썰물 현상이 일어난다.

④ 중력에 의해 운석이 지구로 떨어진다.

5) 중력이 생명 시스템에 주는 영향

① 식물의 뿌리가 중력에 의해 땅속으로 자란다.

② 전정기관의 이석에 의해 몸의 균형을 유지한다.

③ 정맥에는 혈액의 역류를 막는 판막이 있다.

④ 몸무게가 큰 코끼리는 단단한 근육과 골격으로 중력을 지탱한다.

⑤ 기린은 목이 길어 다른 동물에 비해 혈압이 높다.

⑥ 조류는 뼈 속이 비어 있어 하늘을 날 수 있다.

4. 역학적 시스템과 안전

1) 운동량과 충격량

① 운동량(p) : 물체의 운동의 정도

$$P = mv$$

m : 질량　v : 속도
(단위 : $kg \cdot m/s$)

② 충격량(I) : 물체가 받는 충격의 정도

$$I = F \triangle t$$

F : 물체에 작용한 힘
$\triangle t$: 힘이 작용한 시간
(단위 : $N \cdot s$)

2) 운동량과 충격량의 관계

$$F \triangle t = mv - mv_0 = \triangle P$$

$$\therefore F = \frac{mv - mv_0}{\triangle t}$$

물체가 받은 충격량 = 물체의 운동량의 변화량

① 충격력이 일정할 때, 충돌 시간과의 관계

㉠ 골프채나 야구 방망이에 팔로스루를 길게 한다.

㉡ 대포의 포신이 길수록 포탄이 멀리까지 날아간다.

② 충격량이 일정할 때, 충돌 시간과의 관계

→ 물체에 작용하는 시간이 길수록, 힘은 작아진다.

$$F = \frac{mv - mv_0}{\Delta t}$$

㉠ 콘크리트 바닥과 방석에 각각 떨어진 유리컵

㉡ 콘크리트 벽과 짚더미에 충돌한 자동차

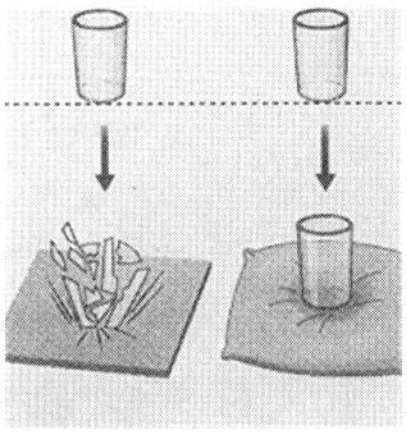

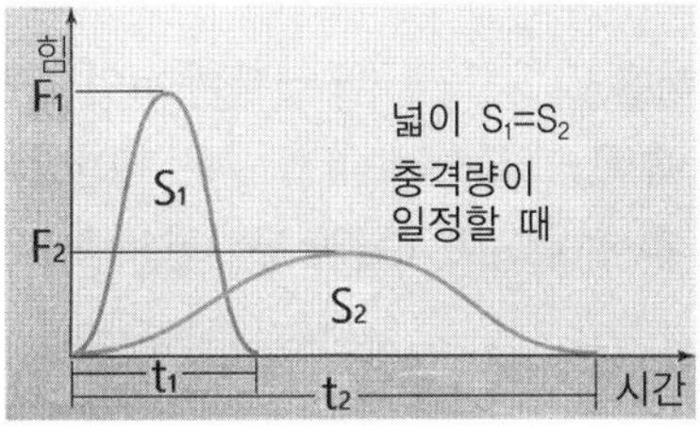

③ 충돌 시간을 길게 해주는(힘 작게 작용) 안전장치

㉠ 교통 수단 : 자동차의 에어백, 안전띠, 범퍼

㉡ 운동 경기 : 권투 선수의 보호대, 야구 선수의 글러브, 야구장의 외야 펜스

㉢ 기타 : 신발의 에어쿠션, 놀이 매트, 공기가 충전된 포장재

6 지구 시스템

1. 지구 시스템의 구성 요소

1) 지구 시스템의 구성

① 지권

㉠ 지권의 분류

· 지각 : 대륙 지각과 해양 지각

· 맨틀 : 지구 부피의 83%, 하층부는 반유동성의 액체, 맨틀의 대류로 인해 지진, 화산 활동

· 핵 : 철과 니켈이 주성분, 내핵(고체), 외핵(액체), 외핵의 대류로 인해 지구 자기장이 형성됨

㉡ 지권의 역할 : 생물체에게 물질과 서식 공간을 제공한다.

② 수권

㉠ 수권의 97.2% 해수, 약 2.8% 육수

해수 > 빙하 > 지하수 > 강, 호수 > 수증기

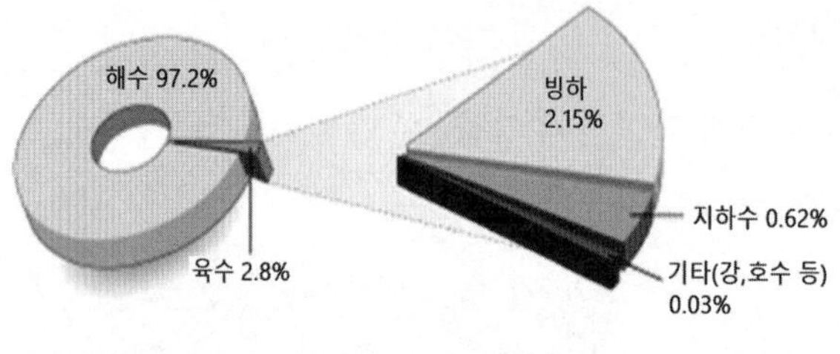

▲ 수권의 분포

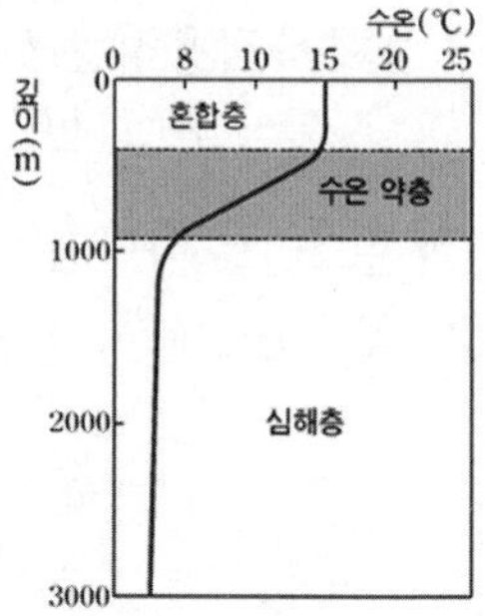

▲ 해수의 연직 구조

㉡ 해수의 깊이에 따른 수온 분포

· 혼합층 : 태양 에너지를 흡수, 수온이 높고, 바람의 혼합 작용으로 수온 일정, 바람이 강할수록 두껍게 발달

· 수온 약층 : 수심이 깊을수록 수온이 급격히 낮아지는 층, 대류(×), 안정층, 혼합층과 심해층 사이의 물질과 에너지 교환을 차단

· 심해층 : 빛이 도달하지 않아 수온이 낮고, 위도나 계절에 따른 수온 변화가 거의 없는 층

㉢ 수권의 역할 : 태양 에너지 저장, 기상 현상을 일으키고, 지구의 온도를 일정하게 유지하는 역할

③ 기권

㉠ 기권의 구분 : 높이 약 1000km, 기온 변화로 구분

· 대류권 : 지표면~높이 약 10km
  - 대기권에 분포하는 전체 공기의 약 75%가 존재
  - 높이 올라갈수록 기온 하강, 공기의 대류로 기상 현상

· 성층권 : 높이 약 10~50km
  - 높이 올라갈수록 기온 상승, 오존층 존재, 자외선 흡수
  - 대류 현상이 없어 안정층, 비행기의 항로

· 중간권 : 높이 약 50~80km
  - 높이 올라갈수록 기온 하강, 유성 관측
  - 대류 현상(○), 수증기가 없어 기상 현상(×)

· 열권 : 높이 약 80km 이상
  - 공기 매우 희박, 높이 올라갈수록 기온이 상승
  - 대기가 거의 없어 밤낮의 기온차가 크고, 오로라 현상

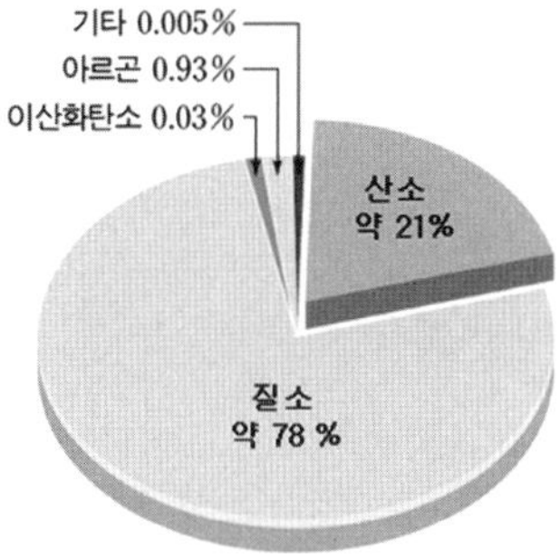

▲ 기권의 대기 조성

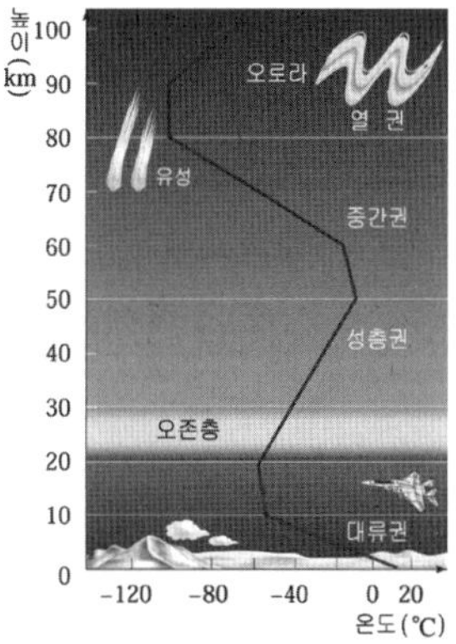

㉡ 대기권의 역할 : 온실 효과로 지구 보온, 오존층이 자외선 차단, 생물체에 CO_2와 산소를 공급

④ 생물권
  ㉠ 생명의 탄생 : 해양에서 생태계가 형성, 현재는 지권, 수권, 기권에 넓게 분포
  ㉡ 생물의 진화 : 산소 축적으로 오존층 형성, 태양의 유해 자외선이 차단, 육상 생물이 번성

⑤ 외권 : 지상 1000km 이상 기권 밖, 지구 자기장은 태양의 고에너지 입자를 차단, 지구 생물체를 보호

2) 지구 시스템 구성 요소의 상호 작용
① 지권-기권 : 황사, 화산활동으로 기체 방출
② 지권-수권 : 석회동굴, 쓰나미, 지표면 침식
③ 수권-기권 : 태풍 발생, 해류 발생, 강수 현상
④ 생물권-지권 : 식물 뿌리의 풍화, 화석연료
⑤ 생물권-기권 : 광합성으로 대기 성분 변화

2. 지구 시스템의 물질과 에너지의 순환
1) 지구 시스템의 에너지원
① 태양 복사 에너지
  ㉠ 지구 시스템의 에너지원 중 가장 많은 양 차지, 지구환경 변화에 가장 영향이 크다.
  ㉡ 기상 현상, 해류, 해수 순환, 풍화와 침식, 지형 변화, 광합성, 생명 활동의 에너지원

② 지구 내부 에너지

㉠ 지구 중심에서의 열과 암석의 방사성 원소의 붕괴열

㉡ 맨틀 대류를 일으켜 대륙 이동, 지진, 화산 활동 등 지각 변동

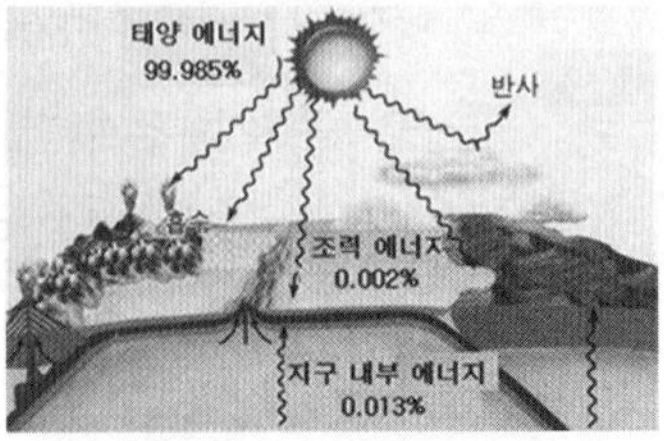

▲ 지구계의 에너지원

③ 조력 에너지

㉠ 달과 태양의 인력에 의한 에너지

㉡ 밀물과 썰물로 해안 지역의 생태계와 지형 변화

2) 지구 시스템의 물질 순환

① 물의 순환

㉠ 물의 순환을 일으키는 근본 에너지 : 태양 에너지

㉡ 물의 평형 : 대기, 해양, 육지에서 각각 방출되는 물의 양과 유입되는 물의 양은 같다. 지구 시스템 전체의 물의 양은 항상 일정

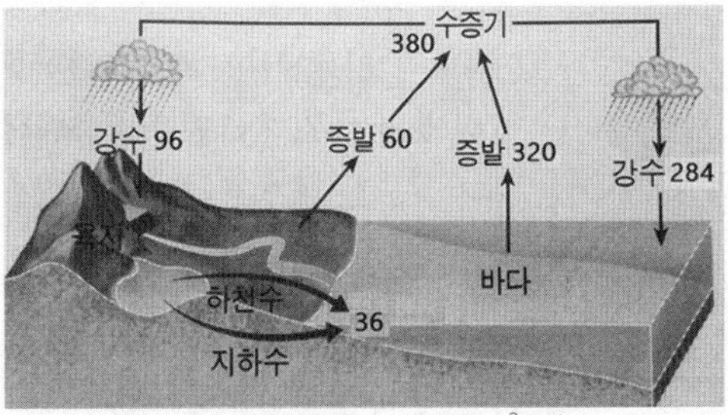

▲ 물의 순환(단위×1000km^3/년)

② 탄소의 순환

㉠ 탄소의 존재 형태

· 기권 : 이산화탄소(CO_2), 메테인(CH_4) 형태

· 수권 : 탄산 이온(CO_3^{2-}), 탄산수소 이온(HCO_3^-)

· 지권 : 암석에 탄산칼슘(석회암 : 가장 많은 양) 연료에 탄화수소의 형태

· 생물권 : 유기 화합물의 형태

㉡ 탄소의 순환 과정

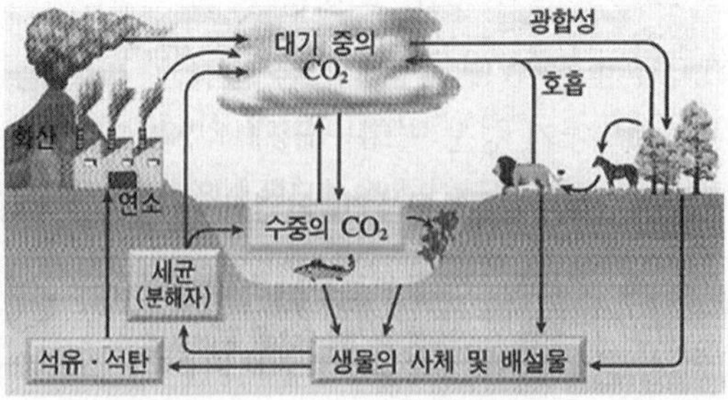

▲ 탄소의 순환

③ 질소의 순환

3. 지권의 변화

1) 지진과 화산 활동

① 지각 변동을 일으키는 에너지 : 지구 내부 에너지

㉠ 지진 : 내부의 에너지 방출로 지표면이 진동

㉡ 화산활동 : 마그마가 지표로 올라오는 현상

② 세계 3대 지진대와 화산대(변동대)

2) 지권의 변화와 판구조론

① 판구조론 : 대륙 이동설 + 맨틀대류설 + 해저 확장설

- 지구 표면의 여러 판이 맨틀 대류에 의해 이동하고 판의 경계에서 지진, 화산 활동이 일어난다는 이론

② 판의 구조

㉠ 암석권(판) : 대륙판, 해양판

㉡ 연약권 : 지하 100km ~400km, 상하부 온도차로 맨틀의 대류(판 이동의 원동력)가 일어나는 곳

③ 판의 주요 4경계

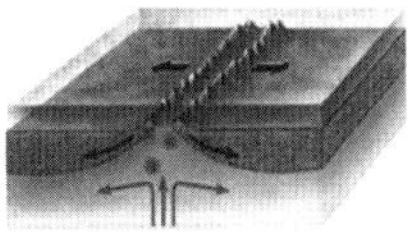

▲ 해령(발산형)

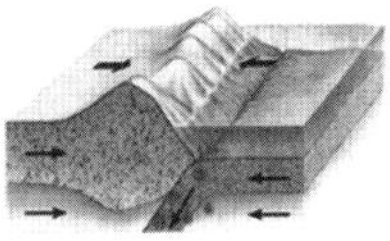

▲ 해구(수렴형)

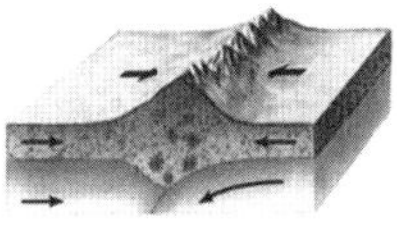

▲ 습곡산맥(수렴형)

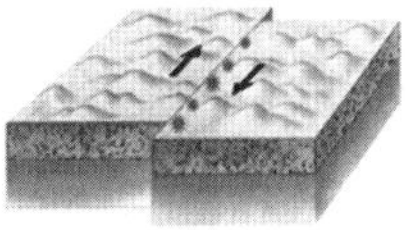

▲ 변환단층(보존형)

④ 판의 경계와 지각변동

<table>
<tr><th colspan="2">경계 종류</th><th colspan="2">상대적인 특징</th><th>형성 지형</th></tr>
<tr><td>발산형 경계</td><td>맨틀, 대류, 상승부</td><td>판과 판이 멀어지는 경계
(판 생성)</td><td>천발지진
화산활동</td><td>동태평양 해령
대서양 중앙 해령</td></tr>
<tr><td rowspan="4">수렴형 경계</td><td rowspan="4">맨틀, 대류, 하강부</td><td>판과 판이 만나는 경계</td><td></td><td></td></tr>
<tr><td>해양판-대륙판
(판 소멸)</td><td>천발, 심발지진
화산활동</td><td>일본 해구, 칠레 해구,
호상열도(일본)</td></tr>
<tr><td>해양판-해양판
(판 소멸)</td><td>천발, 심발지진
화산활동</td><td>마리아나 해구
호상열도</td></tr>
<tr><td>대륙판-대륙판
(판 충돌)</td><td>천발, 심발지진
화산활동(×)</td><td>알프스, 히말라야
대 습곡산맥</td></tr>
<tr><td>보존형 경계</td><td>-</td><td>판과 판이 어긋나는 경계
(판 생성(×), 소멸(×))</td><td>천발지진
화산활동(×)</td><td>산안드레아스 단층</td></tr>
</table>

3) 지권의 변화가 지구 시스템에 미치는 영향

① 화산 활동이 지구 시스템에 미치는 영향

㉠ 용암은 농경지, 건물 파괴, 산불, 인명 피해 발생

㉡ 화산 가스로 인해 산성비, 토양의 산성화

㉢ 화산재는 햇빛을 차단 지구 기온을 하강, 식물의 생장 저해, 항공기 운항에 차질

㉣ 이용 : 화산재는 토양을 비옥, 유효한 광물 취득, 지열 발전, 독특한 지형 및 온천은 관광 자원

② 지진이 지구 시스템에 미치는 영향

㉠ 도로, 건물, 교량 파괴, 산사태, 인명 재산 피해

㉡ 가스관 파괴, 전선의 합선, 누전, 화재 발생

㉢ 해저 지진, 해일(쓰나미) 발생, 인명 재산 피해

7 생명 시스템

1. 생명 시스템의 기본 단위

1) 생명 시스템과 세포

① 세포 : 생명 시스템을 구성하는 구조적, 기능적 단위

② 생명 시스템의 구성 단계

㉠ 세포 : 생명 시스템의 구조적, 기능적 단위

㉡ 조직 : 모양과 기능이 비슷한 세포들의 모임

㉢ 기관 : 여러 조직이 모여 고유한 형태와 기능을 유지

㉣ 개체 : 여러 기관이 모여 독립적인 생명 활동을 하는 생명체

③ 동물과 식물의 구성 단계

㉠ 동물 : 세포 → 조직 → 기관 → 기관계 → 개체

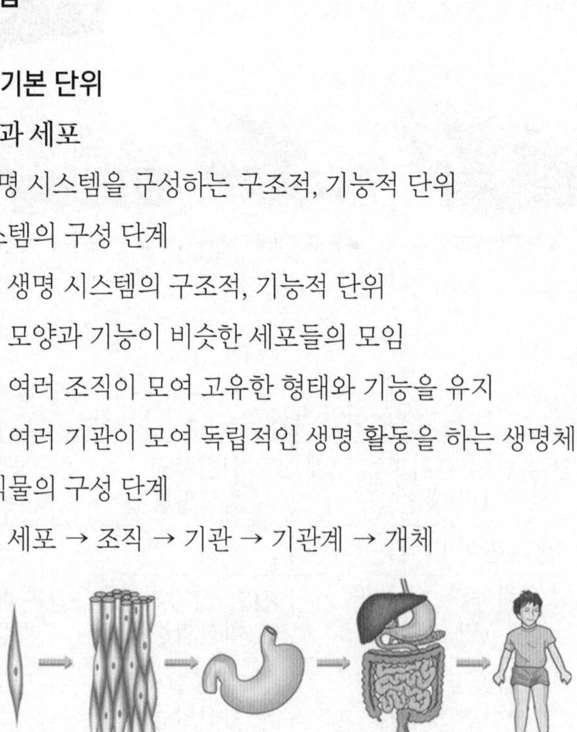

㉡ 식물 : 세포 → 조직 → 조직계 → 기관 → 개체

2) 세포의 구조와 기능

① 세포의 구조

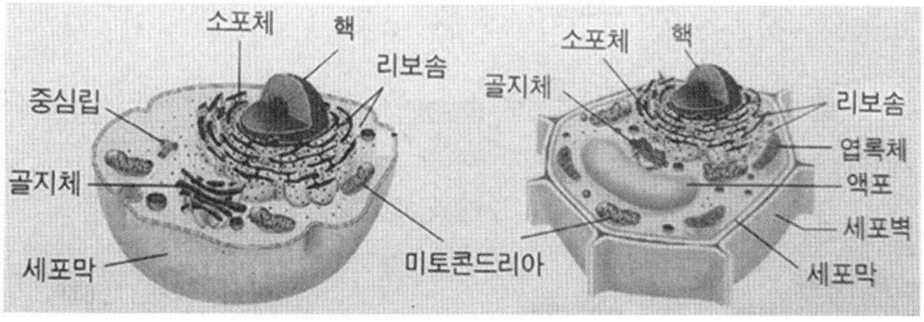

▲ 동물 세포　　　　▲ 식물 세포

② 세포의 기능

소기관	기능
핵	DNA가 유전 정보를 저장, 세포의 생명활동을 조절
리보솜	DNA의 유전 정보에 따라 단백질을 합성
소포체	리보솜에서 합성한 단백질을 골지체나 다른 곳으로 운반하는 물질의 이동 통로
골지체	소포체에서 전달받은 단백질을 막으로 싸서 세포 밖으로 분비
세포막	세포를 둘러싸는 막, 세포 안팎으로 물질의 출입을 조절
엽록체	광합성을 통해 빛에너지를 흡수하여 포도당을 합성
미토콘드리아	세포 호흡이 일어나는 장소
세포벽	식물 세포에서 세포막 바깥을 둘러싸며, 세포의 모양 유지 및 세포를 보호

3) 세포막의 기능

① 세포막의 구조

㉠ 주성분 : 인지질, 단백질

㉡ 구조 : 인지질 2중층에 단백질이 관통하는 구조

㉢ 특징 : 인지질의 친수성인 머리 부분이 물이 많은 세포의 안쪽과 바깥쪽을 향하고, 소수성인 꼬리 부분이 서로 마주보며 2중층을 이룬다.

② 세포막을 통한 물질의 출입 : 선택적 투과성

㉠ 확산 : 세포막을 경계로 농도 높은 쪽 → 낮은 쪽 분자 이동

· 인지질 2중층을 통한 확산 : 분자 크기가 작은 O_2, CO_2, 지용성 물질

예 폐포와 모세 혈관 사이 기체 교환

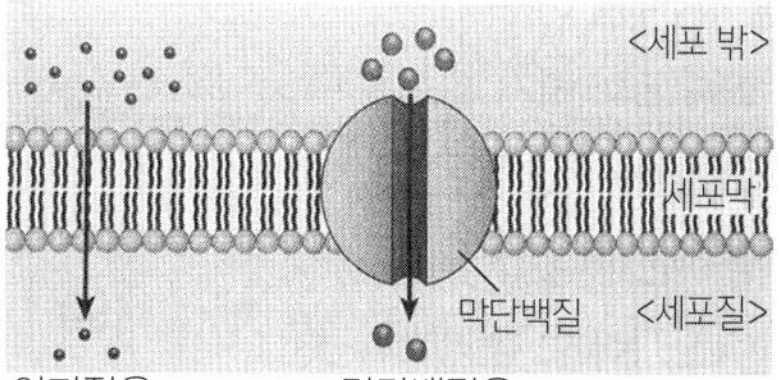

인지질을 통한 확산　　막단백질을 통한 확산

· 막 단백질을 통한 확산 : 전하를 띠는 이온, 분자 크기가 큰 포도당, 아미노산, 수용성 물질 예 혈액 속의 포도당이 조직 세포로 확산

㉡ 삼투 : 세포막을 경계로 농도가 낮은 쪽 → 높은 쪽 물 이동

· 콩팥의 세뇨관에서 모세혈관으로 물의 재흡수

· 식물의 토양에서 뿌리털을 통한 물의 흡수

· 삼투에 의한 적혈구의 모양 변화

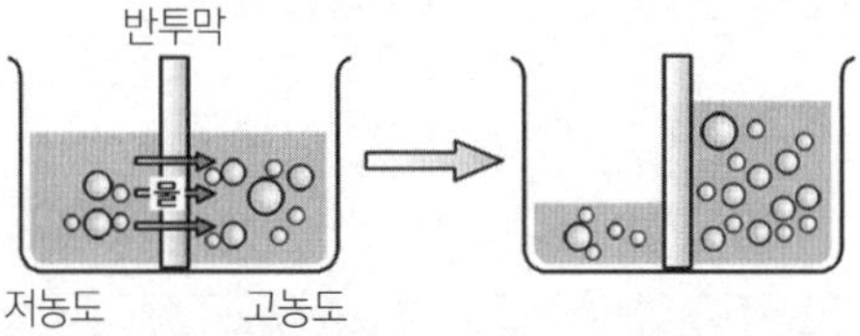

2. 물질대사와 생체 촉매(효소)

1) 물질대사와 반응

① 물질대사

㉠ 생명 활동을 위한 생물체 내에서의 모든 화학 반응

㉡ 동화 작용과 이화 작용이 있으며, 에너지가 출입

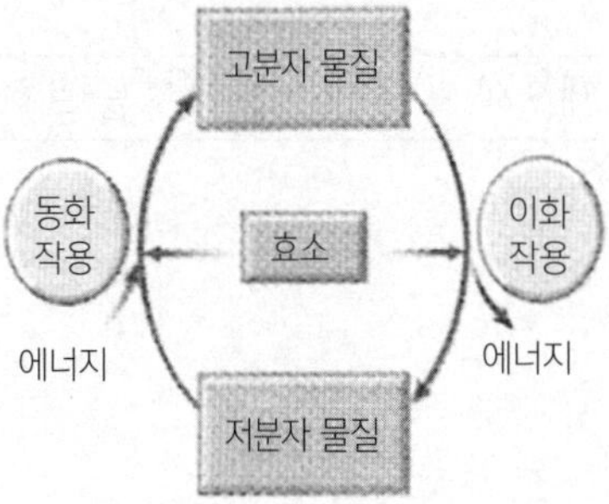

▲ 동화 작용과 이화 작용

동화 작용	이화 작용
물질의 합성 반응	물질의 분해 반응
저분자 → 고분자	고분자 → 저분자
흡열, 효소 관여	발열, 효소 관여
광합성, 단백질 합성	세포 호흡, 소화

$$CO_2 + H_2O \underset{\text{세포 호흡, 열E}}{\overset{\text{광합성, 빛E}}{\rightleftarrows}} C_6H_{12}O_6 + O_2$$

② 광합성

㉠ 엽록체에서 무기물로부터 유기물(포도당) 합성

㉡ 빛에너지를 화학 에너지로 저장, 흡열 반응

㉢ 대기 중의 CO_2를 흡수(온난화 방지), O_2를 방출

③ 세포 호흡

㉠ 미토콘드리아에서 포도당을 산화, 에너지 생성

㉡ 생성된 에너지는 체온유지에 사용, 일부는 ATP에 저장, 생명활동에 이용

㉢ 대기 중의 O_2를 흡수, CO_2를 방출

④ 물질대사 중 세포 호흡과 연소의 비교

구분	세포 호흡	연소
반응 온도	체온 범위(37℃)	고온(400℃ 이상)
반응 단계	반응이 여러 단계에 걸쳐 진행	반응이 한 번에 진행
에너지 출입	에너지 방출 (열에너지)	에너지 방출 (열, 빛에너지)
촉매여부	효소가 관여함	관여하지 않음

2) 생체 촉매(효소)의 작용

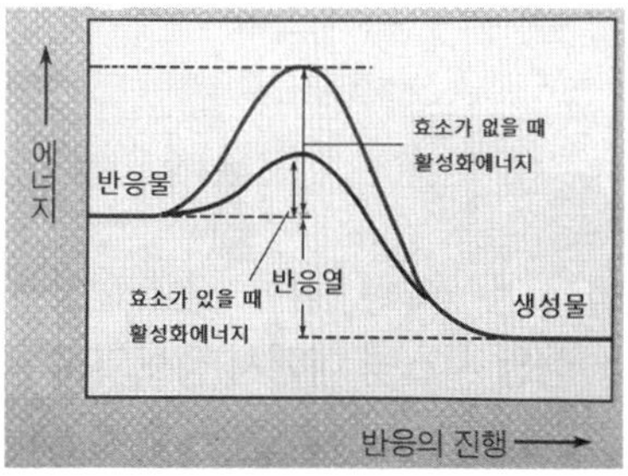

① 생체 촉매(효소) : 생체 내에서 물질대사를 촉진

② 효소의 기능

㉠ 주성분 : 단백질

㉡ 활성화 에너지를 감소시켜, 반응 속도를 증가

③ 효소의 특성과 작용 원리

㉠ 기질 특이성 : 입체 구조가 맞는 반응물(기질)에만 작용

예 아밀레이스는 녹말은 분해, 단백질, 지방은 분해(×)

㉡ 효소는 변하지 않으므로 반복하여 재사용 가능

㉢ 효소는 단백질로 고온에서 변성, pH에도 영향

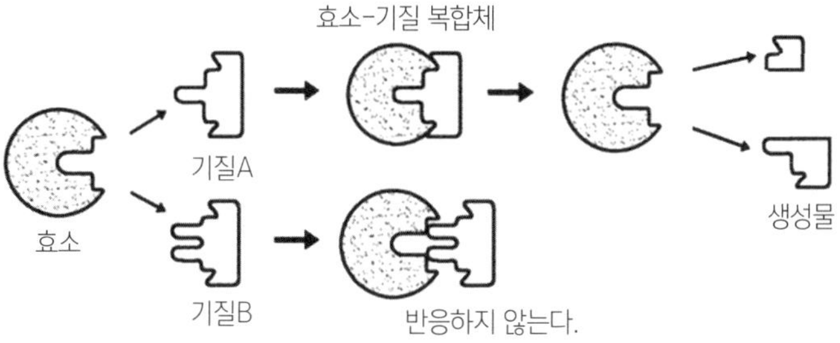

④ 우리 몸에서 작용하는 효소

㉠ 음식물 속의 영양소를 분해하는 소화 효소

㉡ 상처가 났을 때의 혈액 응고 효소

㉢ 근육, 뼈 등 몸의 구성 성분 합성에 도움

⑤ 효소의 이용

구분	사용 예
일상 생활	식혜 : 엿기름에 들어있는 아밀레이스 효소 이용 발효식품 : 빵, 김치, 된장, 치즈 등 연육제 : 배나 키위 속의 단백질 분해 효소 이용 생활용품 : 효소를 이용한 세제, 치약, 화장품
의약 분야	의약품 : 소화 효소를 이용한 소화제 혈전 용해 효소를 이용한 혈전 용해제 의료기기 : 포도당 산화 효소를 이용한 요 검사지 포도당 산화 효소를 이용한 혈당 측정기

3. 생명 시스템 내에서 정보의 흐름

1) 염색체와 DNA

① 염색체

㉠ 염색체 : 염색사가 응축, 염색체를 형성

㉡ 염색체의 종류

· 상동염색체 : 체세포에 모양과 크기가 같은 2개의 염색체

· 상염색체 : 남여 공통으로 갖는 성과 관계없는 염색체

· 성염색체 : 성을 결정하는 염색체(여자 XX, 남자 XY)

· 사람의 체세포의 염색체 수 : 46개
  생식 세포의 염색체 수 : 23개

② DNA와 유전자

㉠ DNA : 생물의 형질을 결정, 유전 정보를 가진 유전자 본체

㉡ 유전자 : 유전 정보가 저장된 DNA의 특정 부분

㉢ 각 유전자 : 단백질 합성에 관한 유전 정보 저장

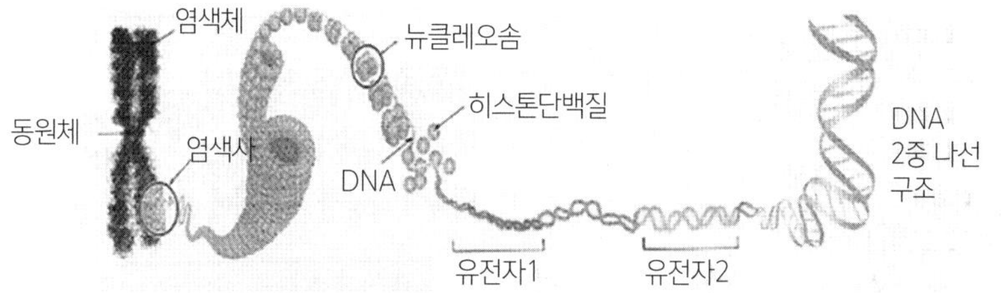

2) DNA의 구성

① DNA

㉠ DNA의 구성 : 뉴클레오타이드 (인산, 당, 염기 = 1 : 1 : 1)

㉡ DNA 염기 : A, G, C, T

㉢ 상보적 결합 : (A=T), (G≡C)와 결합

㉣ DNA의 구조 : 두 가닥의 폴리 뉴클레오타이드가 꼬여 → 2중 나선구조 형성

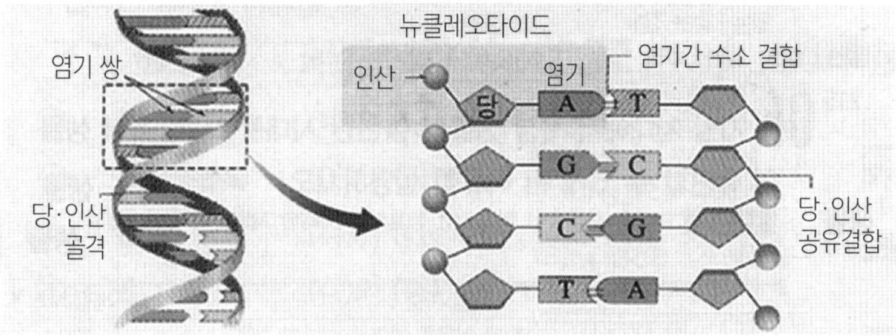

▲ DNA의 구조

3) 유전정보의 흐름

① 유전정보의 저장 : DNA에는 특정 단백질 합성을 위한 아미노산의 배열을 결정하는 유전 정보가 존재

② DNA의 유전암호

㉠ DNA 염기 3개가 하나의 아미노산을 지정

㉡ 트리플렛코드 : DNA염기 3개의 조합

③ 생명 중심 원리

㉠ 유전 정보의 발현과정

$$DNA \xrightarrow{\text{전사}} RNA \xrightarrow{\text{번역}} \text{단백질 합성}$$

㉡ 전사 : DNA의 유전 정보가 핵 속의 RNA로 전달 → RNA염기에는 T가 없어, U로 전사

㉢ 번역 : RNA의 정보에 따라 리보솜에서 아미노산들이 결합되어 최종 단백질이 합성되는 과정

㉣ 코돈(codon) : RNA염기 3개의 조합

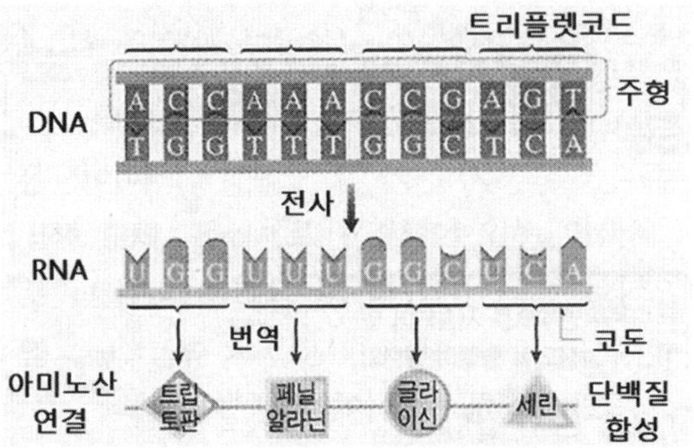

▲ DNA 유전 정보 전달과 단백질 합성

④ 돌연변이

- 유전자의 본체인 DNA염기 서열에 문제 발생시, 비정상적인 단백질이 합성된다.

  예 겸형(낫 모양) 적혈구, 알비노증 등

8 산화와 환원

1. 지구와 생명의 역사를 바꾼 화학 반응

1) 산소의 이동에 의한 산화 환원 반응 정의

① 산화 : 물질이 산소를 얻는 반응

② 환원 : 물질이 산소를 잃는 반응

③ 산화 환원 반응의 동시성

$$2CuO + C \longrightarrow 2Cu + CO_2$$

(산화: $C \rightarrow CO_2$, 환원: $2CuO \rightarrow 2Cu$)

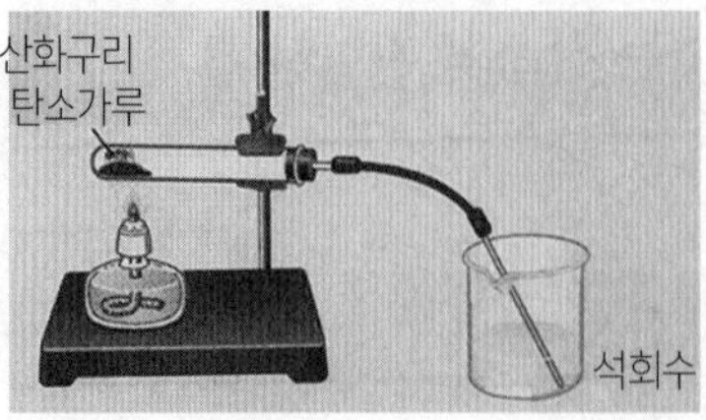

▲ 산화구리의 환원

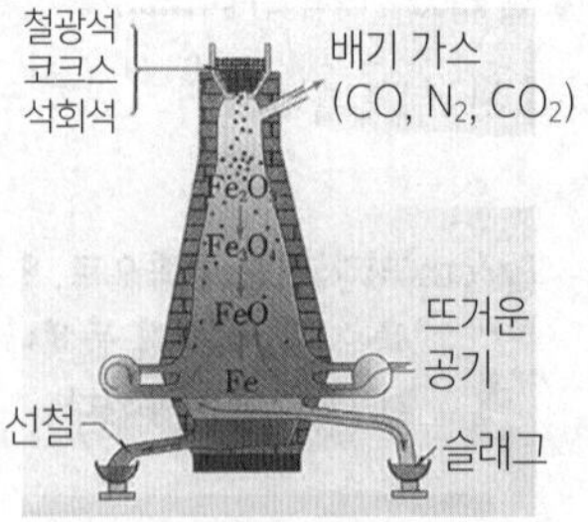

▲ 철의 제련

2) 산소의 이동에 의한 산화 환원 반응의 종류

① 광합성

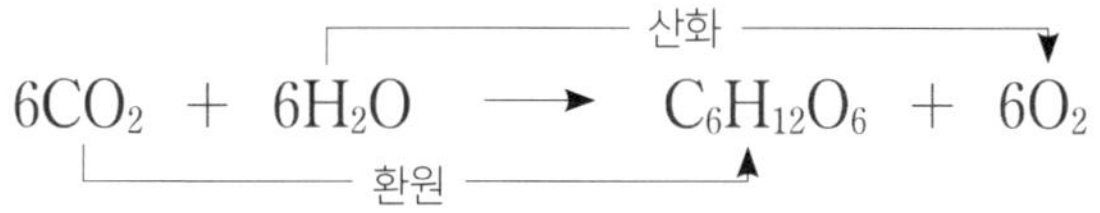

② 세포호흡

③ 화석 연료의 연소 : 주성분 C, H

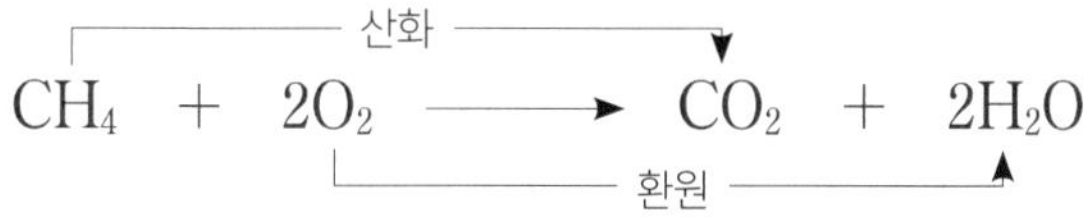

④ 철의 제련

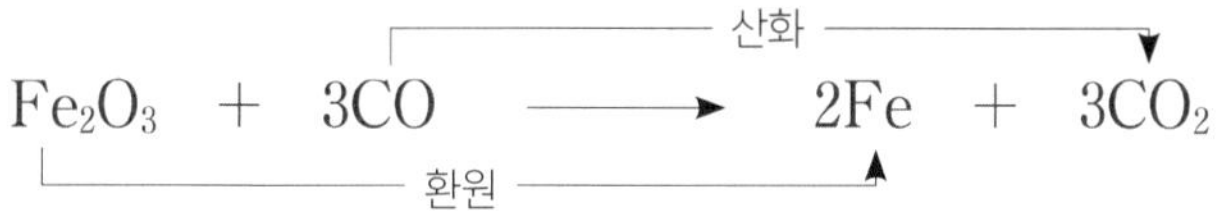

⑤ 철의 부식 방지 : 페인트칠, 기름칠

3) 전자의 이동에 의한 산화 환원 반응 정의

① 산화 : 전자를 잃는 반응

② 환원 : 전자를 얻는 반응

③ 산화 환원 반응의 동시성

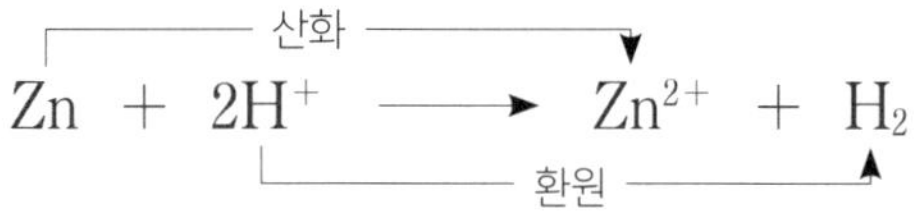

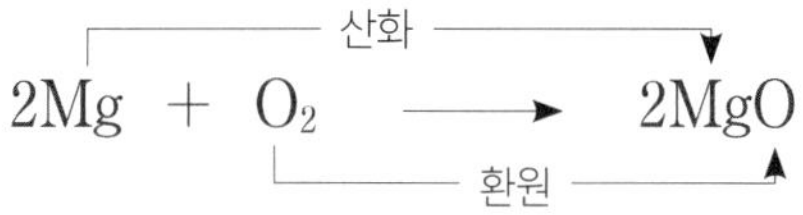

4) 전자의 이동에 의한 산화 환원 반응의 종류

① 금속과 묽은 염산(HCl)의 반응

$$\underbrace{Zn \rightarrow Zn^{2+}}_{\text{산화}} \qquad Zn + 2H^+ \longrightarrow Zn^{2+} + H_2 \qquad \underbrace{2H^+ \rightarrow H_2}_{\text{환원}}$$

② 금속과 금속 염 수용액의 반응

㉠ 구리(Cu)와 질산은($AgNO_3$) 수용액의 반응

$$\underbrace{Cu \rightarrow Cu^{2+}}_{\text{산화}} \qquad Cu + 2Ag^+ \longrightarrow Cu^{2+} + 2Ag \qquad \underbrace{2Ag^+ \rightarrow 2Ag}_{\text{환원}}$$

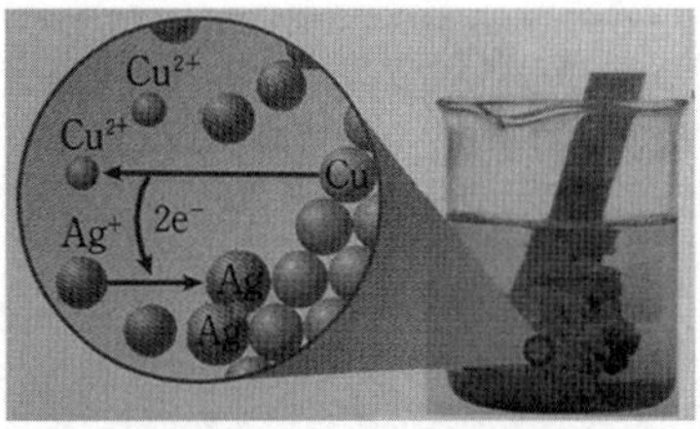

▲ 구리선과 질산은 수용액의 반응

㉡ 아연(Zn)과 황산구리($CuSO_4$) 수용액의 반응

$$\underbrace{Zn \rightarrow Zn^{2+}}_{\text{산화}} \qquad Zn + Cu^{2+} \longrightarrow Zn^{2+} + Cu \qquad \underbrace{Cu^{2+} \rightarrow Cu}_{\text{환원}}$$

③ 우리 주변의 기타 산화 환원 반응 : 종이의 변색, 과일의 갈변, 음식의 부패, 포도당의 발효, 정수장의 소독, 상처에 바르는 과산화수소수, 김치의 발효, 반딧불이의 불빛, 머리의 염색, 섬유의 표백 등

9 산과 염기

1. 산과 염기

1) 산의 성질

① 산 : 물에 녹아, 수소 이온(H^+)을 내어 놓는 물질

② 산의 이온화

산	이온화	이온화도
HCl	→ H^+ + Cl^-	0.92
H_2SO_4	→ $2H^+$ + SO_4^{2-}	0.52
H_2CO_3	→ $2H^+$ + CO_3^{2-}	0.0017
	공통성 특이성	

③ 산의 공통 성질(산성) : 수소 이온(H^+)이 공통

㉠ 수용액은 신맛

㉡ 수용액은 전류를 흐르게 하는 전해질이다.

㉢ 금속과 반응하여 수소(H_2) 기체를 발생시킨다.

$$Mg + 2HCl \rightarrow MgCl_2 + H_2$$

㉣ 달걀(조개) 껍데기, 석회석, 대리석의 탄산칼슘($CaCO_3$)과 반응하여 이산화탄소를 발생시킨다.

$$CaCO_3 + 2HCl \rightarrow CaCl_2 + CO_2 + H_2O$$

㉤ 지시약을 변색시킨다.

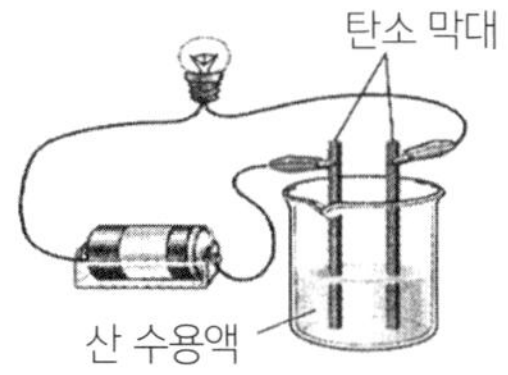

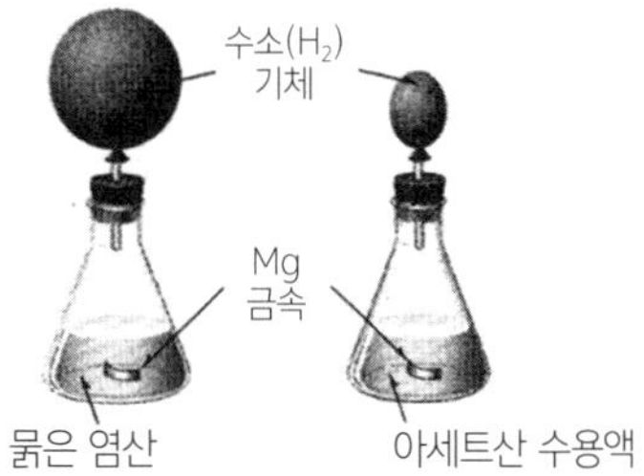

④ 우리 주변의 산성 물질

산성 물질	과일(레몬)	식초	탄산 음료	김치, 유산균 음료	진통제
포함된 산	시트르산	아세트산	탄산	젖산	아세틸살리실산

⑤ 산의 특이성 : 음이온이 서로 다르기 때문

2) 염기의 성질

① 염기 : 물에 녹아, 수산화 이온(OH^-)을 내어 놓는 물질

② 염기의 이온화

염기		이온화			이온화도
$NaOH$	→	Na^+	+	OH^-	0.91
KOH	→	K^+	+	OH^-	0.91
NH_4OH	→	NH_4^+	+	OH^-	0.013
		특이성		공통성	

③ 염기의 공통적 성질(염기성) : 수산화 이온(OH^-)이 공통

㉠ 수용액은 쓴맛

㉡ 수용액은 전류를 흐르게 하는 전해질이다.

㉢ 금속이나 탄산칼슘과 반응하지 않는다.

㉣ 단백질을 녹이므로 손에 묻으면 미끈거린다.

㉤ 지시약을 변색시킨다.

④ 우리 주변의 염기성 물질

염기성 물질	비누, 하수구세정제, 유리세정제	베이킹소다	제산제	치약
포함된 염기	수산화나트륨	탄산수소나트륨	수산화마그네슘	탄산나트륨

⑤ 염기의 특이성 : 양이온이 서로 다르기 때문

2. 산과 염기의 구별

1) 지시약 : 수용액의 액성을 판단할 때 사용

지시약	산성	중성	염기성
리트머스 종이	붉은색	-	푸른색
메틸오렌지 용액	붉은색	주황색	노란색
페놀프탈레인 용액	무색	무색	붉은색
BTB 용액	노란색	녹색	푸른색

2) 천연 지시약

3) pH : 수용액에 들어있는 H^+ 농도를 수치로 나타낸 값

· pH < 7 : 산성 · pH = 7 : 중성 · pH > 7 : 염기성

3. 중화 반응

1) **중화 반응** : 산 + 염기 → 염 + 물 + 열

2) **중화 반응식** : 산의 H^+와 염기의 OH^-가 1 : 1 로 반응

예 $HCl + NaOH \rightarrow NaCl + H_2O$

알짜 반응식 : $H^+ + OH^- \rightarrow H_2O$

① 혼합 용액의 액성 파악하기(중화점 찾기)

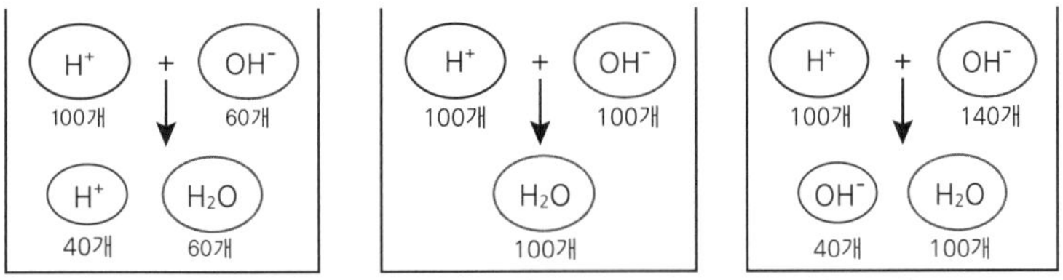

산성 : $H^+ > OH^-$ 중성 : $H^+ = OH^-$ 염기성 : $H^+ < OH^-$

② 중화열 : 완전 중화되었을 때(중화점)가 가장 많은 열

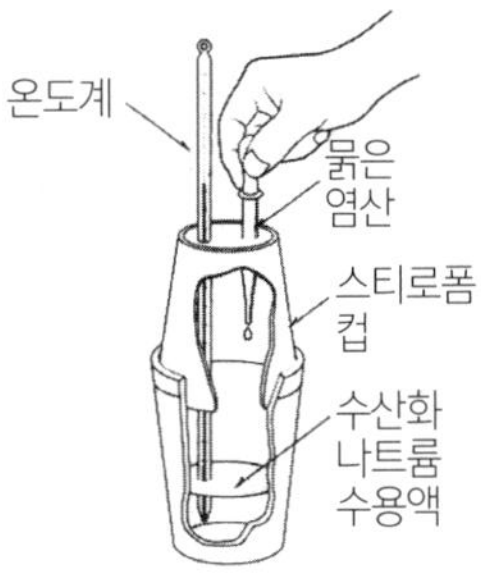

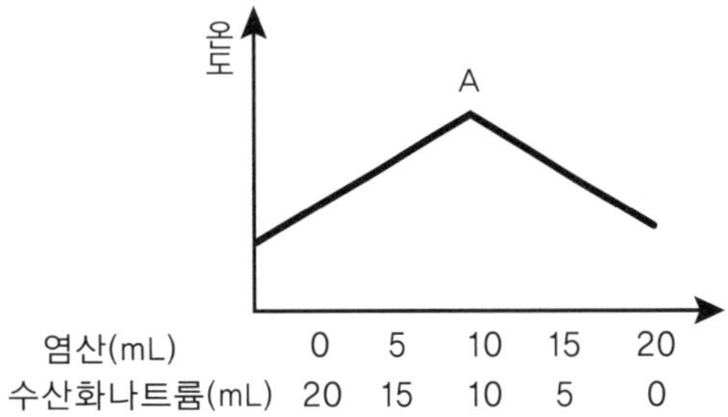

③ 중화 반응의 이용

㉠ 벌에 쏘였을 때 암모니아수(NH_4OH)를 바른다.

㉡ 위산(pH=2) 과다에 제산제를 복용한다.

㉢ 산성 토양의 중화에 석회 가루를 뿌린다.

㉣ 생선 비린내 제거에 레몬즙을 뿌린다.

㉤ 공장의 이산화황 가스를 산화칼슘으로 중화시킨다.

㉥ 비누로 머리 감았을 때, 식초 한 두 방울 탄물로 헹군다.

㉦ 신 김치에 베이킹소다를 넣어 중화시킨다.

㉧ 식사 후에 입안의 산성 물질을 치약으로 양치질한다.

10 지질 시대와 진화

1. 화석과 지질시대

1) 화석

① 화석 : 지질 시대에 살았던 생물의 유해나 흔적

㉠ 화석의 예 : 생물의 발자국, 뼈, 알, 기어간 흔적 등

㉡ 화석의 발견 : 셰일, 석회암, 사암 등과 같은 퇴적암

㉢ 생성 조건 : 단단한 뼈나 껍데기, 개체수가 많고, 빨리 묻히고, 지각 변동을 적게 받아야 화석으로 남기 쉽다.

② 화석의 구분

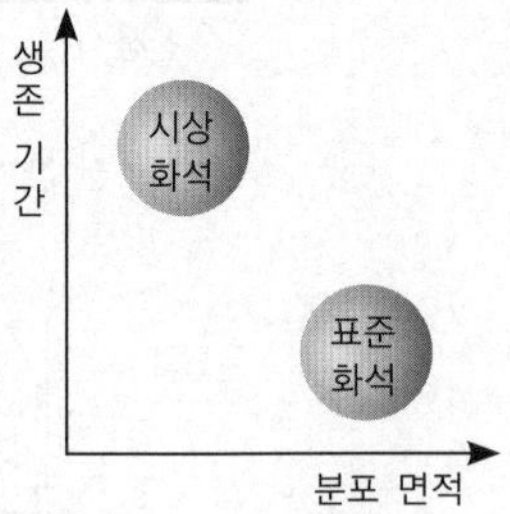

㉠ 표준화석 : 넓은 범위, 짧은 기간 생존한 생물 화석, 지질 시대 구분에 이용

예 삼엽충(고), 공룡(중), 매머드(신)

㉡ 시상화석 : 좁은 범위, 긴 기간 생존한 생물 화석, 당시의 환경을 제공

예 고사리, 산호, 조개 등

2) 화석으로 알 수 있는 것

① 지층 생성 시대와 당시의 환경 ② 지층의 대비 ③ 과거의 수륙 분포 ④ 대륙의 이동

⑤ 지층의 융기 ⑥ 생물 진화 과정

2. 지질시대의 환경과 생물

1) 지질시대의 구분

① 지질시대 : 지구가 탄생한 46억 년 전부터 현재까지 → 생물계의 변화를 기준으로 구분

② 지질시대의 생물

㉠ 선캄브리아대 : 46억 년~5억4천만 년

- 바다에서 최초로 단세포 생물, 원시 해조류 등
- 광합성을 하는 남세균 출현으로 산소량 증가, 화석은 남세균이 쌓여 형성된 스트로마톨라이트

㉡ 고생대 : 5억4천만 년~2억5천만 년

- 대기에 오존층의 형성으로 육상 생물이 출현
- 선캄브리아대에 비해 생물종이 급격히 증가
- 바다 : 삼엽충, 갑주어, 필석 번성
- 육지 : 양치식물(고사리) 번성
- 말기에 판게아, 화산 분출, 빙하기, 생물 대량 멸종

㉢ 중생대 : 2억5천만 년~6천5백만 년

- 바다 : 암모나이트
- 육지 : 공룡(파충류), 시조새 번성
- 식물 : 겉씨식물(은행)이 번성
- 말기에 운석 충돌, 암모나이트와 공룡 대량 멸종

㉣ 신생대 : 6천5백만 년~1만 년 전

- 바다 : 화폐석
- 육지 : 매머드(포유류) 번성
- 식물 : 속씨식물이 번성
- 말기에 인류의 조상 출현

2) 대멸종과 생물 다양성

① 5번의 대멸종

㉠ 3차 대멸종(고생대 말) : 판게아, 빙하기

㉡ 5차 대멸종(중생대 말) : 운석 충돌

② 대멸종과 생물 다양성 : 대멸종에서 살아남은 생물은 다양한 종으로 분화, 진화하여 생물 다양성이 증가

11 생물 다양성과 유지

1. 생물의 진화

1) 진화와 변이

① 진화 : 생물이 오랜 시간 환경에 적응, 변화하는 현상

② 변이 : 같은 종의 개체에서의 습성, 형태 등 형질의 차이

㉠ 완두의 모양, 달팽이, 무당벌레의 무늬 차이

㉡ 형질을 결정하는 대립 유전자의 차이 때문

㉢ 여러 세대에 걸쳐 변이가 전달되고 쌓여 진화, 변이는 진화를 일으키는 원동력

③ 유전적 변이의 원인

원인	돌연변이	유성생식
개념	유전 물질(DNA)에 변화가 일어나 부모에 없던 형질이 자손에 나타나는 현상	암수의 생식세포 수정으로 다양한 형질의 자손이 만들어짐
예	붉은 분꽃(RR)의 무리에서 돌연변이가 발생, 흰 분꽃(WW)이 나타났다.	붉은 분꽃(RR)과 흰 분꽃(WW) 사이에서 분홍 꽃(RW)이 나타났다.

2) 다윈의 진화론

① 자연 선택(다윈)에 의한 기린의 진화

기린의 목이 길어지게 된 진화 과정	
변이	기린 집단 내에는 목 길이가 다양한 개체들이 존재
생존경쟁	한정된 먹이, 서식 공간을 두고 생존 경쟁
자연선택	지상의 먹이가 고갈되자 좀 더 높은 곳의 먹이를 먹을 수 있는 목이 긴 개체가 살아남아 목이 긴 형질을 자손에게 전달하였다.
진화	여러 세대가 지나면서 반복되어 긴 목을 갖는 기린으로 진화하였다.

② 자연 선택에 의한 핀치 새의 진화

크고 단단한 씨앗을 맺는 나무의 섬에서 핀치의 진화 과정	
변이	부리 모양이 다양한 핀치 무리가 살고 있었다.
생존경쟁	크고 단단한 씨앗에 대한 먹이 경쟁이 일어났다.
자연선택	크고 단단한 씨앗을 잘 깨뜨릴 수 있는, 크고 두꺼운 부리를 가진 개체가 살아남아 형질을 자손에게 물려주었다.
진화	여러 세대가 지나면서 반복되어 오늘날 큰부리땅핀치로 진화하였다.

③ 자연 선택에 의한 낫모양 적혈구의 진화 : 말라리아가 발생하는 아프리카 일부 지역 사람이 자연 선택됨

④ 자연 선택에 의한 항생제 내성 세균의 진화 : 변이 발생으로 항생제 내성 세균이 자연 선택됨

3) 다양한 생물의 출현과 생명체의 출현 가설

① 다양한 생물체의 출현 : 지구 환경 변화는 자연 선택에 영향, 다양한 생물 종 형성

② 지구 생명체의 출현 가설

㉠ 생명체의 출현 과정

무기물 → 간단한 유기물 → 복잡한 유기물 → 원시 세포 → 원시 생명체 → 진화

㉡ 3가지 생명체 출현 가설

· 화학 진화설 : 원시 대기에서 화학 반응에 의해 무기물로부터 간단한 유기물인 아미노산이 합성, 생명체 탄생이 시작되었다는 가설이다.

· 심해 열수구설 : 심해 열수구에서 화학 반응이 일어나 유기물이 생성되면서 생명체가 탄생했다는 가설이다.

· 외계 유입설 : 우주에서 만들어진 유기물(아미노산)이 운석을 통해 지구로 운반되어 시작되었다는 가설이다.

2. 생물 다양성

1) 생물 다양성 : 생태계에 존재하는 생물의 다양한 정도를 의미

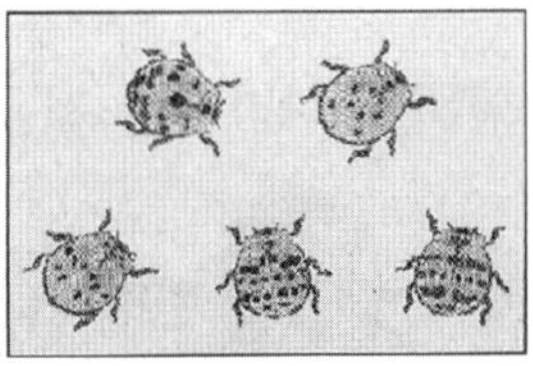

▲ 유전적 다양성

▲ 종 다양성

▲ 생태계 다양성

① 유전적 다양성 : 같은 생물종이라도 형질을 결정하는 유전자의 다양한 정도를 말한다.

㉠ 터키 달팽이는 개체마다 껍데기의 무늬가 다양하다.

㉡ 채프먼얼룩말은 개체마다 털 줄무늬가 다양하다.

㉢ 유전적 다양성의 중요성 : 유전적 다양성이 높은 집단은 개체들의 형질이 다양, 환경 변화에 대한 적응력이 높아 멸종할 확률이 낮다.

예 현재 바나나는 '캐번디시'라는 단일 품종

② 종 다양성 : 어느 지역의 생물종이 얼마나 많이, 고르게 분포하며 서식하는가를 말한다.

㉠ 종 다양성의 중요성 : 종 다양성이 높은 생태계는 먹이 사슬이 복잡, 따라서 어느 한 종이 멸종되어도 생태계가 안정적으로 유지된다.

▲ 위험한 생태계

▲ 안정된 생태계

③ 생태계 다양성 : 어느 지역의 생태계(산림, 초원, 하천 등)의 다양한 정도를 말한다.

㉠ 생태계 다양성의 중요성 : 생태계 다양성이 높은 지역에는 다양한 환경 조건이 존재, 따라서 서로 다른 환경에 적응, 다양한 종의 진화가 가능, 그 결과 유전적 다양성과 종 다양성이 높아진다.

④ 생물 자원의 이용

㉠ 식량

㉡ 의복

㉢ 의약품 : 버드나무(아스피린), 푸른 곰팡이(페니실린), 주목나무(택솔)

㉣ 유전자 자원

㉤ 관광 자원

2) 생물 다양성의 감소 원인과 보전

① 생물 다양성의 감소 원인

㉠ 서식지 파괴, ㉡ 서식지 단편화, ㉢ 불법 포획과 남획, ㉣ 외래종 도입, ㉤ 환경 오염

② 생물 다양성의 보전 방안

㉠ 사회적 : 에너지 절약, 자원 재활용, 친환경 저탄소 제품의 사용

㉡ 국가적 : 서식지 보전, 단편화된 서식지 연결(생태 통로), 멸종 위기 종의 보전, 국립공원 지정, 종자 은행을 통한 복원사업

㉢ 국제적 : 각종 협약 체결(생물 다양성 협약, 람사르, 런던 협약 등)

12 생태계와 환경

1. 생태계의 구성과 환경

1) 생태계의 구성

① 생태계 : 생물과 환경이 상호 작용하며 유지되는 체계

㉠ 개체 : 독립된 하나의 생명체

㉡ 개체군 : 동일한 종의 개체들로 이루어진 집단

㉢ 군집 : 여러 개체군이 서로 관계를 맺고 살아가는 집단

▲ 생태계

② 생태계 구성 요인

㉠ 생물적 요인 : 생산자, 소비자, 분해자 등 모든 생물

· 생산자 : 빛 에너지를 이용하여 유기물 합성

예 녹색식물, 해조류, 식물성 플랑크톤

· 소비자 : 다른 생물을 먹이로 섭취 양분을 얻음

예 초식 동물(1차 소비자),
육식 동물(2, 3차 소비자)

· 분해자 : 생물의 사체나 배설물을 분해

예 세균, 버섯, 곰팡이

㉡ 비생물적 요인(환경 요인) : 빛, 토양, 물, 공기, 온도 등

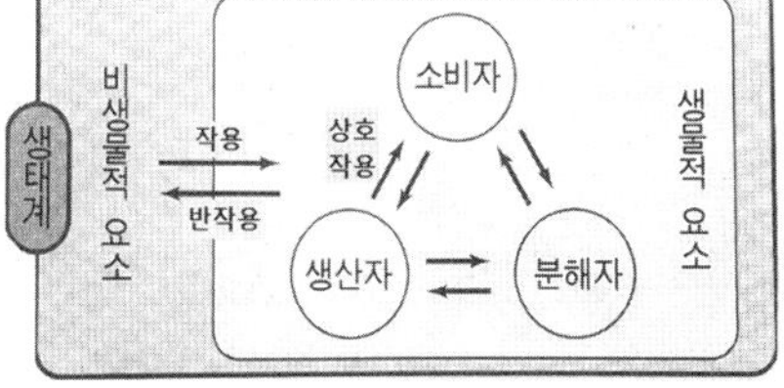

▲ 생태계 구성 요소 간의 관계

③ 생태계 구성 요소 간의 관계

㉠ 작용 : 비생물 요소가 생물 요소에 영향을 주는 것

· 기온이 낮아지면 은행잎이 노래진다.

㉡ 반작용 : 생물 요소가 비생물 요소에 영향을 주는 것

· 지렁이가 토양의 통기성을 높인다.

㉢ 상호 작용 : 생물과 생물 사이에 영향을 주고받는 것

· 개구리의 수가 증가하면 메뚜기 수가 감소한다.

2) 생물과 환경의 상호 작용

① 빛과 생물

㉠ 빛 세기 : 강한 빛을 받는 잎은 울타리 조직 발달, 잎이 두껍고 좁은 반면, 약한 빛을 받는 잎은 얇고 넓다.

㉡ 빛 파장 : 물의 깊이에 따라 빛 파장이 다르게 도달

· 얕은 곳 : 적색광을 이용하는 녹조류가 분포

· 깊은 곳 : 청색광을 이용하는 홍조류가 분포

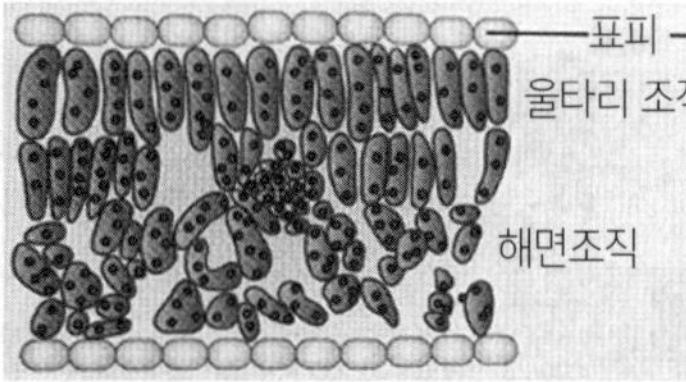

▲ 강한 빛을 받은 잎

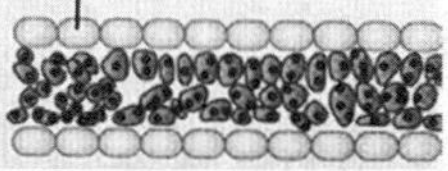
▲ 약한 빛을 받은 잎

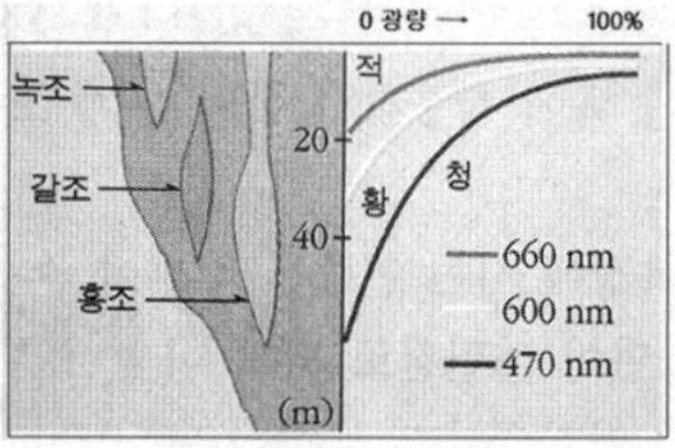

▲ 해조류의 수직 분포

㉢ 일조시간 : 동물의 생식과 식물의 개화에 영향

· 꾀꼬리와 종달새는 일조시간이 길어지는 봄에 번식한다.

· 코스모스는 일조시간이 짧아지는 가을에 꽃이 핀다.

② 온도와 생물

㉠ 동물의 적응

· 개구리 같은 변온 동물(양서류, 파충류)은 물질대사가 원활하지 않아 겨울잠을 잔다.

· 곰과 같은 일부 정온 동물은 먹이가 부족한 겨울에 에너지 소모를 줄이려고 겨울잠을 잔다.

· 포유류는 서식지에 따라 몸집의 크기와 귀와 같은 몸 말단부의 크기가 다르다.

북극여우(한대) 붉은여우(온대) 사막여우(열대)

㉡ 식물의 적응

· 툰드라에 사는 털송이풀은 잎이나 꽃에 털이 있어 체온이 낮아지는 것을 막는다.

· 낙엽수는 추위를 견디기 위해 단풍이 들고 잎을 떨군다.

③ 물과 생물

㉠ 동물의 적응

· 곤충은 표면이 키틴질, 파충류는 비늘, 수분 손실을 막는다.

· 조류와 파충류의 알은 단단한 껍질, 수분 손실을 막는다.

㉡ 식물의 적응

· 육상 식물은 수생 식물과 달리 뿌리, 줄기가 발달되었다.

· 건조 지역의 식물은 저수 조직이 발달, 잎이 가시로 변해 수분 증발을 막는다.

④ 토양과 생물

㉠ 토양 속 미생물은 사체나 배설물을 분해, 다른 생물에게 양분을 제공하거나 자연으로 돌려보낸다.

㉡ 식충 식물은 토양에 부족한 질소를 얻기 위해 곤충을 잡는다.

⑤ 공기와 생물

㉠ 연꽃은 호흡을 돕기 위해 줄기에 공기가 흐르는 조직이 있다.

㉡ 산소 호흡 세균은 공기가 많은 토양에, 무산소 호흡 세균은 공기가 적은 토양에 서식한다.

2. 생태계 평형

1) 생태계 평형의 유지

① 생태계 평형 : 생태계를 구성하는 생물의 종류, 개체수, 물질의 양, 에너지의 흐름이 안정된 생태계

② 먹이 사슬에 의한 생태계 평형의 유지

㉠ 생태계 평형이 유지되려면 생물 군집이 유지되어야 한다.

㉡ 생물 군집의 유지와 생존에는 에너지가 필요하다.

생산자의 광합성 → 유기물 → 영양 단계로 전달 → 태양 에너지가 지속적으로 공급되어야 한다.

③ 생태 피라미드

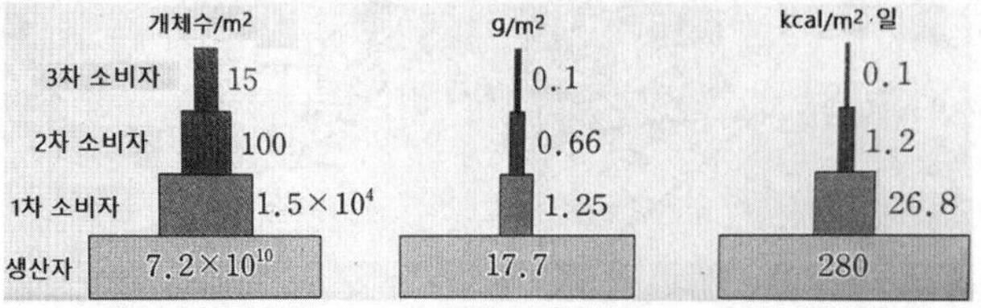

▲ 개체수 피라미드 ▲ 생체량 피라미드 ▲ 에너지양 피라미드

④ 생태계 평형의 일시적 깨짐 → 회복

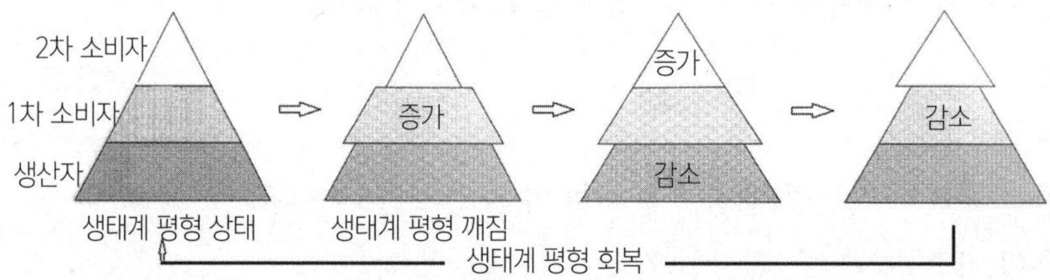

2) 환경 변화와 생태계

① 생태계 평형을 깨뜨리는 환경 변화 요인

㉠ 자연재해 : 홍수, 산사태, 지진, 화산 폭발, 산불 등

㉡ 인간의 활동 : 인구 증가, 도시화로 인한 무분별한 벌목, 개발, 대기오염(산성비, 온난화), 수질오염(적조, 녹조, 중금속 오염) 등

② 생태계 보전을 위한 노력

㉠ 멸종 위기에 처한 생물을 천연 기념물로 지정

㉡ 건설 등으로 단절된 서식지를 생태 통로로 연결

㉢ 훼손된 하천을 생태 하천 복원 사업으로 회복

㉣ 생물 다양성이 풍부한 곳을 국립공원으로 지정

㉤ 도시의 열섬 현상을 완화하기 위해 옥상정원 설치, 도시 중심부에 숲 조성

㉥ 무분별한 개발을 규제, 환경 관련 법률 제정

13 지구 환경 변화

1. 기후 변화와 온난화

1) 기후 변화

① 기후 : 어떤 지역의 장시간의 대기의 평균 상태

② 과거의 기후 조사 방법

㉠ 빙하 코어 연구 ($^{18}O/^{16}O$) 조사

㉡ 나무의 나이테 연구

㉢ 화석 연구 : 과거 생물의 화석

㉣ 지층의 퇴적물 연구 : 퇴적물 속의 꽃가루 및 미생물

③ 기후 변화의 원인

㉠ 외적 요인 : 태양 활동의 변화, 자전축 기울기의 변화, 자전축 경사 방향의 변화, 지구 공전 궤도 모양의 변화 등

㉡ 내적 요인 : 화산 분출에 의한 대기 투과율 변화, 수륙 분포에 따른 해류의 변화, 빙하의 면적, 산림 파괴, 댐 건설 등에 따른 지표면의 반사율 변화, 인간 활동에 의한 대기 중 이산화탄소 농도의 변화(온난화) 등

2) 온실 효과와 지구 온난화

① 온실 효과 : 지구 대기가 지구 복사의 일부를 흡수하였다가 지표로 재복사, 기온을 상승시키는 효과

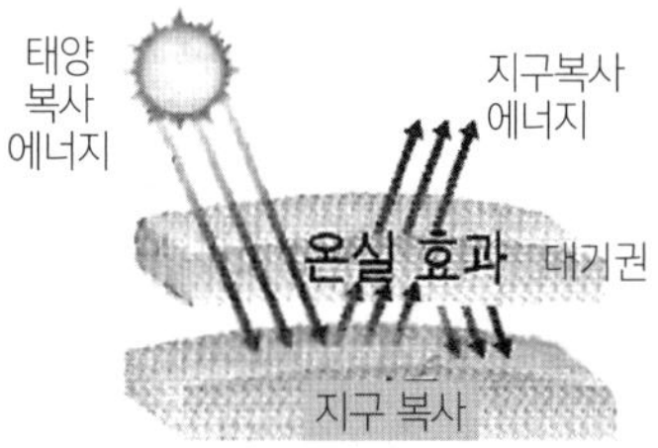

㉠ 온실 기체 : 이산화탄소, 메테인, 수증기, 오존 등

㉡ 온실 효과에 가장 큰 영향을 주는 기체 : 이산화탄소(CO_2)

② 지구 온난화 : 대기에 온실 기체의 양 증가로 온실 효과가 증대되는 현상

㉠ 가장 큰 원인 : 화석 연료 사용에 따른 CO_2 증가

㉡ 온난화의 영향 : 빙하의 융해, 해수면 상승, 저지대 침수, 육지 면적 감소, 강수량 식생 분포 변화, 사막 증가, 이상 기후, 생태계 변화, 생물 다양성 감소, 질병의 증가

㉢ 온난화 방지 대책 : 화석 연료 사용 억제, 신·재생 에너지 개발, CO_2 처리 방법 연구, 에너지 절약, 저탄소 녹색성장 정책, 산림 보호 및 산림 면적 확대, 국가 간 협력, 유엔기후변화협약(UNFCCC)

㉣ 한반도의 온난화 : 동식물의 서식지 변화, 봄꽃 개화 시기 변화, 계절 길이 변화 등

3) 대기와 해수의 순환

① 지구의 복사 평형

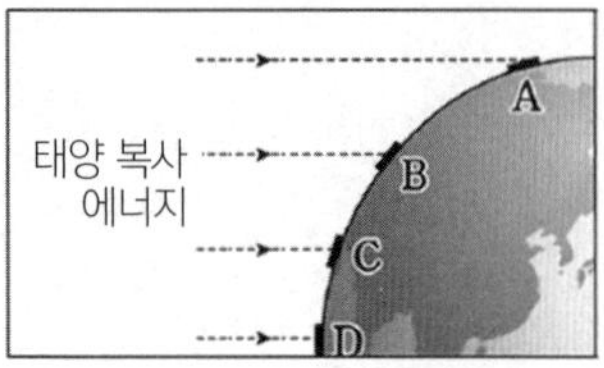

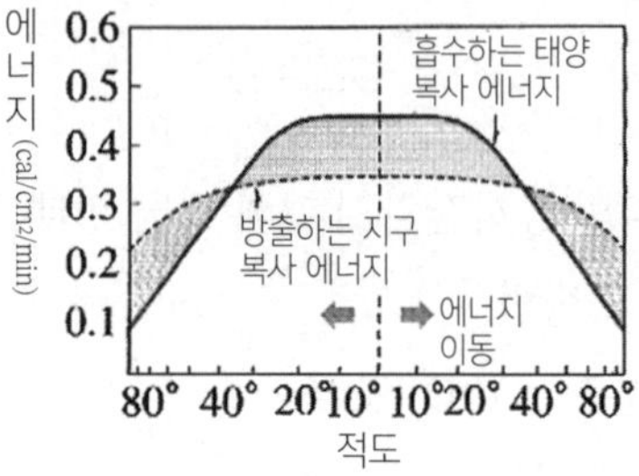

② 위도별 에너지 불균형

위도	복사 에너지양	에너지 상태
저위도	태양 복사 E > 지구 복사 E	과잉
고위도	태양 복사 E < 지구 복사 E	부족

※ 대기와 해수 : 저위도의 남는 에너지를 고위도로 운반,
전체적으로 복사평형이 유지되고 있다.

③ 대기 대순환

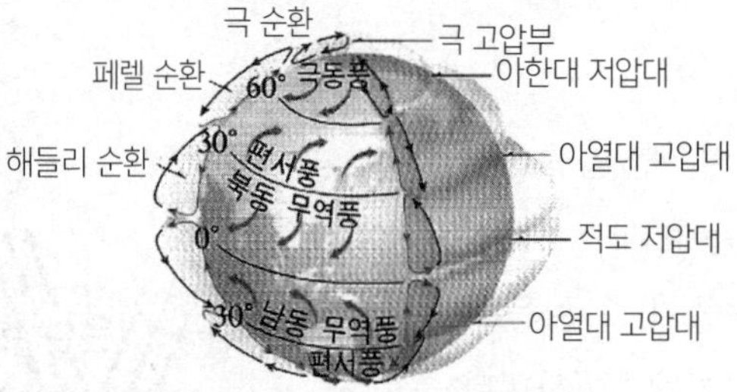

④ 해수의 순환

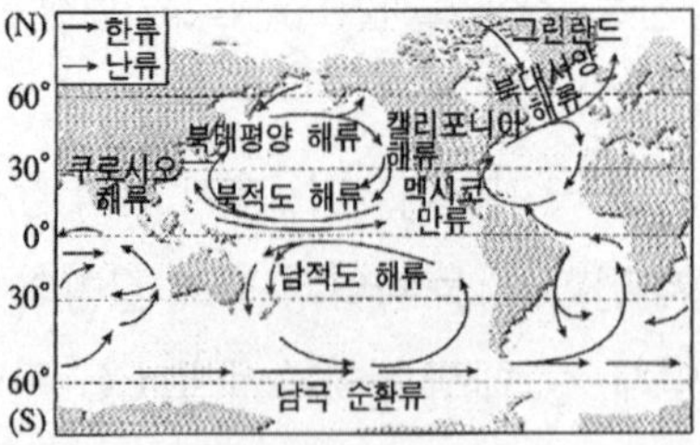

구분	이동 방향	종류	수온	염분	산소
난류	저위도 → 고위도	쿠로시오 해류	높다	높다	적다
한류	고위도 → 저위도	캘리포니아 해류	낮다	낮다	많다

4) 엘니뇨와 라니냐

구분	평상시	엘니뇨 발생시	라니냐 발생시
상태		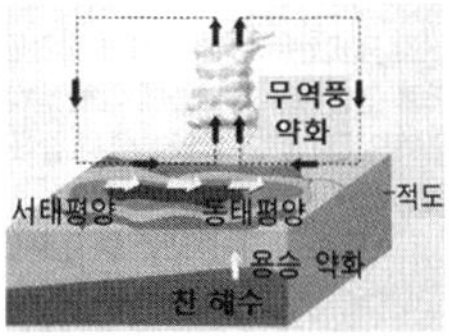	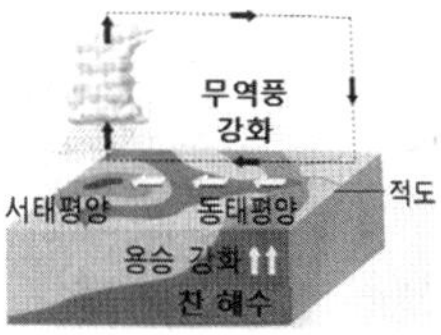
무역풍	정상	약함	강함
서태평양	표층 수온 높아 상승기류 발달, 강수량 증가	표층 수온 낮아 상승기류 약화, 가뭄 발생	표층 수온 매우 상승, 홍수, 폭우 발생
동태평양	찬 해수의 용승, 좋은 어장 형성	찬 해수의 용승 감소, 어획량 감소, 홍수 발생	찬 해수의 용승 강화, 냉해 피해, 가뭄 발생

5) **사막화** : 기후 변동, 인간 활동으로 사막(30° 위도)이 넓어지고 증가하는 현상

① 원인

㉠ 자연적 원인 : 지구 온난화에 따른 대기 대순환 변화로 강수량이 감소할 때

㉡ 인위적인 원인 : 과잉 경작, 과잉 방목, 무분별한 산림 벌채, 화전, 지구 온난화 등

② 피해와 대책

㉠ 피해 : 황사 증가, 작물 수확량 감소, 식량 부족 등

㉡ 대책 : 산림 면적 증대, 산림 벌채 최소화, 과잉 방목 줄이기, 토양 비옥화 추진 등

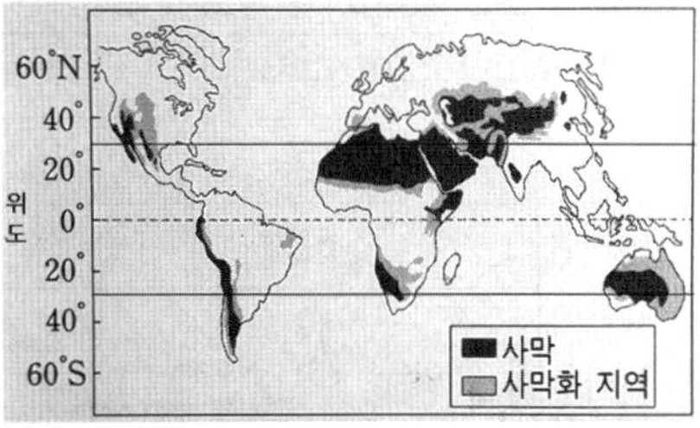

14 에너지의 효율적 이용

1. 에너지 전환과 보존

1) 여러 가지 형태의 에너지

① 에너지의 종류

㉠ 퍼텐셜 에너지 : 높은 곳에 있는 물체가 가지는 에너지

㉡ 운동 에너지 : 운동하는 물체가 가지는 에너지

㉢ 역학적 에너지 = 퍼텐셜 에너지 + 운동 에너지 = **일정**

② 에너지의 전환

전 등	전기 E → 빛 E
전동기	전기 E → 역학적(운동) E
라디오	전기 E → 소리 E
전열기	전기 E → 열 E
TV	전기 E → 빛 E, 소리 E
발전기	역학적(운동) E → 전기 E
태양전지	빛 E → 전기 E
건전지	화학 E → 전기 E
광합성	빛 E → 화학 E
자동차	화학 E → 역학적(운동) E
반딧불이	화학 E → 빛 E
연소	화학 E → 열 E

③ 휴대 전화의 에너지 전환

배터리 충전	전기 E → 화학 E
배터리 사용	화학 E → 전기 E
화면(손전등)	전기 E → 빛 E
진동	전기 E → 역학적(운동) E
스피커	전기 E → 소리 E
발열	전기 E → 열 E

2) 에너지 보존의 법칙과 에너지 절약

① 에너지 보존의 법칙 : 한 에너지가 다른 형태의 에너지로 전환되더라도 에너지는 새로 생기거나 없어지지 않으며, 그 총량은 항상 일정하게 유지된다는 법칙이다.

② 에너지 절약의 이유(에너지의 방향성)

- 유용한 에너지는 최종적으로 다시 사용하기 어려운 열에너지 형태로 전환되므로 에너지를 절약, 효율적으로 사용해야 한다.

2. 에너지의 효율적 이용

1) 열기관과 에너지 효율

① 열기관 : 열에너지를 일(운동 에너지)로 전환하는 장치

㉠ 내연 기관 : 자동차 엔진, 로켓 기관, 제트 엔진

㉡ 외연 기관 : 증기 기관, 증기 터빈

② 에너지 효율

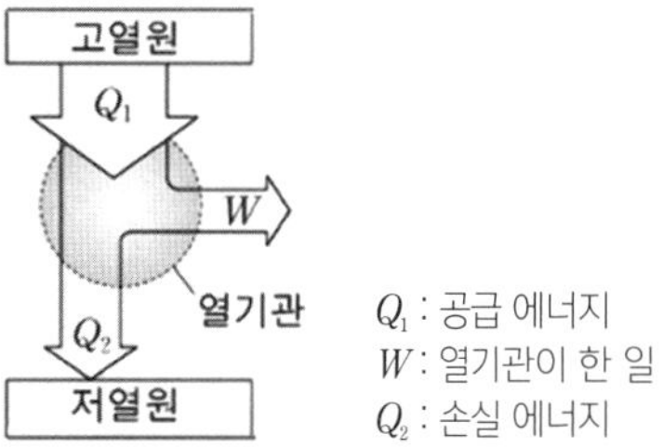

㉠ 에너지효율 $= \frac{W}{Q_1} \times 100 = \frac{Q_1 - Q_2}{Q_1} \times 100$

㉡ W가 클수록, Q_2가 적을수록 좋은 열기관이다.

㉢ $Q_2 = 0$인 열기관은 만들 수 없다.

※ 제1종 영구기관 : 외부로부터 에너지 공급 없이도 계속 일을 할 수 있는 기관

※ 제2종 영구기관 : 열효율이 100%인 영구기관

③ 에너지 효율을 높이기 위한 방법

㉠ 전구, 형광등을 LED로, 주택에는 단열재, 이중창

㉡ 하이브리드 자동차 사용

㉢ 에너지 제로 하우스 : 외부에서 에너지 공급을 받지 않고도 생활할 수 있는 에너지 자립 건물

㉣ 에너지 소비 효율이 높은 1등급의 제품을 사용한다.

15 전기 에너지의 생산과 수송

1. 전기 에너지의 생산

1) 전자기 유도와 발전

① 전자기 유도(패러데이)

㉠ 전자기 유도 : 코일과 자석 사이의 상대적인 운동, 코일에 전류가 유도되는 현상

㉡ 전류의 세기 : 센 자석, 코일 많이 감고, 자석을 빠르게 운동 → 전류의 세기 증가

㉢ 전류가 발생하지 않는 경우 : 정지

㉣ 전류의 방향(렌츠의 법칙)

㉤ 이용 : 발전기, 변압기, 금속 탐지기, 도난 방지기, 발광 킥보드 바퀴

② 발전기

㉠ 원리 : 자석 사이에서 코일을 회전시켜 전자기 유도로 전류가 유도된다.

(역학적E → 전기E)

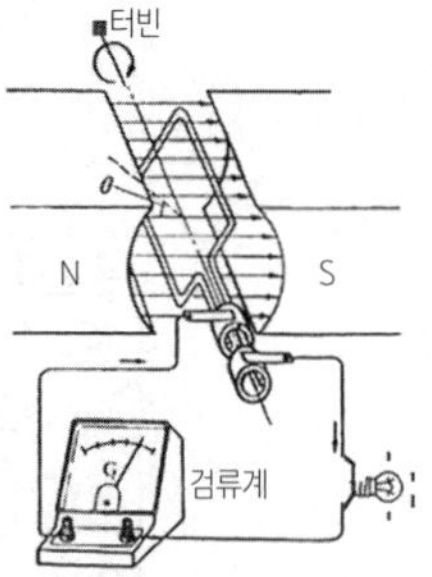

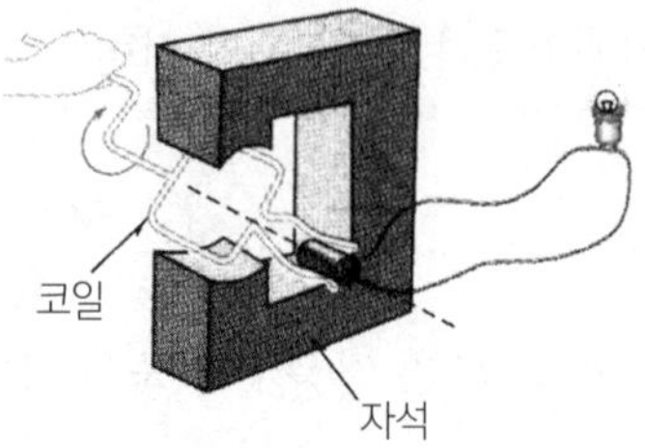

2) 여러 가지 발전 방식

발전 형태	에너지원	에너지 전환
수력발전	물의 퍼텐셜 E	퍼텐셜E → 터빈의 역학적E → 전기E
화력발전	석탄, 석유의 화학 E	화학E → 열E → 터빈의 역학적E → 전기E
핵발전	우라늄의 핵E	핵E → 열E → 터빈의 역학적E → 전기E

2. 전기 에너지 수송

1) 전력 수송 과정

① 송전 : 송전선의 전류와 송전선의 저항 때문에 전력의 일부가 손실, 따라서 고전압으로 송전한다.

② 전력 손실

㉠ 송전선에서 1초 동안에 손실되는 전력(열에너지)

$$P = VI = I^2R \ (I: \text{송전선 전류}, R: \text{송전선 저항})$$

㉡ 송전선에서 전력 손실을 줄이는 방법

송전선의 전류(I)를 작게	송전선의 저항(R)을 작게
동일전력 공급시 전압 → n 배 전류 → $\frac{1}{n}$ 배 전력 손실 → $\frac{1}{n^2}$ 배	전기 저항이 작은 금속, 송전선을 굵게 해야 하지만, 제작비가 증가하고 송전탑 간격을 좁게 건설해야하는 어려움이 있다.
따라서 전력 손실을 줄이려면, 송전 전압을 높인다.	

2) 변압기(변전소)

① 변압기 : 전자기 유도를 이용, 전압을 변화시키는 장치

㉠ 에너지 손실이 없다면, 입력 전력과 출력 전력은 에너지 보존 법칙에 의해 같다.

$P = V_1 \cdot I_1 = V_2 \cdot I_2$

㉡ 변압기의 전압은 코일의 감은 수에 비례하고, 전류는 감은 수에 반비례한다.

예 1차 코일의 감은 수, 전압 : N_1, V_1

2차 코일의 감은 수, 전압 : N_2, V_2

$$\frac{N_1}{N_2} = \frac{V_1}{V_2} = \frac{I_2}{I_1}$$

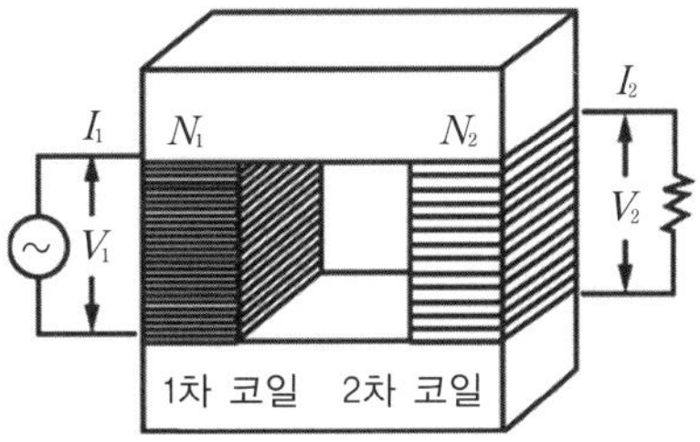

② 효율적이고 안전한 전력 수송

㉠ 고전압 송전 : 손실 전력을 줄일 수 있다.

㉡ 거미줄 송전망 : 거미줄 송전 전력망 구축, 선로에 이상이 발생할 경우 그 부분을 차단, 우회 송전

㉢ 근거리 송전 : 전력 수송 거리를 줄여 송전선의 저항으로 인한 손실 전력을 줄인다.

㉣ 지능형 전력망(스마트그리드) : 수요량과 공급량의 정보를 실시간으로 파악하여 제공한다.

③ 안전한 전력 수송

㉠ 고압 차단 스위치

㉡ 전선 지중화

㉢ 안전장치 설치

㉣ 로봇의 이용

㉤ 애자 사용

㉥ 초고압 직류 송전

16 발전과 신재생 에너지

1. 태양 에너지의 생성

1) 수소 핵융합 반응

① 태양 중심부에서 수소 핵융합반응으로 에너지 생성

② 질량 에너지 등가 원리 : 에너지와 질량은 동등하다.

4H → He + E (에너지)

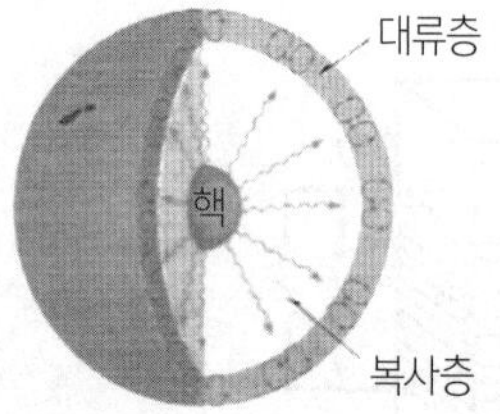

2) 태양 에너지의 전환

① 생명체의 에너지원 ② 화석 연료로 저장

③ 기상 현상의 원인 ④ 태양전지의 이용

2. 발전과 지구 환경

1) 화석 연료와 에너지 문제

① 화석 연료 : 과거에 살던 생물체로부터 생성된 에너지

예 석탄, 석유, 천연가스 등

② 화석 연료 사용의 문제점

㉠ 매장량이 한정되어 언젠가는 고갈될 에너지

㉡ 이산화탄소 생성, 지구 온난화, 대기 오염의 원인

㉢ 매장 편중, 가격과 공급 간에 국가 간 갈등 초래

2) 핵발전과 신재생 에너지

① 핵발전(원자력 발전)

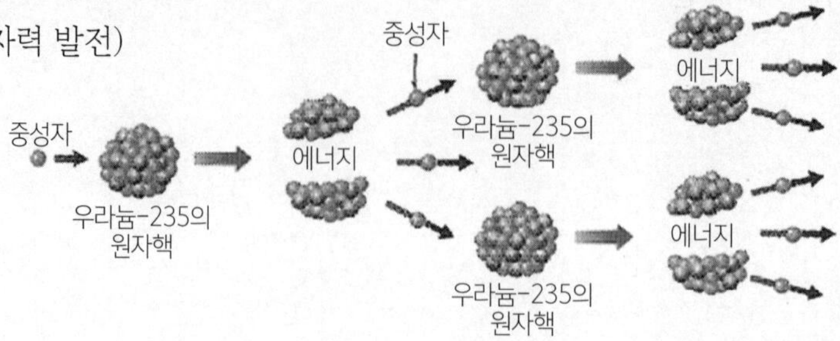

㉠ 우라늄 1g은 석탄 3톤, 석유 약 2000L에너지에 해당

㉡ 장점

· 이산화탄소를 배출(×), 화력 발전을 대체할 수 있다.

· 연료비 저렴, 에너지 효율 높아 대용량 발전이 가능

㉢ 단점 : 자원의 매장에 한계, 방사능 유출 사고 위험, 방사성 폐기물의 처리 문제

② 신재생 에너지

㉠ 신에너지 : 기존에 사용하지 않았던 새로운 에너지

예 연료전지, 수소 에너지

㉡ 재생에너지 : 계속해서 사용할 수 있는 에너지

예 태양열, 태양광, 풍력, 수력, 해양, 지열, 바이오 등

3) 신재생 에너지를 이용한 발전

① 태양광 발전

㉠ 태양의 빛 에너지를 직접 전기 에너지로 전환, n형과 P형 반도체를 붙여서 만든다.

㉡ 장점 : 자원 고갈의 염려가 없고, 유지 보수가 간편

㉢ 단점 : 계절과 일조량의 영향, 발전 시간이 제한적, 설치 공간이 넓고, 설치비용이 많이 든다.

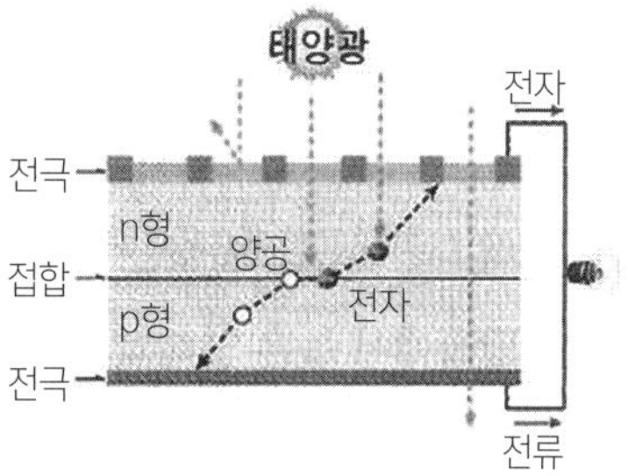

▲ 태양 전지

② 태양열 발전 → 태양의 열에너지를 집열판으로 흡수, 물을 끓여 증기 힘으로 발전을 한다.

③ 풍력 발전

㉠ 바람의 운동 에너지를 이용

㉡ 날개의 회전수가 저속이더라도 내부의 기어에 의해 발전기는 고속으로 회전한다.

㉢ 장점 : 환경 문제, 자원 고갈 없고, 설치가 간단

㉣ 단점 : 발전량을 정확히 예측하기 어렵다.

▲ 풍력 발전

④ 조력 발전

㉠ 밀물과 썰물 때 해수면의 높이 차를 이용

㉡ 조석 간만의 차가 큰 서해가 최적지

㉢ 장점 : 날씨, 계절에 관계없이 발전

㉣ 단점 : 건설비가 많이 들고 장소가 제한적, 해양 생태계에 혼란을 줄 수 있다.

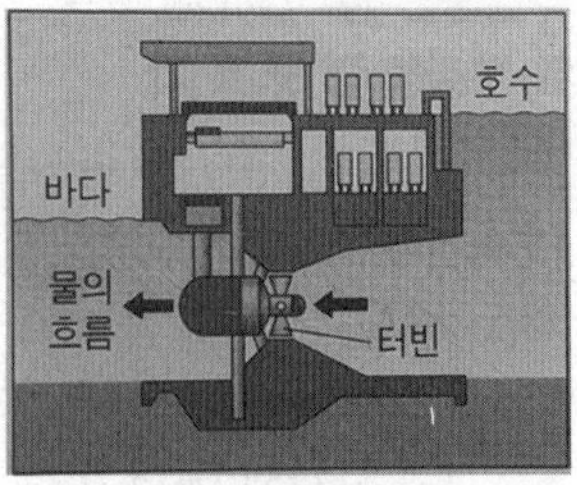

▲ 조력 발전

⑤ 파력 발전

㉠ 파도의 운동 에너지를 이용

㉡ 파도의 힘으로 터빈을 돌리는 방식, 파도에 의한 압축 공기로 터빈을 돌리는 방식이 있다.

㉢ 장점 : 소규모 발전 가능, 한 번 설치로 거의 영구적

㉣ 단점 : 파도의 상황에 따라 발전량에 차이가 있다.

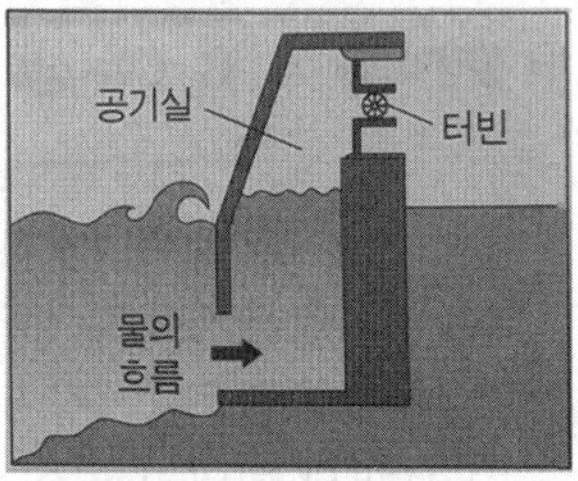

▲ 파력 발전

⑥ 지열 발전

㉠ 땅속의 고온의 지하수로 온수와 난방에 이용, 터빈을 회전시켜 전기를 생산한다.

㉡ 장점 : 좁은 면적에 설치, 날씨에 관계없다.

㉢ 단점 : 지역이 한정, 초기 투자비용이 많이 든다.

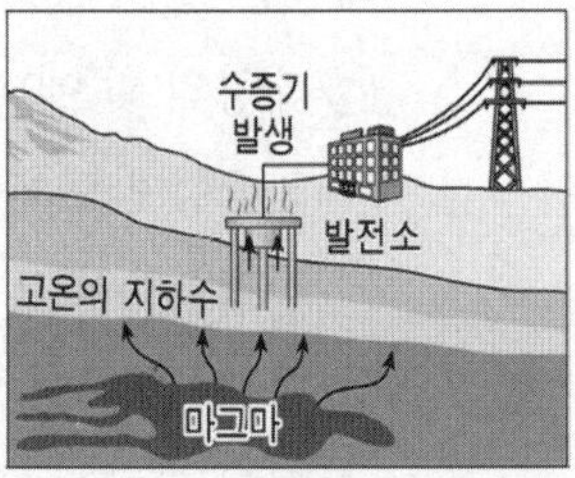

▲ 지열 발전

⑦ 수소 연료 전지

㉠ 연료의 화학 에너지를 직접 전기 에너지로 전환

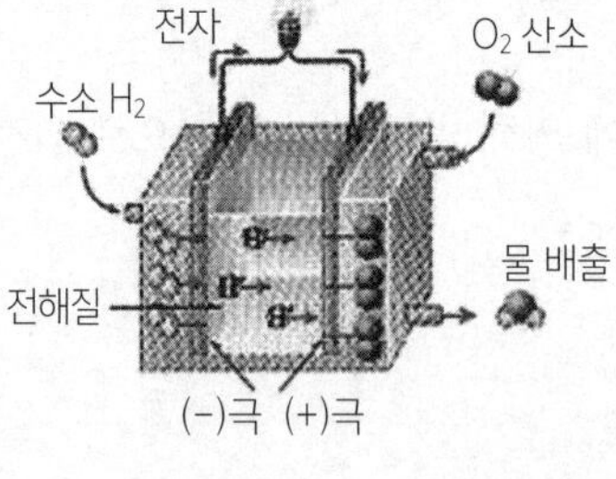

$$(-)\ 2H_2 \rightarrow 4H^+ + 4e^-$$
$$(+)\ O_2 + 4H^+ + 4e^- \rightarrow 2H_2O$$
$$\text{전체}\ 2H_2 + O_2 \rightarrow 2H_2O$$

㉡ 장점 : 생성물이 물, 환경오염이 없다.

㉢ 단점 : 수소는 폭발의 위험이 크고, 생산의 경제성이 낮고, 저장, 운반 등이 어렵다.

4) 친환경 에너지 도시

- 지역 환경에 맞는 신재생 에너지를 활용, 에너지와 환경문제를 해결하는 도시를 말한다.

  예 영국의 베드제드, 독일의 프라이부르크, 스웨덴의 하마비 허스타드 등

※ 화학 반응식의 완결

$H_2 + O_2 \rightarrow H_2O$

$N_2 + H_2 \rightarrow NH_3$

$CH_4 + O_2 \rightarrow CO_2 + H_2O$

06 한국사

1 우리 역사의 시작

1. 구석기 시대와 신석기 시대

1) 구석기 시대(70만 년 전)

① 뗀석기(주먹도끼), 사냥, 채집, 어로 : 이동생활

② 동굴, 막집, 동굴벽화

2) 신석기 시대(기원전 8000년경)

① 농경 · 목축 시작, 정착생활(움집)

② 빗살무늬 토기 : 저장, 조리

③ 간석기 : 돌낫, 갈돌, 돌괭이

④ 원시 수공업 : 가락바퀴, 뼈바늘 – 옷, 그물 제작

⑤ 씨족(부족)사회, 평등사회

⑥ 애니미즘, 토테미즘, 샤머니즘

▲ 주먹도끼

▲ 빗살무늬 토기

▲ 가락바퀴

2. 청동기 시대

1) 특징

① 계급사회와 사유재산제

② 군장사회 : 고인돌

③ 선민사상 : 제정일치 사회

④ 벼농사 시작 : 반달돌칼(추수용 농기구)

2) 유물

① 무덤 : 고인돌, 돌널무덤, 돌무지무덤

② 청동검 : 비파형 동검 → 세형동검(독자적 청동문화)

③ 민무늬 토기, 미송리식 토기

▲ 고인돌

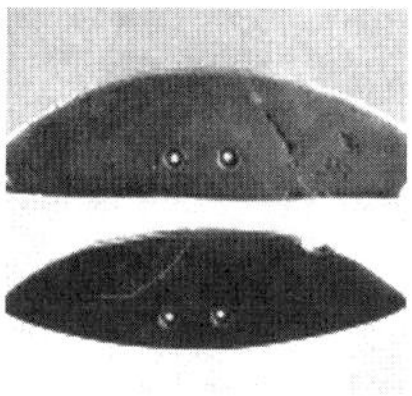

▲ 반달돌칼

▲ 비파형 동검

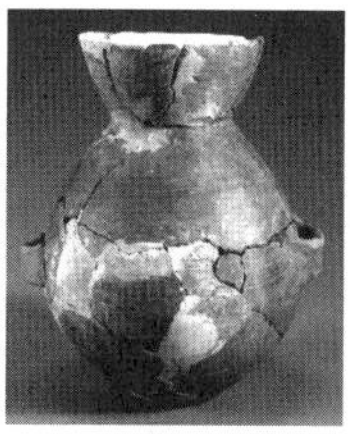

▲ 미송리식 토기

3. 고조선

1) 청동기 문화 바탕, 단군왕검에 의해 건국(B.C 2333년)

2) **영역** : 만주와 한반도 북부 지역 – 비파형 동검, 미송리식 토기, 고인돌 출토 지역

3) **단군신화** : 하늘숭배, 선민사상, 농경사회, 토테미즘(곰), 제정일치 사회, 홍익인간

4) 8조법

① 살인죄 → 사형 : 생명중시 사상

② 상해죄 → 곡물배상 : 농경사회, 노동력 중시

③ 절도죄 → 노비, 50만전 : 계급사회, 사유재산제

4. 철기시대 여러 나라

1) 부여

① 영고, 순장, 1책 12법

② 사출도(마가, 우가, 저가, 구가 등이 통치)

2) **고구려** : 동맹, 서옥제, 제가회의

3) **옥저** : 민며느리제, 가족공동무덤, 해산물 풍부

4) **동예** : 무천, 책화(불법 침입 시 변상 책임제), 족외혼, 특산물(단궁, 과하마, 반어피)

5) 삼한

① 소도(제정분리) : 천군이 다스리는 신성 지역

② 벼농사 발달, 5월제, 10월제

③ 변한 : 철 생산 및 교역

2 고대 국가의 성장

1. 삼국의 정치 발전

1) **4세기** : 백제 팽창기

① 근초고왕(4C) : 백제 전성기

㉠ 마한 통합, 평양성 공격

㉡ 요서 · 산둥반도 · 규슈지방 진출

② 내물왕(4C) : 신라의 고대국가 기틀 마련

㉠ 김씨 세습, 마립간 호칭

㉡ 고구려 도움으로 왜군 격퇴 : 호우명 그릇

③ 소수림왕(4C) : 고구려 체제 정비

㉠ 율령반포 : 통치체제 정비

㉡ 불교수용, 태학설립

2) **5세기** : 고구려 전성기

① 광개토대왕(5C) : 고구려 최대 영토 확장

㉠ 요동을 포함한 만주 차지, 한강 이북 점령

㉡ 신라를 도와 왜구 격퇴

② 장수왕(5C) : 고구려 한강 유역 차지

㉠ 남진정책(평양천도) → 나제동맹

㉡ 남한강 유역 차지(충주 고구려비)

3) **6세기** : 신라 전성기

① 성왕(6C) : 백제 중흥기

㉠ 사비 천도, 국호를 남부여로 개칭

ⓛ 제도 정비, 일본에 불교 전파

ⓒ 한강 일시 회복

② 법흥왕(6C) : 신라체제 정비

㉠ 율령반포, 불교공인

ⓛ 금관가야 복속, 연호사용

③ 진흥왕(6C) : 신라 전성기

㉠ 한강유역 확보

ⓛ 정복활동(단양 적성비, 진흥왕 순수비, 대가야 정복)

ⓒ 화랑도 공인

4) 가야연맹

① 낙동강 유역 변한에서 성장

② 중앙 집권 국가로 성장하지 못함

③ 철 생산 및 교역(낙랑과 왜), 철기문화 발달

④ 신라에 복속

2. 남북국 시대의 정치 변화

1) 신라 중대의 사회

① 왕권의 전제화

㉠ 무열왕계 직계 자손이 왕위 세습

ⓛ 집사부 시중의 기능 강화 → 상대등(귀족) 세력 약화

ⓒ 관료전 지급, 녹읍 폐지

ⓡ 6두품 : 왕권 뒷받침

② 체제 정비

㉠ 지방 : 9주 5소경 설치

ⓛ 군사 : 9서당(민족 융합책), 10정

ⓒ 교육 기관 : 국학

2) 신라 하대의 사회

① 왕위 쟁탈전(중앙 통제력 약화)

㉠ 호족 세력 성장

㉡ 6두품의 반신라화

② 새로운 사상과 농민 봉기

㉠ 선종, 풍수지리설 유행

㉡ 원종과 애노의 난

3) 발해의 건국과 발전

① 건국

㉠ 대조영과 고구려 유민이 건국(698)

㉡ 민족의 2원적 구성
- 지배층 : 고구려인
- 피지배층 : 말갈인

㉢ 고구려 계승의식

- 일본에 보낸 외교문서에서 밝힘
- 고구려 문화 계승(온돌, 불교 양식, 굴식 돌방무덤)

② 발전

㉠ 무왕(8세기 초) : 영토확장, 중국과 대립, 산둥반도 공격

㉡ 문왕(8세기 후반) : 체제정비, 당과 친선교류

㉢ 선왕(9세기) : '해동성국'이라 불림

㉣ 신라와 교류 미약

㉤ 일본과 우호적 친선관계

㉥ 거란에 의해 멸망(926)

③ 정치체제

㉠ 중앙조직 : 3성 6부

㉡ 지방행정조직 : 5경 15부 62주

3. 고대의 경제, 사회, 문화

1) 고대의 경제

① 진대법 : 고구려 빈민 구제법, 춘대추납

② 통일신라

㉠ 민정문서 : 촌주가 3년마다 작성. 조세, 공물 징수 자료

㉡ 토지제도

· 녹읍 : 귀족경제 기반, 수조권 + 노동력

· 관료전 : 수조권만 부여

· 정전 : 농민에게 지급

※ 관료전, 정전 : 국가 토지 지배력 강화

㉢ 경제활동

· 장보고 : 청해진(완도) 설치, 서·남해안 장악

· 산둥반도, 양쯔강 하류 : 신라방, 신라소, 신라관, 신라원

2) 고대의 사회(신라 중심)

① 화백회의 : 만장일치제, 귀족합의제, 집단 단결 강화

② 골품제도 : 연맹왕국 → 중앙집권 국가

· 개인 신분, 친족 등급 표시

· 정치, 사회 활동 범위 결정

③ 화랑도 : 청소년 수련 단체, 계급 간 갈등 조절 완화

3) 고대의 문화

① 삼국의 학문

㉠ 고구려 : 태학, 경당

㉡ 백제 : 5경 박사, 사택지적비

㉢ 신라 : 임신서기석(학문에 충실할 것을 맹세한 비석)

② 남북국의 학문

㉠ ┌ 통일신라 : 국학, 독서삼품과(관리 임용제도)
└ 발해 : 주자감

㉡ 유학자 : 설총(이두 정리), 김대문, 최치원(사회개혁안)

③ 불교 수용

㉠ 불교 전래 : 소수림왕, 침류왕, 법흥왕

㉡ 불교 발달

· 원효 : 불교 대중화(정토신앙), 화쟁사상

· 혜초 : 왕오천축국전

㉢ 통일신라 불교 유산 : 불국사, 석굴암, 다보탑

▲ 불국사 3층 석탑

▲ 석굴암의 본존불

④ 도교 : 연개소문 도교 장려, 사신도, 산수무늬 벽돌, 사택지적비, 정효공주묘

▲ 고구려 사신도 중 현무도

▲ 백제 산수무늬 벽돌

⑤ 과학기술

㉠ 첨성대(신라) : 천문관측기구

㉡ 무구정광대다라니경(통일신라) : 현존 최고의 목판 인쇄본

⑥ 발해 문화

㉠ 고구려 계승문화 : 온돌장치, 기와, 불상, 굴식돌방무덤

㉡ 당의 영향 : 주작대로, 3성 6부 제도

⑦ 삼국의 일본문화 전파

㉠ 고구려 : 담징 : 종이, 먹, 맷돌, 호류사 금당 벽화

㉡ 백제 : 가장 많은 영향, 왕인(유학), 불교 등
칠지도(백제와 일본 교류 관계)

㉢ 신라 : 조선술, 축제술, 조경술

㉣ 삼국의 문화 → 일본 아스카 문화

▲ 백제의 금동대향로

3 고려 귀족 사회 형성과 발전

1. 고려 귀족 사회의 성립

1) 태조

① 호족세력 융합 : 혼인정책, 성씨하사 – 호족 포용
사심관 제도, 기인 제도 – 호족 견제

② 북진정책 : 서경중시, 영토확장(청천강~영흥만)

③ 숭불정책 : 연등회, 팔관회

2) **광종** : 호족세력 억압을 통한 왕권 강화

① 노비안검법

② 과거제도

③ 복색 제정, 칭제건원

3) 성종

① 유교정치 이념 확립(최승로의 시무28조)

② 국자감 설립

③ 12목 설치 : 지방관 파견

④ 불교 행사 축소, 폐지

2. 통치 체제 정비

1) 중앙 정치 조직

① 2성 6부

② 도병마사 : 국방 및 국가 중대사 논의, 최고 회의 기구

③ 중추원 : 왕명전달, 군사기밀

④ 어사대 : 관리감찰

⑤ 대간(어사대 + 낭사) : 간쟁, 서경권; 왕권 견제

2) 지방 행정 조직

① 5도 양계

② 주현과 속현

③ 향·소·부곡 : 특수행정구역

3) 관리 등용 제도

① 과거제도 : 문과(제술과, 명경과), 잡과, 승과

* 양민 이상 응시 가능, 무과 없음

② 음서 : 공신과 왕실, 5품 이상 관리 자손에 임용 혜택

3. 문벌귀족 사회의 동요

1) 이자겸의 난 : 문벌귀족 사회 모순이 드러난 계기

2) 묘청의 서경 천도 운동 : 풍수지리설 영향

① 개경귀족과 지방세력(서경파)의 대립

② 사대적 유교 사상과 자주적 전통 사상의 대립

3) 무신정권의 성립

① 무신정변

· 원인 : 문벌귀족 사회의 모순, 무신에 대한 차별대우

· 결과 : 문벌귀족 사회 붕괴, 무신정권 수립

② 최씨 무신정권

· 교정도감(최고기관), 정방(인사행정기구)

· 도방, 삼별초(군사기반)

③ 무신정권 시기 하층민 봉기(망이 · 망소이의 난, 만적의 난)

4. 대외관계 변화

1) 거란의 침입과 격퇴(10세기 말 ~ 11세기)

① 배경 : 고려의 북진정책, 친송정책

② 거란 1차 침입 : 서희(강동 6주 획득)

③ 거란 3차 침입 : 강감찬(귀주대첩, 천리장성 축조)

2) 여진정벌(12세기)

· 윤관 : 별무반 편성, 동북 9성 축조

3) 몽골 항쟁(13세기)

① 강화도 천도 후 결사 항전

② 국토 황폐화, 황룡사 9층 목탑 소실, 팔만대장경 조판

③ 삼별초의 대몽 항쟁(고려 무인의 기개)

5. 고려 후기의 정치 변동

1) 원의 내정간섭

① 일본원정에 동원

② 영토상실 : 쌍성총관부, 동녕부, 탐라총관부

③ 내정간섭 : 관제격하, 정동행성 설치, 다루가치 파견

④ 경제적 수탈 : 공녀, 매, 특산물

2) 공민왕의 반원 개혁 정치

① 정동행성(이문소) 폐지

② 쌍성총관부 무력 탈환

③ 관제복구, 몽골풍 폐지

④ 친원 세력 숙청(기철)

⑤ 전민변정도감(신돈) : 불법적 토지를 원주인에게 돌려줌

3) 신진 사대부 성장

권문세족	신진사대부
원간섭기, 대농장, 음서, 불교옹호, 보수적, 친원파	조선건국, 중소지주, 과거, 성리학, 개혁적, 친명파

6. 고려의 경제

1) **전시과** : 관리에게 전지와 시지 지급
원칙은 세습 불가

2) **공음전** : 5품 이상 관리에 지급되는 특혜 토지

3) **민전** : 개인 소유지, 조세 부과

4) **소 수공업, 사원 수공업**

5) **대외무역** : 국제무역항 - 벽란도

7. 고려의 사회

1) 신분제도

① 귀족 : 왕족, 5품 이상의 고위 관료 - 음서, 공음전

② 중류층 : 서리, 향리, 남반, 하급 장교 - 직역 세습

③ 양민 : 백정(= 농민), 상공업 종사자, 향 · 소 · 부곡민(특수집단); 백정(농민)은 과거 응시 제약 없음, 조세 · 공납 · 역 부담

④ 천민 : 대다수 노비 - 매매·증여 · 상속의 대상, 외거노비 경우 독립된 경제 생활

2) 사회제도

① 의창 : 빈민구제, 곡식 대여

② 상평창 : 물가조절

③ 제위보 : 빈민 구제 재단

④ 동서 대비원, 혜민국 : 빈민 치료

3) 여성의 지위

① 자녀 균분 상속, 출생 순 호적 기재

② 딸에게도 부모와 제사 봉양의 의무

③ 여성의 재가 자유로움, 호주 가능

8. 고려의 문화

1) 역사서

① 삼국사기 : 고려 중기, 김부식, 현존 최고 사서
유교적 합리 사관, 기전체
신라계승의식 반영

② 고려 후기 : 몽고침략 후 민족적 자주의식, 전통 문화에 대한 올바른 이해

· 이규보 '동명왕편', 일연 '삼국유사', 이승휴 '제왕운기'

· 삼국유사 : 일연, 불교사관, 설화와 향가 수록, 단군신화 최초 수록

2) 성리학의 전래

① 충렬왕 때 안향이 소개

② 우주만물의 원리와 인간의 본성 탐구

③ 신진 사대부의 개혁사상 뒷받침, 실천적 기능 강조, 권문세족과 불교의 폐단 비판

3) 불교

① 대각국사 의천 : (해동)천태종, 교관겸수, 교종 중심으로 선종까지 통합

② 보조국사 지눌 : 조계종, 정혜쌍수, 돈오점수, 선종을 중심으로 교종 통합, 선교일치 완성, 신앙 정화 운동(수선사 결사)

4) 공예와 과학기술

① 공예 : 청자와 상감청자

② 금속활자 인쇄술 발명 : 직지심체요절(세계 최고의 금속 활자)

③ 건축 : 안동 봉정사 극락전(최고의 목조 건물), 영주 부석사 무량수전, 예산 수덕사 대웅전

▲ 청자칠보투각향로

▲ 운학문매병(상감청자)

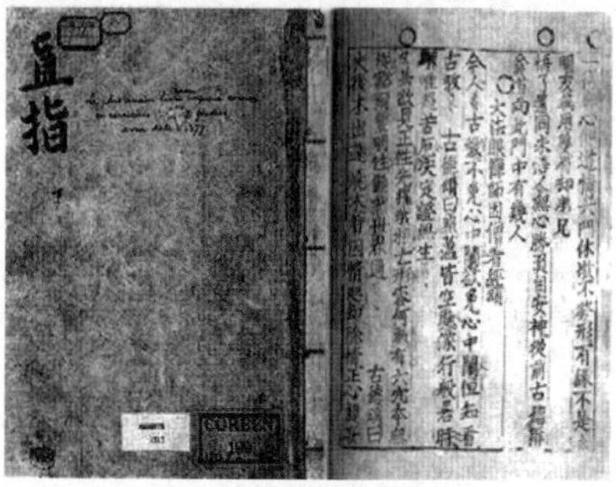

▲ 직지심체요절

4 조선 사회 성립과 발전

1. 조선 사회의 성립

1) 조선의 건국

① 중심세력 : 신흥 무인세력(이성계), 신진 사대부(정도전, 조준)

② 과정 : 위화도 회군 → 과전법 실시 → 조선 건국

2) 국왕 중심의 통치 체제

① 태종 : 6조 직계제, 사병 폐지, 호패법

② 세종 : 집현전 설치, 훈민정음 창제, 과학 기술 발전, 영토확장(4군 6진 : 여진 정벌)

③ 성종 : 경국대전 반포, 홍문관 설치

2. 통치 체제 정비

1) 중앙 정치 체제

① 의정부와 6조

② 삼사(사헌부, 사간원, 홍문관) : 언론기능, 간쟁, 왕권 견제

③ 의금부, 승정원 : 왕권강화

④ 춘추관 : 역사 편찬, 「조선왕조실록」

2) 지방 행정 조직

① 8도 : 관찰사 파견

② 부 · 목 · 군 · 현 : 수령, 모든 군현에 지방관 파견

③ 향리 : 수령의 행정 실무 보좌, 세습직

④ 유향소 : 향촌 양반 자치 기구(향촌자치적), 수령보좌, 향리규찰, 풍속교정

⑤ 경재소 : 유향소 통제(중앙집권적)

⑥ 교통, 통신제도 : 역참제, 조운제, 봉수제

3) 관리등용 제도

① 과거제도 : 문과, 무과, 잡과

② 상피제 : 자신의 출신지 배제

③ 서경권 : 관리임명이나 법률 개폐 시 동의권

3. 사림의 대두와 붕당 정치

1) 훈구와 사림

훈구	사림
혁명파 사대부 계승, 중앙집권, 부국강병, 불교, 풍수지리설 관대	온건파 사대부 계승, 향촌자치, 왕도정치, 성리학만 신봉

2) **사화** : 훈구파와 사림의 대립

① 4대사화 : 무오사화, 갑자사화, 기묘사화, 을사사화

② 조광조의 개혁정치

·현량과 설치, 소격서 폐지, 향약 보급, 방납 폐단 비판, 위훈 삭제, 기묘사화

3) **붕당 정치** : 학연이나 정치적 견해에 따라 무리지어 정치하는 형태

① 시작 : 선조 때 이조전랑직 추천(동인, 서인으로 분열)

② 긍정적인 면 : 견제와 비판, 공론중시, 정치참여 확대

③ 부정적인 면 : 국론분열, 왕권 약화

4. 조선의 토지제도와 사회

1) 조선의 토지제도

① 과전법(태조) : 신진 사대부의 경제적 기반, 경기지방에 한하여 지급, 전현직 관리 지급, 세습 불가, 수신전과 휼양전

② 직전법(세조) : 현직 관리만 지급, 수신전과 휼양전 폐지

③ 관수관급제(성종) : 국가가 수조권 대행, 국가의 토지 지배력 강화

④ 녹봉제 : 수조권 폐지(직전법 폐지)

2) 조선의 신분제도

① 양반 : 문반과 무반 → 신분적 개념

② 중인 : 서리, 향리, 기술직 관리, 서얼

③ 상민 : 농민, 수공업자, 상인, 신량역천

④ 천민 : 노비, 백정, 재인, 창기, 무당

3) 성리학적 사회 질서의 강화

① 서원 : 선현제사, 교육기능, 붕당의 근거지

② 향약 : 향촌 자치 규약, 사회 풍속 교화, 질서유지

5. 조선 전기의 문화

1) 민족문화의 발달

① 훈민정음 창제 : 민족문화의 기반확대

② 지리서 : 중앙집권 강화, 국방력 강화; 동국여지승람

③ 경국대전 : 통치규범 성문화, 조선의 기본법전 6전으로 구성, 성종 때 반포

④ 백자 : 분청사기(15세기), 백자(16세기)

▲ 분청사기

▲ 백자

2) 성리학 융성

① 이황 : 주리론, 근본원리, 도덕적 심성, 도산서원, 영남학파, 일본 성리학에 영향, 「성학십도」

② 이이 : 주기론, 현실·경험 중시, 사회개혁론 주장, '십만양병설', '수미법', 「성학집요」

3) 과학기술

① 농사직설 : 우리 실정에 맞는 농법정리(세종)

② 칠정산 : 수시력과 회회력 참고, 한양을 기준으로 천체운동 계산(세종)

③ 측우기, 자격루(물시계), 앙부일구(해시계)

6. 조선 초기 대외관계

1) **명** : 사대 친선관계

2) **여진** : 교린정책(4군 6진 개척, 무역소 설치, 토관제도)

3) **일본** : 교린정책(쓰시마 섬 토벌, 3포 개항)

7. 양난의 극복과 대청관계

1) **임진왜란**(1592~1598) : 선조

① 이순신의 활약 : 수군의 승리, 남해 제해권 장악, 일본의 수륙 병진작전 좌절

② 의병 항쟁(조헌, 김천일, 곽재우 등), 명의 도움

③ 임진왜란의 결과

· 국내(조선) : 신분제 동요(납속과 공명첩 발행), 경복궁 소실, 토지 황폐화

· 일본 : 에도 막부 성립, 문화 발달(도자기, 성리학)

· 명 : 막대한 재정 지출로 쇠퇴

· 여진 : 후금으로 성장 → 명과 조선을 위협

2) 광해군의 중립외교

① 임진왜란 수습

· 양안과 호적 재정비

· 「동의보감」 편찬(허준)

· 대동법 실시(경기도에 최초 실시)

② 중립외교 : 명과 후금 사이에 실리적 중립외교

3) **병자호란**(1636) : 인조

① 서인정권의 친명배금 정책

② 청의 군신관계 요구에 대한 조선의 척화주전론

③ 청의 침입으로 남한산성에서 항전(병자호란)

④ 청에게 송파 삼전도에서 굴욕적인 항복

5 조선 사회의 변화

1. 통치 체제의 변화

1) 비변사 강화

① 조선 초기에는 국방상 문제 논의하기 위한 임시기구

② 임진왜란 이후 국정전반을 논의하는 최고 회의기구

③ 비변사 기능 강화 : 의정부 기능 약화, 왕권 약화

2) **군사 제도 변화** : 5군영 체제(중앙군)

① 훈련도감 : 임진왜란 중에 설치, 5군영의 핵심 부대, 삼수병(포수, 사수, 살수) 구성, 직업군인

② 속오군 : 지방군으로 양반에서 노비까지 모두 편성

2. 탕평 정치(18세기)

1) **탕평 정치** : 고른 인재 등용

① 배경 : 일당전제화로 왕권 약화, 민생 불안

② 목적 : 정치적 균형관계 재정립으로 왕권의 안정 추구

2) **영조** : 탕평책, 균역법, 속대전, 서원 정리

3) **정조** : 탕평책, 장용영, 규장각, 초계문신제, 서얼허통, 수원화성 축조, 자유로운 상행위 허용

3. 세도 정치(19세기)

1) 특정인이나 특정가문(외척)이 정치권력을 독점하는 정치

2) **정치기강 문란** : 매관매직, 과거 시험 부정 만연, 삼정문란(전정, 군정, 환곡)

3) 농민봉기

① 원인은 삼정의 문란

② 홍경래의 난 : 평안도 차별, 광산노동자와 잔반도 참여

③ 임술 농민 봉기 : 진주 농민 봉기를 시작으로 전국 확대

4. 조선 후기 대외 관계 변화

1) **백두산 정계비**(1712) : 간도 귀속문제로 청과 조선이 경계비를 세움

2) 일본

① 통신사 파견 : 임진왜란 이후 일본의 요청으로 조선에서 문화 외교 사절단인 통신사를 파견하여 일본 막부에 대한 인정과 문화 전달

② 울릉도, 독도 : 신라 이후 우리 영토, 안용복 활약

5. 조선 후기 경제 변화

1) 수취 체제의 개편

① 전세(토지세) : 조선 전기 연분 9등법의 폐해 → 조선 후기(인조)에 영정법(1결당 쌀 4두~6두)으로 개편

② 공납(토산물 납부)

· 방납의 폐단으로 농민들의 피해 극심

· 대동법(광해군) : 1결당 쌀 12두, 포, 동전으로 납부

· 결과 : 농민 부담 경감, 공인 등장, 상품 화폐 경제 발달

③ 군역

· 백골징포, 황구첨정 등 폐해로 농민 피해 → 조선후기(영조)에 균역법으로 개편

· 내용 : 1년 군포 1필, 결작, 선무군관포, 어장세 등

2) 산업 구조 변화

① 농업

· 이앙법(모내기) 전국적 확대 → 노동력 절감 → 이모작, 광작 → 농민층의 분화(부농과 빈농)

· 상품작물(인삼, 담배 등) 재배, 구황작물(감자 등) 재배

② 상업

· 금난전권 폐지(사상 활발), 공인 활동

· 보부상 : 봇짐과 등짐 장수, 장날의 차이 이용, 장시 발달

· 개성상인(송상) : 인삼 독점권, 지점망(송방), 무역 관여

· 경강상인 : 한강중심 활동, 미곡·소금 · 어물 등 판매

· 객주와 여각 : 포구에서 숙박 · 보관 · 중개 · 금융 등 관여

· 의주상인(만상, 청 무역), 동래상인(내상, 일본 무역)

③ 수공업과 광업

· 민영 수공업 발달, 선대제 수공업 유행

· 광업에서 사채와 덕대제 유행

6. 조선 후기 사회 변화

1) 양반 중심 사회 구조의 동요

① 양반층 분화 : 집권층, 향반, 잔반(몰락 양반)

② 신분이동 활발 : 양반 수 증가, 상민과 노비 수 감소

③ 중간 계층의 신분 상승

· 서얼은 청요직 진출, 기술관은 전문직으로 역할 부각

④ 가족제도 : 부계 중심, 장자 중심, 여성은 제약이 많고 불평등

2) 새로운 사상 등장

① 양반 지배 체제의 동요 : 탐관오리의 탐학과 횡포, 비기 도참설 유행, 이양선 출몰

② 천주교

· 서학으로 수용, 내세사상, 인간평등

· 남인 계열 실학자, 중인, 여성으로 확산

· 박해 원인 : 평등사상, 제사거부

③ 동학 : 최제우 창시(1860)

· 성격 : 성리학, 불교, 천주교 비판

· 사상 : 시천주(하늘 숭배), 인내천(평등사상, 인도주의), 후천개벽(조선왕조 교체), 「동경대전」

7. 조선 후기 문화 변화

1) 양명학

① 배경 : 성리학의 교조화 비판, 실천성 강조(지행합일)

② 체계화 : 정제두, 강화학파 형성

2) 실학

① 배경 : 성리학의 문제 해결 능력 상실, 조선후기 사회변동에 따른 문제해결 노력

② 중농학파(농업 중시, 토지개혁)

· 유형원 : 균전론, 「반계수록」

· 이익 : 6좀론, 한전론, 「성호사설」

· 정약용 : 실학의 집대성, 거중기 설계, 배다리 제작, 여전론(마을 단위 공동 소유, 공동 경작제), 「목민심서」

③ 중상학파(상공업 중시, 교역 확대 주장, 북학파)

· 유수원(직업의 평등), 홍대용(지전설)

· 박지원 : 양반의 비생산성 비판, 수레와 선박 이용 확대, 「열하일기」, 허생전, 양반전, 호질

· 박제가 : 수레와 선박 이용 확대, 「북학의」, 소비 강조

④ 의의와 한계

· 실증적·민족적·근대 지향적 성격, 개화사상에 영향

· 한계 : 학문적 연구에 그침, 정책에 미반영

3) 서민 문화

① 배경 : 서당 교육 보급, 서민 경제력 향상

② 종류 : 한글소설, 판소리, 사설시조, 탈놀이, 민화 등

4) 진경산수화와 풍속화

① 진경산수화 : 겸재 정선(인왕제색도, 금강전도)

② 풍속화 : 일상생활을 그린 그림

· 김홍도 : 서민적이고 익살스러움(서당도, 타작도, 무동)

· 신윤복 : 여인과 양반의 풍류(단오풍정 등)

③ 민화 : 서민의 소망 기원, 용 · 호랑이 · 까치 등

④ 서예 : 추사체(김정희)

▲ 인왕제색도(정선)

▲ 타작도(김홍도)

▲ 단오풍정(신윤복)

▲ 까치와 호랑이(민화)

▲ 수원 화성

6 근대 사회의 전개

1. 외세의 침략적 접근과 개항

1) 흥선 대원군의 개혁 정치

① 국내적 : 경복궁 중건, 고른 인재등용, 서원 정리, 비변사 폐지, 호포제 실시, 사창제 실시

② 대외적 : 통상수교 거부정책

· 병인양요 : 천주교 박해 이유로 프랑스의 강화도 침략, 외규장각 도서 약탈

· 신미양요 : 제너럴 셔먼호 사건을 이유로 미국의 강화도 침략, 어재연 부대의 항전

· 신미양요 이후 전국에 척화비 건립

2) 강화도 조약과 개화 정책 추진

① 강화도 조약(1876, 조선과 일본) : 최초의 근대 조약

- 운요호 사건이 원인
- 3개 항구 개항(부산, 원산, 인천)
- 불평등 조약(치외법권, 해안 측량권)
- 곡물 무제한 유출, 무관세

② 개화 정책 추진

- 해외 시찰단 파견(수신사, 조사시찰단, 영선사), 통리기무아문, 별기군
- 박문국(인쇄), 기기창(근대 무기), 전환국(화폐), 우정국(우편)

③ 위정척사 : 전통문화 수호, 외세배척

- 양반 유생 중심
- 통상수교 반대, 개항 반대, 개화 정책 반대, 항일 의병

④ 임오군란(1882)

- 구식 군대에 대한 차별 대우와 개화 정책에 불만
- 일본 공사관 파괴, 대원군 일시적 재집권, 청의 진압
- 제물포 조약(조선-일본) : 외국군 주둔 허용

⑤ 갑신정변(1884)

- 급진개화파(개화당; 김옥균, 박영호, 홍영식), 우정총국 개소식 축하연에 일어남
- 개혁 정강 : 문벌폐지, 지조법 개혁, 입헌군주제
- 근대 국가 건설 목표로 한 최초의 근대 정치 개혁 운동

2. 근대 국가 수립 운동

1) 동학 농민 운동(1894)

① 배경 : 정부의 농민 수탈 심화, 농민의 사회변혁 요구

② 전개 과정

고부농민봉기(전봉준) → 백산 봉기 : 제폭구민, 보국안민 → 전주화약 → 집강소 설치(폐정 개혁 12개조 : 노비문서 소각, 과부 재가 허용, 토지 평균 분작) → 청 · 일 전쟁과 일본군의 경복궁 점령 → 2차 농민 봉기, 공주 우금치 전투 패배

③ 성격 : 아래로부터의 반봉건적 개혁, 반침략적 민족운동

2) **갑오개혁**(1894) : 일본에 의한 급진 개혁

① 정치 : 왕실 사무와 정부 사무 구분, 과거제 폐지

② 사회 : 신분제 철폐, 과부 재가 허용, 고문 · 연좌법 폐지

③ 경제 : 재정일원화, 도량형 통일

④ 한계 : 군사적 개혁 미흡, 농민의 요구(토지개혁)는 수용 못함

3) **을미개혁**(1895)

① 을미사변 : 명성황후 시해 사건

② 을미개혁 : 단발령, 태양력 사용, 종두법 실시, 우편사무, 연호(건양) 사용

4) **아관파천**(1896) : 고종이 러시아 공사관으로 거처를 옮김, 열강에 이권 침탈 본격화 – 광산채굴권, 삼림벌채권, 철도부설권 등

5) **독립협회 활동**(1896~1898)

① 정강 : 자주 국권, 자유 민권, 자강 개혁

② 활동 : 근대의식 고취, 입헌군주제 추구, 독립문, 독립신문, 이권 수호 운동, 환궁 요구, 의회 설립, 만민 공동회, 관민 공동회(헌의 6조)

▲ 독립문

독닙신문

▲ 독립신문

6) **대한제국**(1897~1910)

① 고종의 환궁, 대한제국 선포

② 대한국국제 제정, 광무개혁 실시

③ 광무개혁 : 구본신참의 점진적 개혁, 원수부 설치, 지계 발급

3. 주권 수호 운동

1) 일제의 침탈 과정

① 러 · 일 전쟁(1904) → 한일의정서 → 제1차 한일협약

② 일제의 한반도 지배 인정

- 가쓰라·태프트 밀약(미국-일본)
- 제2차 영일동맹(영국-일본)
- 포츠머스 조약(러시아-일본)

③ 을사늑약(1905) : 대한제국의 외교권 박탈, 통감부 설치

④ 정미 7조약(한일신협약; 1907)

- 고종 강제 퇴위
- 군대 해산
- 차관 정치

⑤ 한일 강제 병합(1910)

- 기유각서(1909) : 사법권 박탈
- 한일 강제 병합(1910) : 국권 박탈, 총독부 설치

2) 항일 의병 전쟁의 전개

① 을미의병(1895) : 명성황후 시해와 단발령, 유생주도

② 을사의병(1905) : 을사늑약, 평민 의병장(신돌석), 최익현

③ 정미의병(1907) : 고종의 강제 퇴위, 군대 해산, 13도 창의군 → 서울진공 작전; 실패

3) 애국 계몽 운동

① 학교 설립, 신문사 설립, 회사 설립

② 보안회 : 일본의 황무지 개간권 요구 반대

③ 신민회(1907) : 비밀 결사 조직, 공화정체

- 교육 : 대성학교, 오산학교
- 산업 : 자기회사, 태극서관
- 해외독립운동 기지건설 : 신흥무관학교
- 105인 사건으로 해체

4) 경제적 침탈에 대한 저항

① 방곡령 : 일본의 미곡 유출에 대항

② 상권 수호 운동 : 황국중앙총상회

③ 이권 침탈 저지 운동 : 독립협회

④ 국채보상운동(1907) : 일본에 진 빚 갚기 운동, 대구에서 시작, 대한매일신보, 금주, 금연, 금 모으기

7 민족의 독립 운동

1. 민족의 수난

1) 1910년대(헌병경찰통치, 강압적 무단통치)

① 언론, 집회, 결사 자유 박탈

② 무관 총독 임명, 조선 태형령

③ 교원과 관리도 칼을 차고, 제복을 입음

④ 토지 조사 사업 : 기한부 신고제, 경작권 박탈
농민은 기한부 소작농으로 전락, 총독부 소유 토지 확대

⑤ 회사령 공포 : 민족 기업 억제

2) 1920년대(문화통치)

① 기만적 민족 분열책

② 문관 총독 임명 가능 → 한 명의 문관 총독도 임명 안됨

③ 보통경찰제 → 경찰 예산과 인원 장비 증가, 치안유지법

④ 한글신문 허용 → 사전검열, 삭제, 정간, 폐간

⑤ 교육 연한 확대 → 초등교육과 기초 실업교육 중심

⑥ 산미증식계획 : 일본의 부족한 쌀을 충당하기 위해 실시, 벼 중심의 단작화, 수리시설 개선, 종자 개량 → 수탈량 급격히 증가

3) 1930년대(민족말살통치) : 전쟁에 인적, 물적 자원 동원

① 내선일체, 일선동조론, 신사참배, 궁성요배

② 우리말 · 우리역사 교육 금지, 일본식 성명 강요
③ 식량배급제, 쌀 · 금속 공출제, 국가총동원법
④ 지원병제, 징용제, 징병제, 군 위안부
⑤ 병참기지화 정책, 남면북양 정책

2. 3·1 운동과 대한민국 임시 정부

1) 3·1 운동(1919)

① 배경 : 민족자결주의, 2·8독립선언
② 과정 : 민족대표와 학생의 독립선언, 전국적 확산, 일제의 탄압(유관순 열사, 수원 제암리 사건)
③ 영향 : 일제의 통치방식 변화, 대한민국 임시 정부 수립 계기, 아시아 민족 운동에 영향(중국, 인도 등)

2) 대한민국 임시 정부

① 최초의 민주 공화제 정부
② 김구의 주도로 민족의 독립운동 중추역할
③ 활동 : 연통제 실시, 구미위원부, 한국광복군 창설

3. 다양한 민족 운동

1) 실력 양성 운동

① 물산 장려 운동 : 토산품 애용을 통한 민족 기업 육성을 목표로 평양에서 시작, 조선물산장려회 창립, '우리가 만든 것 우리가 쓰자'
② 민립대학 설립운동 : 고등교육을 통한 인재 양성, 일제의 방해로 중단, 경성제국 대학 설립
③ 문맹퇴치 : 농촌계몽 활동, 야학 활동, 문자보급운동(조선일보), 브나로드운동(동아일보)

▲ 물산 장려 운동

▲ 문맹퇴치 운동

2) 학생 운동

① 6·10 만세운동(1926) : 순종의 장례일에 일어난 학생 중심의 항일 운동, 민족 유일당 운동의 계기

② 광주학생 항일운동(1929) : 한 · 일 학생 간의 충돌에서 시작, 가두시위, 동맹 휴학, 3·1 운동 이후 최대 민족 운동

3) 사회 운동

① 신간회(1927) : 민족 유일당 운동으로 비타협적 민족주의와 사회주의 결합, 각종 사회운동 지원, 광주학생 항일 운동 지원, 3대 강령(기회주의 배격, 정치 · 경제적 각성 촉구, 민족의 단결)

② 소년 운동 : 천도교 소년회(방정환), 어린이 날 제정

③ 소작쟁의(농민) : 소작료 인하, 암태도 소작쟁의

④ 노동쟁의 : 노동조건 개선, 임금인상, 원산총파업

⑤ 형평 운동 : 백정에 대한 사회적 차별 철폐

4. 항일 무장 독립 전쟁

1) 무장 독립 전쟁

① 1920년대

· 봉오동 전투(1920) : 홍범도, 대한독립군

· 청산리 대첩(1920) : 김좌진, 북로군정서, 항일 전투에서 가장 큰 승리

· 간도 참변(1920) : 일제의 독립군에 패전한 것에 대한 보복

· 자유시 참변(1921) : 소련의 적색군에 독립군 사상

② 1930년대

· 한·중 연합군 결성

· 한국독립군(쌍성보 전투)

· 조선혁명군(영릉가 전투)

③ 1940년대(한국광복군 창설과 활동)

· 1941년 대일 선전포고, 1942년 조선 의용대 합류

· 인도, 미얀마 전투에 연합군과 참전

· 국내 진공작전 계획 → 광복으로 무산

2) 의열 활동

① 의열단(김원봉) : 일제 주요 인물 암살과 주요 건물 파괴, 조선혁명선언(신채호), 김상옥, 나석주, 김익상

② 한인애국단(김구) : 대한민국 임시정부 침체 극복 목적, 이봉창(일본왕에 폭탄 투척), 윤봉길(상하이 훙커우 공원 의거 → 중국의 독립 투쟁 지원 계기)

5. 민족 문화 수호 운동

1) 일제의 민족 말살 정책과 한국사 왜곡

① 민족 말살 정책 : 황국 신민화, 우민화 정책, 우리말 우리역사 교육 금지

② 한국사 왜곡 : 한국사의 타율성, 정체성, 당파성 강조

2) 민족 문화 수호 운동 전개

① 조선어 학회 : 한글 맞춤법 통일안, 표준어 제정

② 박은식 : '혼' 강조, 「한국통사」, 「한국독립운동지혈사」

③ 신채호 : '낭가사상' 강조, 「조선상고사」, 「조선사 연구초」, 묘청의 서경 천도운동 높이 평가

3) 일제 강점기의 종교

① 천도교 : 동학에서 개칭, 3·1 운동 주도, 「개벽」

② 대종교 : 단군 신앙, 항일 무장 독립 투쟁 주도

③ 개신교 : 3·1 운동 참여, 신사참배 반대 운동

④ 천주교 : 고아원, 양로원 등 사회복지 활동

4) 국외 동포들의 생활

① 만주(간도) : 독립운동 기지, 무장 독립 투쟁(청산리 전투)

② 연해주 : 러시아가 변방 개척을 위해 이주 허용, 1937년 소련에 의해 중앙아시아로 강제 이주

③ 일본 : 2·8독립선언, 유학생, 관동대지진 때 큰 피해

④ 미주 : 농업 이민, 대한인국민회, 외교 활동 전개

6. 국제 사회에서 한국 문제 논의

1) 건국 준비 단체

① 대한민국 임시정부(중국) : 한국광복군, 민주공화국 수립

② 조선 독립 동맹(중국) : 민주공화국 수립

③ 조선건국동맹(국내) : 비밀단체, 민주공화국 수립

2) 국제 사회 한국 독립 약속

① 카이로 회담(1943) : 한국 독립을 최초로 약속

② 포츠담 회담(1945) : 한국 독립 재확인, 일본의 무조건 항복 촉구

8 현대 사회의 발전

1. 대한민국 정부 수립

1) 대한민국 정부 수립 과정

① 1945년 8월 15일 광복

② 모스크바 3국 외상 회의(1945.12) : 최고 5년간 신탁통치 결정

· 반대 : 우익 세력, 즉각적 독립 정부 수립

· 지지 : 사회주의, 임시 정부 수립

③ 미·소 공동 위원회 개최 : 참여단체 문제로 결렬

④ 유엔의 남북한 인구 비례 총선거 : 북쪽 거부

⑤ 유엔 소위원회의 남한 단독 선거 결정

· 김구, 김규식 등의 남북 협상 추진 : 실패

· 제주 4·3 사건 : 총선거 반대

⑥ 1948년 5월 10일 총선거 실시

⑦ 1948년 8월 15일 대한민국 정부 수립

2) 대한민국 정부 수립 직후 정세

① 반민족 행위 특별법(1948) : 반민족 행위 특별 조사 위원회, 이승만 정부의 방해로 친일파 처벌 실패

② 농지 개혁법(1949년 제정, 1950년 시행) : 농민의 토지 소유 실현(3정보 기준, 유상매입 유상분배)

3) 6·25 전쟁(1950~1953)

6·25 전쟁 발발 → 낙동강 전선 → 인천상륙 작전 → 서울 수복/ 평양, 압록강 진출 → 중국군 개입 → 1·4 후퇴 → 휴전협정 체결

2. 대한민국의 발전

1) 이승만 정부(1950년대)

① 발췌개헌, 사사오입 개헌, 진보당 사건

② 귀속재산 처리, 삼백산업 발달

2) 1960년 4·19 혁명

① 이승만 장기 집권, 자유당 독재 반대, 3·15 부정 선거

② 결과 : 내각 책임제 정부(장면 내각)

3) 1961년 5·16 군사 정변

4) 박정희 정부(1960년대)

① 한·일 국교 수립, 베트남 파병, 새마을 운동(1970)

② 경제 발전 5개년 계획 : 노동집약적 산업 육성, 경부고속 국도 건설

③ 1972년 7·4 남북공동성명 : 통일 3대 원칙(자주, 평화, 민족대단결)

5) 유신체제(박정희 정부 : 1970년대)

① 1972년 10월 유신 : 대통령 종신 집권 가능, 긴급조치

② 중화학 공업 육성, 석유 파동

6) 전두환 정부(1980~1987)

① 1980년 5·18 민주화 운동 : 신군부(전두환)에 저항, 시민군 구성

② 1987년 6월 민주 항쟁 : 박종철 고문 치사, 4·13 호헌조치, 대통령 직선제(6·29 선언)

7) 노태우 정부(1988~1992)

· 5공 청문회, 88올림픽 개최
· 북방외교, 남북한 유엔 동시 가입
· 남북기본합의서(1991) : 남북한 상호 체제 인정

8) 김영삼 정부(1993~1997)

· 금융실명제, 역사 바로 세우기, 지방자치제 전면 실시, 외환위기(IMF)

9) 김대중 정부(1998~2002)

· 대북 화해 협력 정책, 제1차 남북정상회담, 외환위기 극복
· 6·15 남북공동선언(2000) : 개성공단 설치 합의, 통일의 방향에 대한 공통성 인식

10) 노무현 정부(2003~2007)

· 과거사 진상 규명법, 제2차 남북정상회담

07 도 덕

1 현대의 삶과 실천 윤리

1. 현대 생활과 실천 윤리

1) 현대인의 삶과 다양한 윤리적 쟁점

① 윤리의 의미 : 인간으로서 지켜야할 행동의 기준이나 규범

② 새로운 윤리 문제의 특징 : 파급 효과의 광범위성, 책임소재의 불분명성, 전통 윤리의 한계성

2) 실천 윤리학의 성격과 특징

① 윤리학의 분류

㉠ 규범 윤리학 : 도덕적 행위의 근거가 되는 도덕 원리나 인간의 성품에 관해 탐구하고, 이를 바탕으로 도덕적 문제의 해결과 실천 방안을 제시함

→ 이론 윤리학과 실천 윤리학으로 구분

㉡ 메타 윤리학 : 도덕적 언어의 의미를 분석하고, 도덕적 추론의 정당성을 검증하기 위한 논리를 분석함

㉢ 기술 윤리학 : 도덕 현상과 문제를 명확히 기술하고, 기술된 현상들 간의 인과 관계를 설명함

② 이론 윤리학과 실천 윤리학

이론 윤리학	응용 윤리학
· 윤리적 판단과 행위 원리 탐구와 정당화에 초점을 둠 · 이론 분석과 정당화를 통한 원리 도출에 관심을 둠 · 의무론, 공리주의, 덕 윤리 등	· 이론 윤리를 현대 사회의 여러 윤리 문제에 적용함 · 구체적인 규범과 원칙을 마련하여 윤리 문제를 해결하는 데 초점을 둠 · 생명 윤리, 정보 윤리, 환경 윤리, 문화 윤리 등

③ 실천 윤리학의 특징

㉠ 학제적 성격을 지님

㉡ 도덕 원리를 구체적인 삶의 문제에 적용함

㉢ 윤리 문제의 해결책을 모색함

2. 현대 윤리 문제에 대한 접근

1) 동양 윤리의 접근

① 유교 윤리

㉠ 특징

· 인간의 도덕적 완성을 궁극적 목표로 삼음 → 성인, 군자

· 공동체와 인간관계를 중시함 → 수기안인, 충서(忠恕), 오륜을 강조함

· 현실 참여를 강조함 → 덕치, 항심(恒心)을 위한 항산(恒産), 대동 사회 강조

㉡ 시사점

· 도덕적 수양 강조 → 도덕적 해이(解弛) 현상 극복에 기여함

· 인간의 도덕적 본성 강조 → 인간성 상실의 문제 해결에 도움을 줌

· 공동체 윤리 강조 → 지나친 개인주의의 문제 해결에 도움이 됨

② 불교 윤리

㉠ 특징

· 연기적 세계관 → 모든 것은 원인과 조건에 의해 서로 관련되어 생겨남

· 평등적 세계관 → 살아 있는 모든 것은 불성을 가진 존재로서 평등함

· 주체적 인간관 → 누구나 스스로의 수행을 통해 진리를 깨달을 수 있음(보살)

㉡ 시사점

· 참선과 같은 수행을 강조함 → 내면의 성찰과 정신 수양에 기여함

· 생명체의 존엄성을 강조함 → 생명 경시 풍조와 생태계 문제 해결에 기여함

· 자비의 실천을 강조함 → 보편적인 인류애의 중요성을 되새기게 함

③ 도가 윤리

㉠ 특징

· 무위자연(無爲自然) 강조 → 무위자연의 삶과 소국과민을 이상적으로 봄

· 평등적 세계관 → 심재(心齋)와 좌망(坐忘)을 통해 제물(濟物)에 이를 수 있음

㉡ 시사점

· 내면의 자유를 추구함 → 세속적 가치에 대한 욕망에서 벗어나도록 도와줌

· 인간을 자연의 일부로 강조함 → 환경 문제 해결을 위한 사고의 전환을 가져옴

2) 서양 윤리의 접근

① 의무론

㉠ 자연법 윤리

· 어떤 행위가 자연의 질서에 부합하는지 아니면 어긋나는지 검토함
· 윤리적 의사 결정 과정에서 '선을 행하고 악을 피하라.'라는 핵심 명제를 강조함

㉡ 칸트 윤리

· 행위의 동기 중시 : 도덕성을 판단할 때 행위의 결과보다는 동기를 중시함
· 인간은 정언 명령의 형식으로 제시된 보편적인 도덕 법칙을 의식할 수 있음

② 공리주의

㉠ 특징

· 행위의 동기보다는 이익과 행복이라는 결과를 강조함
· 개인의 행복과 사회 전체 행복의 조화를 추구함

㉡ 대표적 사상가

· 벤담(양적 공리주의) : 모든 쾌락은 질적으로 동일하며 양적 차이만 있음, 최대 다수의 최대 행복
· 밀(질적 공리주의) : 쾌락은 양적 차이뿐만 아니라 질적 차이도 고려

③ 덕윤리

㉠ 특징

· 품성과 덕성을 중시하는 행위자 중심의 윤리에 초점을 둠
· 공동체적인 삶을 강조

㉡ 대표적 사상가

· 아리스토텔레스 : 행위자의 성품과 덕성을 중시하며, 올바른 행위의 반복과 습관화로 덕이 길러진다고 주장함
· 매킨타이어 : 개인의 자유와 선택보다는 공동체의 전통과 역사를 더 중시, 도덕적 판단에 있어 구체적이며 맥락적 사고를 중시할 것을 주장함

④ 도덕 과학적 접근

㉠ 신경 윤리학

· 과학적 측정 방법을 통해 이성과 정서, 자유 의지나 공감 능력을 입증하고자 함
· 도덕적 판단과 행동에 있어 정서가 필수적으로 요구됨을 밝혀냄

㉡ 진화 윤리학

· 이타적 행동 및 성품과 도덕성은 자연 선택을 통해 진화의 결과라고 주장함
· 인간의 이타적 행위를 추상적인 도덕 원리가 아닌 생물학적 적응의 산물로 봄

3. 윤리 문제에 대한 탐구와 성찰

1) 도덕적 탐구

① 도덕적 탐구의 의미 : 도덕적 사고를 통해 도덕적 의미를 새롭게 구성하는 지적 활동을 의미함

㉠ 현실 문제를 해결할 때 당위적 차원에 주목함

㉡ 대체로 윤리적 딜레마를 활용한 도덕적 추론으로 이루어짐

② 도덕적 탐구의 방법 : 윤리적 쟁점 또는 딜레마 확인 → 자료 수집 및 분석 → 입장 채택 및 정당화 근거 제시 → 최선의 대안 도출 → 반성적 성찰 및 입장 정리

2) 윤리적 성찰과 실천

① 윤리적 성찰의 의미 : 생활 속에서 자신의 마음가짐을 윤리적 관점에서 반성하고 살피는 태도

② 동서양의 윤리적 성찰의 방법

㉠ 동양 : 유교-일일삼성(一日三省) 혹은 거경(居敬), 불교-참선(參禪)

㉡ 서양 : 소크라테스 - 산파술

3) 도덕적 토론

① 토론의 의미 : 상대방을 설득하거나 이해하고, 이를 바탕으로 문제에 대한 최선의 해결책을 모색하는 활동

② 토론의 과정 : 주장하기 → 반론하기 → 재반론하기 → 반성과 정리

③ 토론의 필요성

㉠ 인식과 판단에서 오류의 가능성을 줄임

㉡ 당면한 윤리 문제에 대해 바람직한 해결 방안을 찾을 수 있음

㉢ 주관적인 의견이 토론을 통해 보편적인 앎의 형태로 나아갈 수 있음

2 생명과 윤리

1. 삶과 죽음의 윤리

1) 동서양의 죽음관

① 동양

㉠ 공자 : 죽음의 문제보다 현세의 윤리적 삶에 더욱 충실해야 함

㉡ 석가모니

· 삶과 죽음을 하나라고 봄(生死一如)

· 죽음은 또 다른 세계로 윤회하는 것이며, 현세에서 선행과 악행이 죽음 이후의 삶을 결정함

㉢ 장자 : 죽음은 자연적인 현상으로 여기고 슬퍼할 필요가 없다고 봄

② 서양

㉠ 플라톤 : 육체에 갇혀 있는 영혼이 죽음을 통해 영원불변한 이데아의 세계로 들어감

㉡ 에피쿠로스

· 인간을 이루던 원자가 흩어지는 것을 죽음으로 봄

· 죽음은 경험할 수 없으므로 두려워할 필요가 없다고 봄

㉢ 하이데거 : 죽음에 대한 자각을 통해 삶을 더욱 의미 있고 가치 있게 살 수 있음

2) 출생 및 죽음과 관련된 윤리적 쟁점

① 인공 임신 중절

찬성 논거	반대 논거
· 태아 ≠ 인간 · 여성은 자신의 삶을 자율적으로 영위할 권리를 지닌다. · 태아는 여성의 신체 일부, 자신의 신체에서 일어난 일을 선택할 권리를 지닌다. · 여성은 정당방위의 권리를 갖는다.	· 태아 = 인간 · 모든 인간의 생명은 존엄하며, 태아 역시 생명이 있는 인간이므로 존엄하다. · 무고한 인간을 죽이는 행위는 잘못이다. · 태아는 일정한 발생 과정을 거쳐 성숙한 인간으로 발달할 잠재성을 지닌다.

② 안락사

㉠ 찬성 입장 : 치유 불가능한 환자에게 과다한 경비를 사용하는 것은 환자와 가족에게 큰 부담과 고통을 줌

㉡ 반대 입장 : 인간의 죽음을 인위적으로 앞당기는 행위는 생명의 존엄성을 훼손하는 일임

③ 뇌사

㉠ 찬성 입장

· 죽음의 기준 : 뇌기능 정지

· 많은 생명을 살릴 수 있는 기회를 제공함

㉡ 반대 입장

· 죽음의 기준 : 심폐기능의 정지

· 인간의 생명은 실용적 가치로 따질 수 없는 존엄한 것임

2. 생명 윤리

1) 생명 복제

		찬성 입장	반대 입장
동물 복제		희귀 동물을 보존하고 멸종 동물을 복원할 수 있음	종의 다양성을 해치고, 동물의 생명을 수단으로 여기는 문제가 있음
인간 복제	배아 복제	배아로부터 획득한 줄기세포를 활용해 난치병을 치료할 수 있음	배아 역시 초기 인간 생명이므로 보호되어야 하며, 많은 수의 난자 사용은 여성의 건강권을 훼손함
	개체 복제	불임 부부의 고통을 덜어 줄 수 있음	자연스러운 출산 과정에 어긋나며, 인간의 존엄성과 고유성을 위협함

2) 동물 권리에 관한 다양한 관점

인간 중심주의	아퀴나스	인간이 동물에게 동정어린 감정을 나타낸다면, 그는 그만큼 더 동료 인간들에게 관심을 가질 것임
	칸트	동물에 대한 의무는 인간에 대한 간접적 의무에 불과함
동물 중심주의	싱어 (동물해방론)	공리주의적 관점, 쾌고감수능력을 지닌 동물의 이익도 평등하게 고려해야 함
	레건 (동물권리론)	의무론적 관점, 동물도 믿음, 지각, 기억 능력을 지니고 자신의 삶을 영위할 수 있는 능력을 지닌 삶의 주체이므로 인간처럼 내재적 가치를 지님

3. 사랑과 성 윤리

1) 사랑과 성의 관계

① 프롬이 제시한 사랑의 요소 : 존경, 책임, 이해, 보호

② 성의 가치

㉠ 생식적 가치 : 새로운 생명의 탄생을 통한 종족의 보존

㉡ 쾌락적 가치 : 인간의 감각적인 욕망의 충족 → 절제 필요

㉢ 인격적 가치 : 상호 간의 존중과 배려를 실천하고, 자아실현과 인격 완성에 기여

③ 사랑과 성의 관계

㉠ 보수주의 : 결혼을 통해 이루어지는 성적 관계만이 정당함

㉡ 중도주의 : 사랑을 전제하는 성적 관계만을 인정함

㉢ 자유주의 : 타인에게 해악을 주지 않는 범위 내에서 자발적 동의에 따른 성적 자유를 허용해야 함

2) 성과 관련된 윤리적 문제

① 성의 자기결정권 : 외부의 부당한 압력이나 타인의 강요 없이 스스로의 의지에 따라 자신의 성적 행동을 결정하는 권리

② 성 상품화 : 인간의 성을 직, 간접적으로 이용해 이윤을 추구하는 것

③ 성차별 : 여성 혹은 남성이라는 이유로 부당한 대우를 하는 것

3) 결혼과 가족의 윤리

부부 윤리	· 부부는 남녀 간의 역할을 구분하면서 서로 존중해야함 · 부부유별(夫婦有別), 부부상경(夫婦相敬)	
가족 윤리	부모와 자식	효(孝), 자애(慈愛), 부자유친 등
	형제자매	형우제공(兄友弟恭), 우애(友愛) 등

3 사회와 윤리

1. 직업과 청렴의 윤리

1) 동서양의 직업관

① 동양

㉠ 공자 : 자신의 직분에 충실하는 정명(正名)을 강조함

㉡ 맹자 : 도덕적 실천(恒心)을 위해 경제적 안정(恒産)이 필요함

㉢ 순자 : 예(禮)에 따라 적성과 능력에 맞게 사회적 신분과 직분을 분담
㉣ 장인정신 : 자기 일에 긍지를 가지고 전념하거나 한 가지 기술에 정통하려고 노력하는 것

② 서양
㉠ 플라톤 : 모든 계층이 자신의 고유한 덕(德)을 발휘하여 자신의 직분에 충실하면 정의로운 국가를 이룩하게 됨
㉡ 중세 그리스도교 : 노동은 원죄에 대한 속죄의 의미를 가지며 신이 부과한 것임
㉢ 칼뱅 : 직업은 신의 거룩한 부르심, 즉 소명(召命)이며 직업의 성공을 위해 근면, 성실, 검소한 생활이 필요함
㉣ 마르크스 : 노동의 본질은 물질적 가치를 창출하는 것, 노동자가 노동의 생산물에서 소외되는 자본주의 경제체제를 비판함

2) 직업 윤리

① 일반적 직업 윤리
㉠ 직업 생활의 일반적 규범
㉡ 정직, 성실, 배려, 직업적 양심 등

② 특수적 직업 윤리
㉠ 특정 직업에 요구되는 규범
㉡ 환자 비밀 보호, 승객의 안전 보호 등

3) 기업의 사회적 책임

① 프리드먼 : 기업의 목적은 이윤의 극대화 → 합법적 이윤 추구를 넘어서는 사회적 책임을 기업에 강요해서는 안 됨
② 애로우 : 기업은 법적 책임 이상의 사회적 책임의 자발적 이행이 필요함 → 기업의 장기적 이윤 추구에 공헌하게 됨

2. 사회 정의와 윤리

1) 개인 윤리와 사회 윤리

구분	개인 윤리	사회 윤리
원인	개인의 도덕성 결핍	사회 구조와 제도의 부조리
해결 방안	개인의 도덕성 함양, 실천 의지 강화, 바람직한 습관 형성	· 사회 구조, 제도, 정책의 개선 · 니부어 : 개인 윤리의 한계 지적 → 사회제도와 정책의 개선 강조

2) 분배적 정의의 기준

구분	장점	단점
절대적 평등	기회, 혜택의 균등한 분배	생산 의욕과 책임 의식 저하
필요	약자 보호, 사회 안정성 향상	재화 불충분, 효율성 저하
능력	탁월성과 실력에 대한 합당한 보상	우연성, 선천적 영향 배제 어려움
업적	생산성 향상, 객관적 평가의 용이함	약자 배려 약화, 과열 경쟁
노동(노력)	책임 의식 향상	객관적 기준 마련이 어려움

3) 현대 사회의 다양한 분배 정의관

① 롤스

㉠ 공정으로서의 정의

㉡ 정의의 원칙 : 제 1의 원칙(평등한 자유의 원칙), 제 2원칙(차등의 원칙, 기회균등의 원칙)

② 노직

㉠ 소유권으로서의 정의

㉡ 정의의 원칙 : 취득의 원칙, 이전의 원칙, 부정의 교정 원칙

③ 왈처

㉠ 복합 평등의 다원적 정의

㉡ 정의의 원칙 : 어떠한 사회적 가치 x도 x의 의미와는 상관없는 단지 누군가 다른 가치 y를 가지고 있다는 이유만으로 y를 소유한 사람에게 분배되어서는 안 된다.

4) 교정적 정의

응보주의	공리주의
· 형벌은 범죄 행위에 대한 응당한 보복과 정당한 대가 · 범죄 행위에 상응하는 동등한 형벌 부과 · 범죄에 대한 개인의 책임 강조	· 형벌은 사회 전체 행복의 증진을 위한 필요악의 수단 · 위법의 이익보다 형벌의 손실이 더 큰 정도의 형벌 부과 · 처벌의 사회적 효과 강조

5) 사형 제도

① 사형 제도에 대한 관점

㉠ 칸트 : 사형은 살인자에 대한 응당한 보복을 통해 정의를 실현하는 것

㉡ 루소 : 시민들은 자신의 생명 보전을 위해서 국가에 의한 살인자의 사형에 동의하였음
㉢ 베카리아 : 사형보다 종신 노역형이 범죄 예방과 사회 전체 이익 증진에 부합함

② 사형 제도의 윤리적 쟁점

㉠ 찬성 입장
- 사형 제도는 선량한 국민의 자유, 재산, 생명, 안전을 지키는 사회 방어 수단이 됨
- 범죄자뿐만 아니라 일반인에게도 범죄를 예방하는 효과가 큼

㉡ 반대 입장
- 사형은 인간의 존엄성과 가치를 훼손하는 형벌임
- 오판의 가능성
- 정치적 탄압의 도구

3. 국가와 시민의 윤리

1) 국가 권위의 정당성 근거

① 아리스토텔레스 : 인간은 본성적으로 정치적 존재이며, 정치 공동체 속에서만 최선의 삶이 가능하다고 봄
② 사회계약설 : 시민들의 합의로 위임된 국가의 권위에 의해서만 시민들의 권리를 보호할 수 있음
③ 공리주의 : 국가의 법을 지키는 것이 '최대 다수의 최대 행복'을 증진함
④ 흄 : 국가가 시민에게 여러 가지 혜택을 제공하므로 국가에 복종해야 함

2) 국가의 역할

① 동양

㉠ 공자, 맹자 : 군주가 덕(德)으로 백성을 교화하고 재화를 고르게 분배하면 모두가 더불어 사는 사회가 실현됨
㉡ 묵자 : 군주가 서로 차별하지 않고 상호 이익을 추구하면 천하의 혼란이 없어짐
㉢ 한비자 : 군주는 이기적인 백성을 엄격한 법과 적절한 보상과 상벌로 통제하여 질서를 유지해야 함
㉣ 정약용 : 지방관은 애민 정신으로 병약자를 돌보고 가난한 백성의 장례를 지원하고 각종 재난에서 구제해야 함

② 서양

㉠ 홉스 : 만인의 만인에 대한 투쟁 상태에 놓인 사람들의 생명과 재산을 보호하고 사회 질서를 형성해야 함

㉡ 로크 : 분쟁을 해결하고 개인의 생명, 자유, 재산을 보호하며 평화롭고 안전하고 행복한 삶을 살게 해야 함

㉢ 루소 : 사유 재산이 증가하면서 발생한 사회적 불평등을 해결하고 시민의 생명을 보존하고 번영하도록 해야 함

㉣ 밀 : 시민이 타인에게 해악을 끼칠 경우를 제외하고는 시민의 자유와 기본권을 보장해야 함

㉤ 롤스 : 개인의 평등한 자유를 보장하고, 사회의 가장 불리한 위치에 있는 사람에게 최대 이익이 돌아가게 하며, 사회에서 누구나 높은 지위에 오를 수 있는 기회를 평등하게 부여하는 질서 정연한 정의 사회를 실현해야 함

③ 시민 불복종

㉠ 시민 불복종 : 부정의한 법과 정책에 대한 시민들의 의도적 위법 행위

㉡ 사상가 : 소로, 마틴 루서 킹, 롤스 등

㉢ 정당화 조건 : 공익성, 공개성, 비폭력성, 최후의 수단, 처벌 감수

4 과학과 윤리

1. 과학 기술과 윤리

1) 과학 기술의 성과와 윤리적 문제

① 과학 기술의 성과 : 물질적 풍요, 건강 증진과 생명 연장, 시공간적 제약 극복, 대중 문화 발전

② 과학 기술의 윤리적 문제 : 환경 문제, 비인간화, 생명의 존엄성 훼손, 사생활 침해, 격차 심화

③ 과학 기술의 가치 중립성 논쟁

㉠ 과학 기술의 가치중립성 인정

· 과학 기술 그 자체는 좋은 것도 나쁜 것도 아님

· 과학 기술은 가치와 무관한 사실의 영역 → 윤리적 규제나 평가를 받지 않음

㉡ 과학 기술의 가치중립성 부정

· 과학 기술도 가치 판단에서 자유로울 수 없으므로 윤리적 검토가 필요함

· 과학 기술은 인류에게 중대한 위험을 초래할 수 있음 → 윤리적 가치에 의해 지도 · 규제받아야 함

④ 과학 기술자의 책임

㉠ 내적 책임 : 과학 기술자는 연구 과정에서 날조, 변조, 표절, 부당한 저자 표기 등 비윤리적인 행위를 하지 말아야 함

㉡ 외적 책임 : 자신의 연구 결과가 사회에 미칠 영향에 대한 책임을 져야 함

2. 정보 사회와 윤리

1) 정보 기술 발달과 정보 윤리

① 정보 사회의 긍정적인 면

㉠ 삶의 편리성 향상

㉡ 시공간의 제약에서 벗어남

㉢ 수평적이고 다원적 사회로 변화

㉣ 정치적 의사 결정 참여 기회 증가

② 정보 사회의 부정적인 면

㉠ 지적 재산권 침해

㉡ 사생활 침해

㉢ 사이버 폭력

2) 정보 사유론과 정보 공유론

① 정보 사유론(copyright)

㉠ 정보 = 사유재

㉡ 창작자의 경제적 이익을 보장 → 창작 의욕을 높임, 정보의 질 향상

② 정보 공유론(copyleft)

㉠ 정보 = 공공재

㉡ 저작물을 공유하고 자유롭게 이용 → 창작 활동 활발, 정보의 질적 발전 이룸

3) 정보 사회와 매체 윤리

① 뉴미디어

㉠ 뉴미디어 : 기존의 매체들이 제공하던 정보를 인터넷을 통해 가공, 전달, 소비하는 포괄적 융합 매체

㉡ 뉴미디어의 특징 : 종합화, 상호 작용화, 비동시화, 탈 대중화, 능동화, 디지털화

㉢ 뉴미디어의 문제점
· 전문성이 검증되지 않은 정보가 많음
· 허위 정보나 음란·폭력·유해 정보를 전달하기도 함
· 폭력적이고 자극적인 정보로 이윤을 추구하기도 함

② 매체의 기능 : 정보 제공, 정보의 의미에 대한 해석 및 평가, 가치와 규범 전달, 휴식과 오락 제공

③ 정보 사회에서의 매체 윤리
㉠ 정보 생산 및 유통 과정에서 필요한 윤리 : 진실한 태도, 개인의 인격 존중, 배려하는 자세
㉡ 정보 소비 과정에서 필요한 윤리 : 미디어 리터러시, 소통과 시민의식, 정보의 비판적 수용

3. 자연과 윤리

1) 동서양의 자연관

① 동양
㉠ 유교 : 인간이 자연을 본받아 다른 존재와 타인에게 인(仁)을 실천해야 한다고 봄
㉡ 불교 : 연기설(緣起說)에 근거해 인간과 자연의 상호 의존성을 자각하고 모든 생명에 자비를 베풀 것을 강조함
㉢ 도가 : 천지 만물을 무위(無爲)의 체계로 보고 인위적인 욕망을 버리고 자연의 순리에 따라 살아야 한다고 봄

② 인간 중심주의
㉠ 베이컨 : 아는 것이 힘 → 자연을 인류의 복지를 위한 수단으로 봄
㉡ 데카르트 : 이분법적 세계관, 자연 = 기계, 단순한 물질로 파악함
㉢ 칸트 : 이성적 존재만이 자율적으로 행동하는 도덕적 주체가 될 수 있다고 강조하면서 자연의 도덕적 지위를 부정함

③ 동물 중심주의
㉠ 싱어(동물 해방론) : 이익 평등의 고려 원칙에 근거, 쾌고 감수 능력을 지닌 동물을 인간과 다르게 대우하는 것은 종차별주의임
㉡ 레건(동물 권리론) : 일부 동물이 삶의 주체로 살아가므로 그 자체로 목적인 본래적 가치를 지님

④ 생명 중심주의
㉠ 슈바이처 : 모든 생명은 살고자 하는 의지를 지니고 있으며 그 자체로 신성함
㉡ 테일러 : 모든 생명체는 생명 공동체의 일원으로서 자기 보존과 행복을 위해 움직이는 목적론적 삶의 중심임

⑤ 생태 중심주의

㉠ 레오폴드 : 도덕 공동체의 범위를 동물, 식물, 흙, 물을 비롯한 대지까지 확장함

㉡ 심층 생태주의 : 하나의 존재는 개체적 존재로서 존재하는 것이 아니라 다른 존재와의 관계 속에서 존재하며, 다른 존재와의 관계성 속에서 그 본질을 파악할 수 있음

2) 환경 문제에 대한 윤리적 고려

① 현대 환경 문제의 유형과 특징

㉠ 환경 문제의 원인 : 과도한 소비와 대량의 오염 물질 배출

㉡ 환경 문제의 유형 : 대기오염, 수질오염, 토양오염 등

㉢ 환경 문제의 특징 : 지구의 자정능력 초과, 전 지구적 영향, 책임 소재의 불분명

② 기후 변화의 윤리적 문제

㉠ 기후 변화에 따른 문제 : 지구 생태계 파괴, 인간의 삶에 대한 위협, 저개발 국가의 피해

㉡ 기후 변화에 대한 국제적 대응 : 리우환경회의(기후 변화 협약 채택), 교토의정서(온실가스 감축 합의, 탄소 배출권 거래제)

③ 환경적으로 건전하고 지속 가능한 발전

㉠ 의미 : 미래 세대의 필요 충족 가능성을 손상시키지 않는 범위에서 현세대의 필요를 충족시키는 개발 방식

㉡ 실현 방안 : 환경 친화적 소비, 건전한 환경 기술 개발, 국제 협력 체제 구축 등

5 문화와 윤리

1. 예술과 대중문화 윤리

1) 예술과 윤리의 관계

① 예술 지상주의

㉠ 예술 그 자체나 예술적 아름다움을 목적으로 추구함

㉡ 예술의 자율성 강조, 예술에 대한 윤리적 규제에 대해 반대

② 도덕주의

㉠ 올바른 품성을 기르고 도덕적 교훈이나 모범을 제공해야 함

㉡ 예술의 사회성을 강조, 예술에 대한 적절한 규제가 필요함

③ 예술의 상업화

㉠ 예술의 상업화 : 상품을 사고파는 행위를 통해 이윤을 얻는 일이 예술 작품에도 적용되는 현상

㉡ 상업화의 긍정적인 면 : 예술의 대중화에 기여, 예술가에게 경제적 이익을 제공하고 창작 의욕을 북돋음

㉢ 상업화의 부정적인 면 : 예술의 본질을 왜곡하고, 예술 작품을 부의 축적 수단으로 바라봄, 예술 작품의 미적 가치와 윤리적 가치를 간과함

④ 대중문화와 관련된 윤리적 문제

대중문화	대중 사회를 기반으로 형성되어 다수의 사람들이 공통으로 쉽게 접하고 즐기는 문화	
대중문화와 관련된 윤리적 문제	· 대중문화의 선정성과 폭력성 문제 · 대중문화의 자본 종속 문제	
대중문화의 윤리적 규제 논쟁	찬성	성의 상품화 예방, 대중의 정서에 미칠 부정적 영향 방지
	반대	자율성 및 표현의 자유의 중요성, 대중의 다양한 문화를 누릴 권리 보장의 필요성

2. 의식주 윤리와 윤리적 소비

1) 의식주와 관련된 윤리적 문제

① 의복 문화 : 유행 추구 현상, 명품 선호 현상, 패스트 패션 등

② 음식 문화 : 식품 안전성 문제, 환경 문제, 동물 복지 문제, 음식 불평등 문제 등

③ 주거 문화 : 주거의 불안정성과 불평등, 공동 주택의 폐쇄성으로 인한 소통의 단절 등

2) 윤리적 소비문화

① 윤리적 소비 : 윤리적 가치 판단에 따라 상품이나 서비스를 구매하고 사용하는 것을 중시하는 소비

② 윤리적 소비의 특징 : 인권과 정의 고려, 공동체적 가치 추구, 동물 복지 고려, 환경 보전 추구

③ 윤리적 소비의 실천방안 : 공정무역, 공정 여행, 로컬 푸드 운동 등

④ 사회적 기업 : 사회적 가치를 우위에 두고 재화와 서비스를 생산하고 판매하는 활동을 수행하는 기업

3. 다문화 사회의 윤리

1) 다문화 사회의 의미와 모형

① 다문화 : 한 국가 안에 다양한 인종과 문화적 배경이 다른 사람들이 공존하는 사회

② 적용 모형

㉠ 차별적 배제 모형 : 이주민을 특정 목적으로만 받아들이고, 내국인과 동등한 권리를 인정하지 않음

㉡ 동화 모형 : 이주민이 출신국의 언어 · 문화적 특징을 포기하고 주류 사회의 일원이 되게 함

㉢ 다문화 모형 : 이주민의 고유한 문화와 자율성을 존중하여 문화의 다양성의 실현을 강조함

2) 다양한 문화를 바라보는 태도

① 자문화 중심주의 : 자국의 문화를 기준으로 다른 문화를 무조건 낮게 평가하는 태도

② 문화 사대주의 : 자국의 문화를 열등하게 여겨 다른 문화를 숭배하고 추종하는 태도

③ 문화 상대주의 : 각 문화가 지닌 고유성과 상대적 가치를 이해하고 존중하는 태도

3) 종교의 공존과 관용

① 종교 간 갈등 원인 : 타 종교에 대한 배타적 태도, 자기 종교만을 맹신하고 타 종교의 존재를 인정하지 않는 태도, 타 종교에 대한 무지와 편견 등

② 종교 간 공존의 방안

㉠ 종교의 자유를 인정하고 타 종교에 대한 관용의 태도를 가져야 함

㉡ 사랑과 자비, 평등과 평화와 같은 보편적 가치를 바탕으로 협력하고자하는 종교 간 노력이 필요함

6 평화와 공존의 윤리

1. 갈등 해결과 소통 윤리

1) 사회 갈등

사회 갈등	개인이나 집단 사이에 목표나 이해관계가 달라 충돌하는 현상	
사회 갈등의 원인	생각이나 가치관의 차이, 이해관계의 대립, 원활한 소통의 부재	
사회 갈등의 유형	세대 갈등	연령별, 시대별 경험 차이로 나타나는 갈등
	이념 갈등	진보와 보수의 갈등
	지역 갈등	수도권과 지방, 도시와 농촌, 지역 개발의 이해관계 등으로 발생하는 갈등

2) 사회 통합

① 사회 통합 : 사회 내 개인이나 집단의 상호 작용을 통해 하나로 통합되는 과정

② 사회 통합의 노력 : 제도적 차원(법치주의와 공정한 사회) + 의식적 차원(대화와 토론, 다양성 인정)

3) 동서양의 소통과 담론 윤리

① 공자 : 화이부동(和而不同)으로 조화 강조, 군자는 자신의 도덕 원칙을 지키면서 주변과 조화를 추구함

② 장자 : "사물에는 저것이 아닌 것이 없고, 동시에 이것이 아닌 것이 없다. 저것은 이것 때문에 생겨나고 이것은 저것 때문에 생겨난다." → 서로 다른 것을 그 자체로 인정하고 상호 의존 관계를 이해해야 함

③ 원효 : 화쟁(和諍) 사상으로 편견과 집착을 넘어 소통하면서 궁극적 진리로 나아가야 한다고 강조함

④ 하버마스 : 담론 윤리 ⇒ 서로 이해하고 합의를 이루어 나가는 과정을 중시, 생활에서 의사소통의 합리성이 작용하고 있음

2. 민족 통합의 윤리

1) 통일 문제를 둘러싼 쟁점

① 통일의 이유 : 남북이 하나의 민족이라는 당위성, 한민족 재도약을 위한 발판, 한반도와 동북아시아 포함한 지구촌의 평화에 이바지, 인도주의적 차원에서 남북한 주민의 자유·인권·행복한 삶 보장

② 통일과 관련된 쟁점

㉠ 통일 비용과 분단 비용

· 분단 비용 : 남북 분단과 갈등으로 발생하는 유·무형의 지출 비용

· 통일 비용 : 통일에 소요되는 경제적·경제 외적 비용

· 통일 편익 : 통일로 얻게 되는 편리함과 이익

㉡ 북한 인권 문제 : 내정 간섭이므로 북한 스스로 해결해야 함 ↔ 인권의 보편적 원칙에 따라 개입이 필요함

㉢ 대북 지원 : 인도주의 ↔ 상호주의

2) 통일 한국이 지향해야 할 가치

① 독일 통일의 교훈

㉠ 분단 상태에서도 다양한 문화 교류 추진

㉡ 서독이 상대적으로 뒤떨어진 동독을 지원함으로써 관계를 개선함

㉢ 동서독 간 활발한 교류와 협력이 독일 통일의 기초

㉣ 통일 후 이질적 이념과 체제에서 살아온 사람들 간 내면적·정신적 통합의 어려움 극복

② 남북 화해와 통일을 위한 노력

㉠ 개인적 차원 : 북한에 대한 올바르고 균형 있는 인식을 가짐

㉡ 사회·문화적 차원 : 점진적인 사회 통합 노력으로 남북한 긴장 관계를 해소하고 교류를 확대함

㉢ 국제적 차원 : 동북아시아 주변국뿐만 아니라 국제 사회와 협력 관계를 긴밀히 하여 우호적인 통일 환경을 조성함

③ 통일 한국의 미래 모습

㉠ 통일 한국이 지향해야 할 가치 : 평화, 자유, 인권, 정의

㉡ 통일 한국의 미래상 : 수준 높은 문화 국가, 자주적인 민족 국가, 정의로운 복지 국가, 자유로운 민주 국가

3. 지구촌 평화의 윤리

1) 국제 관계를 바라보는 관점

① 현실주의 : 자국의 이익만을 추구해 갈등 발생 → 국가 간 세력 균형을 통해 해결

② 이상주의 : 국제 사회는 하나의 인류 공동체 → 국제기구, 국제법 등 제도를 통해 갈등 해결

2) 국제 평화의 중요성

칸트의 영구평화론	· 평화에 이르기 위해서는 전쟁을 없애야 함 · 직접적인 폭력과 전쟁에서 벗어날 수 있도록 각국이 국제법의 적용을 받는 평화 연맹을 구성할 것을 요구함	
갈퉁의 평화	소극적 평화	직접적 폭력이 없는 상태
	적극적 평화	간접적 폭력까지도 사라져 인간다운 삶을 누릴 수 있는 상태

3) 세계화에 대한 관점

① 세계화 : 국제 사회에서 상호 의존성이 증가하면서 세계가 단일화

② 지역화 : 지역의 전통이나 특성을 살려 다른 지역과 차별화된 경쟁력을 갖추려는 현상

4) 국제적 정의

① 형사적 정의 : 범죄에 대한 정당한 처벌을 통해 실현되는 정의

② 분배적 정의 : 가치나 재화를 공정한 분배를 통해 실현되는 정의

5) 해외 원조의 윤리적 근거

① 자선의 관점 : 원조는 의무가 아니라 선의를 베푸는 자유로운 선택의 문제임

② 의무적 관점

㉠ 싱어 : 공리주의적 관점, 모든 사람의 고통을 감소시키고 쾌락을 증진시키는 것이 인류의 의무임

㉡ 롤스 : 불리한 여건으로 인해 고통받는 사회를 질서 정연한 사회가 되도록 돕는 것이 인류의 도덕적 의무임

정답 및 해설

C·O·N·T·E·N·T·S

수 학

01. ②	02. ④	03. ③	04. ①	05. ①
06. ④	07. ②	08. ②	09. ②	10. ②
11. ③	12. ①	13. ①	14. ②	15. ②
16. ②	17. ②	18. ①	19. ④	20. ②
21. ③	22. ④	23. ③	24. ④	25. ③
26. ①	27. ④	28. ①	29. ④	30. ④
31. ①	32. ④	33. ②	34. ③	35. ②
36. ③	37. ②	38. ④	39. ①	40. ②
41. ③	42. ③	43. ①	44. ①	45. ①
46. ①	47. ③	48. ④	49. ③	50. ②
51. ③	52. ①	53. ④	54. ④	55. ③
56. ②	57. ①	58. ①	59. ③	60. ②
61. ①	62. ③	63. ④	64. ④	65. ①
66. ②	67. ④	68. ④	69. ③	70. ③
71. ④	72. ②	73. ②	74. ③	75. ①
76. ②	77. ②	78. ④	79. ④	80. ①
81. ①	82. ①	83. ③	84. ④	85. ④
86. ②	87. ②	88. ④	89. ①	90. ④
91. ①	92. ①			

93. 1) 6가지 2) 2가지 3) 2가지 4) 4가지
94. ④ 95. 1) 6 2) 15
96. ④ 97. ①
98. 1) 2 2) 6 3) 24 4) 120 99. ③
100. 1) 12 2) 60 3) 30 4) 120 101. ④
102. 1) 6 2) 10 3) 15 4) 35 103. ③
104. 1) 12 2) 24 3) 6 4) 4
105. 1) 20 2) 60 3) 10 4) 10

1. $A + B = (x^2 - 2x) + (2x^2 - 3x)$
$= 3x^2 - 5x$

2. $A - B = (5x^2 + 4x) - (2x^2 - 2x)$
$= 5x^2 + 4x - 2x^2 + 2x$
$= 3x^2 + 6x$

3. $2A + B = 2(x^2 + 2x) + (3x - 2)$
$= 2x^2 + 4x + 3x - 2$
$= 2x^2 + 7x - 2$

4. $AB = (3x + 2)(2x + 5)$
$= 6x^2 + 15x + 4x + 10$
$= 6x^2 + 19x + 10$

5. $(x - 2)(2x + 3) = 2x^2 + 3x - 4x - 6$
$= 2x^2 - x - 6$

6. $(x + 2)(x^2 + 3x + 2)$
$= x^3 + 3x^2 + 2x + 2x^2 + 6x + 4$
$= x^3 + 5x^2 + 8x + 4$
따라서 x의 계수는 8이다.

7. $2(x^2 + 4x + 2) = 2x^2 + 8x + 4$이므로
$a = 8, b = 4$이다. 따라서 $a + b = 12$

8. x에 1을 대입하면 $(1)^2 - 3 \times (1) + 4 = a$
따라서 $a = 2$ 이다.

9. $x = 2$를 대입하면 $(2)^2 + (2) + 1 = 7$

10. $x = -1$을 대입하면
$(-1)^2 + 4 \times (-1) - 2 = -5$

11. $x = 1$을 대입하면
$2 \times (1)^2 + 3 \times (1) + a = 8$
따라서 $a = 3$ 이다.

12. $x = 1$을 대입하면
$2 \times (1)^2 + 4 \times (1) + k = 0$
따라서 $k = -6$ 이다.

13. $x^2 - 4x = x(x - 4)$

14. $x^2 - 25 = (x - 5)(x + 5)$

15. $x^2 - 9x + 18 = (x - 3)(x - 6)$

16. $x^2 - 4x - 12 = (x + 2)(x - 6)$

17. 공식 $x^3 - a^3 = (x - a)(x^2 + ax + a^2)$을 이용한다.
$x^3 - 2^3 = (x - 2)(x^2 + 2x + 4)$

18. 켤레복소수 : 허수부분만 부호를 반대

19. 복소수 $z = 3 - i$의 켤레복소수 $\overline{z} = 3 + i$
따라서 $a = 3, b = 1$

20. $a + 2 = 0, b - 3 = 0$
따라서 $a = -2, b = 3$

21. $(4 + 2i) + (1 - 4i) = 5 - 2i$
따라서 $a = 5, b = -2$

22. $(5 + 4i) - (2 - 3i) = 5 + 4i - 2 + 3i$
$= 3 + 7i$

23. $(1 + 4i)(2 + i) = 2 + i + 8i + 4i^2$
$= 2 + i + 8i - 4$
$= -2 + 9i$

24. $\alpha + \beta = -\dfrac{b}{a} = -\dfrac{-5}{1} = 5$

25. $\alpha\beta = \dfrac{c}{a} = \dfrac{4}{1} = 4$

26. $\alpha + \beta = -4,\ \alpha\beta = 3$

27. $\dfrac{1}{\alpha} + \dfrac{1}{\beta} = \dfrac{\alpha + \beta}{\alpha\beta} = \dfrac{-8}{2} = -4$

28. $\alpha^2 + \beta^2 = (\alpha + \beta)^2 - 2\alpha\beta$
$= (6)^2 - 2 \times 3 = 30$

29. 중근을 갖는 이차방정식은 $x^2 + 6x + 9 = 0$ 이므로 $k + 3 = 9$ 이다. 따라서 $k = 6$ 이다.

30. $x^2 + 8x + 16 = (x + 4)^2$

31. 그래프에서 가장 작은 값을 찾는다.

32. 그래프에서 가장 큰 값을 찾는다.

33. 그래프에서 가장 큰 값과 가장 작은 값을 더한다.

34. 이차함수 $y = (x - 2)^2 + 5$의 꼭짓점의 좌표는 $(2,\ 5)$이다. 따라서 $x = 2$일 때, 최솟값 5를 갖는다.

35. 아래로 볼록한 이차함수의 최솟값은 꼭짓점의 y 값이다.

$$\begin{cases} x = -\dfrac{-8}{2 \times 1} = 4 \\ y = (4)^2 - 8 \times (4) + 10 = -6 \end{cases}$$

따라서 $a = 4, b = -6$ 이다.

36. 연립방정식 $\begin{cases} 2x + y = 8 \\ 2x - y = 4 \end{cases}$ 의 양변을 더하면
$4x = 12$ 이다. 이 식을 4로 나누면 $x = 3$
주어진 식에 이 값을 대입하면 $y = 2$ 이다.
따라서 $xy = 6$ 이다.

37. 주어진 해 $x = 3, y = b$를 연립방정식에 대입하면 $\begin{cases} 3 + b = 4 \\ 3^2 + b^2 = a \end{cases}$
이므로 $b = 1$이고 $a = 10$ 이다.
따라서 $a + b = 11$ 이다.

38. 주어진 해 $x = 5, y = b$를 연립방정식에 대입하면 $\begin{cases} 5 + b = a \\ 5 \times b = 10 \end{cases}$
이므로 $b = 2$이고 $a = 7$ 이다.
따라서 $a + b = 9$ 이다.

39. 방정식 $x^3 - 2x^2 + 3x + a = 0$에 주어진 근 1을 대입하면
$(1)^3 - 2 \times (1)^2 + 3 \times (1) + a = 0$이므로
$a = -2$이다.

40. 이차부등식 $(x - 1)(x - 6) \leq 0$의 해는
$1 \leq x \leq 6$ 이다.

41. 이차식을 인수분해하면
$x^2 - 4x - 5 = (x + 1)(x - 5) \geq 0$이다.
이 부등식의 해는 $x \leq -1$ 또는 $x \geq 5$ 이다.

42. 이차식을 인수분해하면
$x^2 + 3x - 10 = (x+5)(x-2) \le 0$의 해는
$-5 \le x \le 2$ 이다.
이를 만족하는 정수 x는 -5, -4, -3, -2, -1, 0, 1, 2 이다.

43. 주어진 수직선은 $(x-4)(x-2) \ge 0$의 해이다.
따라서 $a = -4$, $b = -2$ 이다.

44. $|x| \le 3$의 해는 $-3 \le x \le 3$ 이다.
이를 수직선에 나타내면 ① 이다.

45. 두 점 사이의 거리 : $\sqrt{(x_2 - x_1)^2 + (y_2 - y_1)^2}$
두 점 $A(1,\ 2)$, $B(3,\ 3)$ 사이의 거리는
$\sqrt{(3-1)^2 + (3-2)^2} = \sqrt{5}$ 이다.

46. $\sqrt{(3-5)^2 + (6-2)^2} = \sqrt{20} = 2\sqrt{5}$

47. 두 점의 중점 : $\left(\dfrac{x_1 + x_2}{2},\ \dfrac{y_1 + y_2}{2}\right)$

48. 두 점 $A(-1,\ 1)$, $B(3,\ 5)$에 대하여
선분 AB를 $3:1$로 내분하는 점의 좌표는
$\left(\dfrac{3 \times 3 + 1 \times (-1)}{3+1},\ \dfrac{5 \times 3 + 1 \times 1}{3+1}\right)$
$= \left(\dfrac{8}{4},\ \dfrac{16}{4}\right)$이다.
즉 $(2,\ 4)$

49. $A(4,\ 1)$, $B(1,\ 5)$가 있다.
선분 AB를 $2:1$로 외분하는 점의 좌표는
$\left(\dfrac{2 \times 1 - 1 \times 4}{2-1},\ \dfrac{5 \times 2 - 1 \times 1}{2-1}\right)$
$= (-2,\ 9)$

50. 주어진 직선은 기울기가 1이고 y절편이 3인 직선이다. 따라서 $y = x + 3$ 이다.

51. 평행 : 기울기가 같다.

52. $y = 5x + 3$과 평행인 $y = 5x + k$에 $(1,\ 6)$을 대입한다.

53. 수직 : 기울기가 서로 부호반대, 역수.

54. 수직 : 기울기가 서로 부호반대, 역수.

55. 직선 $3x + y + 1 = 0$을 정리하면
$y = -3x - 1$ 이다.

56. 직선 $4x + 2y + 2 = 0$을 정리하면
$y = -2x - 1$ 이다.

57. 원 $(x-4)^2 + (y-3)^2 = 1$의 중심은 $(4,\ 3)$, 반지름은 1이다.

58. 중심은 부호반대, 반지름은 제곱

59. x축에 접하는 원의 반지름은 중심의 y값이다.

60. y축에 접하는 원의 반지름은 중심의 x값이다.

61. 중심이 $(-2,\ -3)$인 식에 $(0,\ 0)$을 대입한다.

62. $(1 + 1,\ 2 + 3)$

63. $(2 + 2,\ 4 - 3)$

64. x축에 대하여 대칭이동 : y값만 부호반대

65. y축에 대하여 대칭이동 : x값만 부호반대

66. 원점에 대하여 대칭이동 : 둘 다 부호반대

67. $y = x$에 대하여 대칭이동 : 자리바꿈

68. 점 $(4,\ -2)$를 원점에 대하여 대칭이동하면 $(-4,\ 2)$이고, 다시 직선 $y = x$에 대하여 대칭이동한 점의 좌표는 $(2,\ -4)$이다.

69. $A \cap B$: 겹치는 원소

70. $A \cup B$: A 또는 B의 모든 원소

71. ① $A \cup B = \{2,\ 3,\ 4,\ 6\}$
② $A \cap B = \{4\}$
③ $A - B = \{2,\ 6\}$

72. $A \cap B$: 겹치는 원소
$A = \{1,\ 2,\ 3,\ 6\}$, $B = \{3,\ 4,\ 5,\ 6\}$이므로
$A \cap B = \{3,\ 6\}$

73. $(A \cup B)^C = \{8,\ 9\}$

74. ① 3은 홀수이다.
② $2 + 3 < 7$
④ $x = 1$이면 $x^2 = 1$ 이다.

75. 역 : 자리바꿈

76. 대우 : 자리바꿈 + 부정

77. 참일 때, 반드시 참인 명제는 대우이다.

78. 참일 때, 반드시 참인 명제는 대우이다.

79. $f(2) = 7, f(3) = 1$

80. $f^{-1}(2) = 1, f^{-1}(3) = 2$

81. $(f^{-1} \circ f)(a) = a$

82. $(f \circ g)(2) = f(g(2)) = f(1) = 5$

83. $(g \circ f)(2) = g(f(2)) = g(4) = 18$

84. $f^{-1}(6) = k$라 하고 $f(k) = 6$을 만족하는 k의 값을 구한다. $2k = 6$이므로 $k = 3$이다.

85. $y = \dfrac{1}{x}$ 의 그래프는 쌍곡선이다.

86. $y = \dfrac{1}{x+3} + 2$ 의 그래프는 점근선이
$x = -3, y = 2$이다.

87. 주어진 그래프의 점근선은 $x = 2, y = -1$이다. 따라서 주어진 그래프의 식은
$y = \dfrac{2}{x-2} - 1$ 이다.

88. 분수함수 $y = \dfrac{2}{x-1} + 4$에 $(3,\ k)$를 대입하면 $k = \dfrac{2}{3-1} + 4$ 이다.
따라서 $k = 5$ 이다.

89. $y = \sqrt{-x}$ 의 그래프는 위 / 왼쪽 방향이다.

90. $y = \sqrt{x-3} - 1$의 그래프의 시작점은 $(3,\ -1)$이다.

91. 시작점 $(-1,\ 2)$에서 위 / 오른쪽 방향의 무리함수이다.

92. 무리함수 $y = \sqrt{2x-1} + 3$에 $(5,\ k)$를 대입하면, $k = \sqrt{2 \times 5 - 1} + 3$이다.
따라서 $k = 6$이다.

93. 1) 1, 2, 3, 4, 5, 6이므로 구하는 경우의 수는 6이다.
2) 3미만의 눈이 나오는 경우는 1, 2 이다.
3) 3의 배수의 눈이 나오는 경우는 3, 6 이다.
4) 6의 약수의 눈이 나오는 경우는 1, 2, 3, 6 이다.

94. 서로 다른 두 개의 주사위
(i) 눈의 수의 합이 3인 경우
$(1,\ 2)$, $(2,\ 1)$의 2가지
(ii) 눈의 수의 합이 5인 경우
$(1,\ 4)$, $(2,\ 3)$, $(3,\ 2)$, $(4,\ 1)$의 4가지
(i), (ii)에서 구하는 경우의 수는 $2 + 4 = 6$

95. 1) P에서 Q까지 가는 2가지 경우와 Q에서 R로 가는 3가지를 곱하면 $2 \times 3 = 6$이다.
2) P에서 Q까지 가는 3가지 경우와 Q에서 R로 가는 5가지를 곱하면 $3 \times 5 = 15$이다.

96. 주사위 1개를 던질 때, 일어나는 경우의 수는 6
동전 1개를 던질 때, 일어나는 경우의 수는 2

따라서 일어나는 모든 경우의 수는 $6 \times 2 = 12$이다.

97. 주사위 1개를 던질 때, 3의 배수의 눈이 나오는 경우의 수는 2
짝수의 눈이 나오는 경우의 수는 3
따라서 일어나는 모든 경우의 수는 $2 \times 3 = 6$이다.

98. 1) $2! = 2 \times 1 = 2$
2) $3! = 3 \times 2 \times 1 = 6$
3) $4! = 4 \times 3 \times 2 \times 1 = 24$
4) $5! = 5 \times 4 \times 3 \times 2 \times 1 = 120$

99. 1, 2, 3을 나열해서 만들 수 있는 세 자리의 정수의 개수는 $3! = 3 \times 2 \times 1 = 6$

100. 1) ${}_4P_2 = 4 \times 3 = 12$
2) ${}_5P_3 = 5 \times 4 \times 3 = 60$
3) ${}_6P_2 = 6 \times 5 = 30$
4) ${}_6P_3 = 6 \times 5 \times 4 = 120$

101. 1, 2, 3, 4, 5 중에서 서로 다른 2개의 수를 택하여 만들 수 있는 두 자리 자연수의 개수는 1, 2, 3, 4, 5 중에서 서로 다른 2개를 택하여 일렬로 배열하는 순열의 수와 같으므로 ${}_5P_2 = 5 \times 4 = 20$

102. 1) ${}_4C_2 = \frac{4 \times 3}{2 \times 1} = 6$
2) ${}_5C_3 = \frac{5 \times 4 \times 3}{3 \times 2 \times 1} = 10$
3) ${}_6C_2 = \frac{6 \times 5}{2 \times 1} = 15$
4) ${}_7C_3 = \frac{7 \times 6 \times 5}{3 \times 2 \times 1} = 35$

103. ${}_6C_2 = \frac{6 \times 5}{2 \times 1} = 15$

104. 1) 4명 중 반장 1명, 부반장 1명을 뽑는 경우의 수는 ${}_4P_2 = 4 \times 3 = 12$ 이다.
2) 4명 중 반장 1명, 부반장 1명, 총무 1명을 뽑는 경우의 수는 ${}_4P_3 = 4 \times 3 \times 2 = 24$
3) 4명 중 대표 2명을 뽑는 경우의 수는 ${}_4C_2 = \frac{4 \times 3}{2 \times 1} = 6$이다.
4) 4명 중 대표 3명을 뽑는 경우의 수는 ${}_4C_3 = \frac{4 \times 3 \times 2}{3 \times 2 \times 1} = 4$이다.

105. 1) 5명 중 반장 1명, 부반장 1명을 뽑는 경우의 수는 ${}_5P_2 = 5 \times 4 = 20$ 이다.
2) 5명 중 반장 1명, 부반장 1명, 총무 1명을 뽑는 경우의 수는 ${}_5P_3 = 5 \times 4 \times 3 = 60$
3) 5명 중 대표 2명을 뽑는 경우의 수는 ${}_5C_2 = \frac{5 \times 4}{2 \times 1} = 10$이다.
4) 5명 중 대표 3명을 뽑는 경우의 수는 ${}_5C_3 = \frac{5 \times 4 \times 3}{3 \times 2 \times 1} = 10$이다.

영 어

1. 시험에 자주 나오는 단어

1. ①	2. ④	3. ①

3. 시험에 자주 나오는 숙어

1. ①	2. ①	3. ②	4. ②	5. ①

기출 생활영어

1. ①	2. ③	3. ③	4. ②	5. ③
6. ③	7. ①	8. ①	9. ③	10. ②

기출독해

1. ④	2. ③	3. ③	4. ②	5. ①
6. ④	7. ④	8. ①	9. ①	10. ③
11. ①	12. ③	13. ②	14. ④	15. ④
16. ③	17. ①	18. ②	19. ③	20. ①
21. ②	22. ②	23. ①	24. ②	25. ③

4. 시험에 나올 만한 주요 문법 정리

1. ②	2. ①	3. ③

합격길라잡이

인쇄일	2024년 1월 30일
발행일	2024년 2월 6일
펴낸이	(주)매경아이씨
펴낸곳	도서출판 **국자감**
지은이	편집부
주소	서울시 영등포구 문래2가 32번지
전화	1544-4696
등록번호	2008.03.25 제 300-2008-28호
ISBN	979-11-5518-135-5 13370

핵심 총정리

"시험 전 총정리가 필요한 이 시점! 모든 내용이 한눈에"

· 단 한권에 담아낸 완벽학습 솔루션

· 출제경향을 반영한 핵심요약정리

합격길라잡이

"개념 4주 다이어트, 교재도 다이어트한다!"

· 요점만 정리되어 있는 교재로 단기간 시험범위 완전정복!

· 합격길라잡이 한권이면 합격은 기본!

기출문제집

"시험장에 있는 이 기분! 기출문제로 시험문제 유형 파악하기"

· 기출을 보면 답이 보인다

· 차원이 다른 상세한 기출문제풀이 해설

예상문제

"오랜기간 노하우로 만들어낸 신들린 입시고수들의 예상문제"

· 출제 경향과 빈도를 분석한 예상문제와 정확한 해설

· 시험에 나올 문제만 예상해서 풀이한다

| 한양 프로그램 한눈에 보기 |

· 검정고시반 중·고졸 검정고시 수업으로 한번에 합격!

기초개념	기본이론	핵심정리	핵심요약	파이널
개념 익히기	과목별 기본서로 기본 다지기	핵심 총정리로 출제 유형 분석 경향 파악	요약정리 중요내용 체크	실전 모의고사 예상문제 기출문제 완성

· 고득점관리반 검정고시 합격은 기본 고득점은 필수!

기초개념	기본이론	심화이론	핵심정리	핵심요약	파이널
전범위 개념익히기	과목별 기본서로 기본 다지기	만점 전략서로 만점대비	핵심 총정리로 출제 유형 분석 경향 파악	요약정리 중요내용 체크 오류범위 보완	실전 모의고사 예상문제 기출문제 완성

· 대학진학반 고졸과 대학입시를 한번에!

기초학습	기본학습	심화학습/검정고시 대비	핵심요약	문제풀이, 총정리
기초학습과정 습득 학생별 인강 부교재 설정	진단평가 및 개별학습 피드백 수업방향 및 난이도 조절 상담	모의평가 결과 진단 및 상담 4월 검정고시 대비 집중수업	자기주도 과정 및 부교재 재설정 4월 검정고시 성적에 따른 재시험 및 수시컨설팅 준비	전형별 입시진행 연계교재 완성도 평가

· 수능집중반 정시준비도 전략적으로 준비한다!

기초학습	기본학습	심화학습	핵심요약	문제풀이, 총정리
기초학습과정 습득 학생별 인강 부교재 설정	진단평가 및 개별학습 피드백 수업방향 및 난이도 조절 상담	모의고사 결과진단 및 상담 / EBS 연계 교재 설정 / 학생별 학습성취 사항 평가	자기주도 과정 및 부교재 재설정 학생별 개별지도 방향 점검	전형별 입시진행 연계교재 완성도 평가

D-DAY를 위한 신의 한수
검정고시생 대학진학 입시 전문
검정고시 합격은 기본!
대학진학은 필수!
입시 전문가의 컨설팅으로 성적을 뛰어넘는 결과를 만나보세요!
HANYANG ACADEMY
YouTube
HANYANG
ACADEMY